海南历史文化

HAINAN
HISTORY & CULTURE

第六卷

主　编　闫广林
副主编　刘复生　李长青

社会科学文献出版社
SOCIAL SCIENCES ACADEMIC PRESS (CHINA)

主　　　编　闫广林

副 主 编　刘复生　李长青

编辑部成员　闫广林　刘复生　张朔人　李长青
　　　　　　张　睿

文 字 校 对　沈　琦

主办：海南省海南历史文化研究基地
　　　海南大学海南历史文化研究基地

卷首语

唐宋以来，随着北来的贬官在海南创建学堂、讲授经书、行释奠礼、开化风气，随着诸多闽南官吏前来海南任职行政，随着大量中原移民尤其是闽南、潮汕移民迁来在琼州小岛上创设一个个中国式的家族村落组织，海南社会便开始在大陆文化的影响下，逐渐形成了原始而朴素的儒家文化传统。一方面，家族管理，小农经营，养家糊口，以利性命；另一方面接受圣哲的教化，修身养性，以利高德，即所谓"耕读传家"，甚至读而废耕。明代邢宥的《海南村老歌》可以为证：

> 海南村老非真老，家能识字里能文。
> 读书大意破孟论，险夷巧拙任区分。
> 得钱只欲买书读，不置田庐与子孙。

在如此淳朴的文化背景下，海南古代的家庭，尤其是那些家贫丧夫的可敬的母亲，弱肩撑起一片天，守节教子，课其学业，伴儿诵读，孜孜不倦。这种潜移默化的家庭教育，不仅培养了一代代儒生，而且造就了济民、安民、亲民的品德情操。

海南古代的家族，尤其是旨在"厚生族人、光辉族党"的各种家规、家约、族训、祠规特别发达。这些规训并不局限于或停留在对知识的获取，而是更加重视对品德的塑造，即德馨传统。

海南古代的民间，崇尚读书，注重文教，"以诗书礼乐之教，转移其风俗，变化其心"，促进了海南社会的儒家化改造。进而书院盛行，儒者多取科第，以求科举成名，光宗耀祖，治国、平天下。

海南古代的先贤，或出仕，或致仕，或达则兼济天下，或穷则独善其身，始终儒家本位、民本精神、耿介性格、悲剧命运，演绎了一段段传奇故事。

用 20 年时间修成正德《琼台志》，以七条理由上谏不可伐安南，在大明王朝著名的大礼仪事件中冒死上疏，最后被嘉靖关进监牢而又被《明史》称为"岭南人士之冠"的都察院右都御史唐胄，便是其中的一个杰出典范。

目 录

· **本卷特稿**

试论明代海南方志编纂成就及其理念变迁 …………………… 张朔人 / 3

· **思想与实践**

明唐胄礼制思想补议 ……………………………………… 张兆裕 / 23
儒学孵化出的唐胄 ………………………………………… 汪韶军 / 36
试论唐胄的外交观念与海洋意识 …………………… 李安斌　卢俊霖 / 49

· **诗文研究**

唐胄诗文辑补 ……………………………………………… 汪韶军 / 63
读之海内惊高风
　　——唐胄其人及其诗歌 …………………………… 柯继红 / 85
论唐胄诗歌的"别样"情怀 ………………………………… 常如瑜 / 93
唐胄诗歌对儒家"仁"思想的诠释 ………………………… 吴超华 / 103
满纸高风说到今 …………………………………………… 邹　严 / 109

• 生平家世

唐胄研究文献考辨与拾遗
　　——《"岭南人士之冠"唐胄》写作札记 ············· 郭皓政 / 121
海口市攀丹村唐氏入琼始祖唐震的生平事迹考略 ············· 李　勃 / 132
唐胄与王佐渊源浅探 ·· 陈　虹 / 145
明代户部左侍郎唐胄年谱 ·· 李　勃 / 154

• 影像志录

岭南之冠——唐胄 ·· 杜光辉 / 195
唐胄 ·· 杜光辉　李长青 / 207

本卷特稿

试论明代海南方志编纂成就及其理念变迁

张朔人[*]

具有典型的文化传承与传播功能的方志编纂工作，在海南起步较晚，入明之后，该项工作有了突破性进展。究其原因，国家在南部边疆地区持续的教化推进，使得官学、社学、书院等多途径的办学方式日益发展，有明一代海南共为国家输出3119名人才。以丘濬为首的进士层、海瑞为代表的举子层以及2450余名的贡生群体等构成了海南人才梯队。[①] 这支金字塔式的人才队伍，脱颖而出，从而为方志编纂提供了人才保障。

一 明以前方志纂修成就

（一）南北朝时期的《朱崖传》

海南方志，最早可以追溯到南北朝时期的《朱崖传》。据清代学者丁国钧的考证：该传为一卷本，作者为"伪燕聘晋使盖泓"。[②]《太平御览》转引《朱崖传》的部分材料，可见其吉光片羽。

---

[*] 张朔人，海南大学马克思主义学院教授。
[①] 张朔人：《明代海南文化研究》，社会科学文献出版社，2003，第215页。
[②] （清）丁国钧：补《晋书艺文志》卷2《乙部 史录》，载《续修四库》914册，第643页。按：阮元：《道光广东通志》卷193《艺文略5》中记曰："《隋书》，伪燕聘晋使盖宏撰"，载《续修四库》673册，第251页。

朱崖大家有铜镬，多者五、三百，积以为货；
朱崖俗多用土釜①；
朱崖出入着布，或细纻布巾，巾四幅，其中内头如领巾象②；
果有龙眼③；

《太平御览》大量引用《方舆志》、《交州记》、《十道志》及《山海经·海内南经》来描述本岛崖州、儋州、振州、琼州及万安州④建制沿革情况。由此观之，方物和风俗的记录是《朱崖传》的主要内容。

（二）宋元时期纂修情况

宋元时期本岛的方志编纂比起付之阙如的隋唐来说，有了一定的改观。从南宋王象之《舆地纪胜》第124~127卷中，可以看出《琼管志》的踪影：

琼州府。古扬粤地；牵牛、婺女之分；
政和五年，升琼管安抚都监为靖海军（《国朝会要》政和元年不同）；
风俗形胜：其俗朴野，若伯叔兄弟之子，不以齿序。伯之子虽少，皆以兄自居，而叔之子虽耄亦为弟也⑤；
气候：夏不至热，冬不甚寒。乡邑多老人，九十百年尚皆健步。
昌化军。绍兴五年宪使请罢三军为邑（《国朝会要》在绍兴六年不同）。
海南自古无战场，靖康之变，中原纷扰，几三十年。北（此）郡独不见兵革。
吉阳军风俗形胜：吉阳地多高山，峰峦修拔。所以郡人间有能自立者；
其外则乌里苏密吉浪之洲，而与占城相对，西则真腊交趾，东则千里长沙，万里石塘。上下渺茫，千里一色，舟船往来，飞鸟附其颠颈而不惊；

---

① （宋）李昉：《太平御览》卷757《器物部2》，中华书局，1960，第3358~3359页。
② （宋）李昉：《太平御览》卷820《布帛部7》，第3652页。
③ （宋）李昉：《太平御览》卷973《果部10》，第4312页。
④ （宋）李昉：《太平御览》卷172《州郡部18》，第842页。
⑤ 按：风俗形胜条为正德《琼台志》卷7《风俗》所引，唐胄称之为《旧志》。

> 海南以崖州为著郡。崖州旧治在今琼州之谭村，土人犹呼为旧崖州。所谓"便风杨帆，一日可至"者，即此地也；
> 振（州）在吉阳、昌化之间；
> 崖州旧治谭村，后迁于振州，改吉阳军。乃创治于今吉阳县基；
> 吉阳地狭民稀，气候不正，春常苦旱，涉夏方雨。樵牧渔猎与黎獠错杂，出入必持弓矢。妇女不事蚕桑，止织吉（贝）。①

除去物产、景观等没有辑入，从星野表述、行政建制沿革、气候和风俗形胜等诸多构成要素来看，以本岛一州三军为描述对象的《琼管志》已经具备了方志的基本雏形。可能受《舆地纪胜》体例限制，舆图缺载，或为《琼管志》之不足。

此外，王象之在对"万安军""风俗"记载时，转引了《图经·风俗门》的一段话：

> 此邦与黎蜑杂居，其俗质野而畏法，不喜为盗。牛羊被野，无敢冒认。居多毛竹，绝少瓦屋。妇媪以织贝为业，不事文绣。病不服药，信尚巫鬼。

可以互相印证的是，郡人唐胄正德《琼台志》卷7《万州风俗》中，除了没有将"病不服药，信尚巫鬼"，其他一字不落地转引，并称之为《万州图经》。就《图经》的"风俗门"设计来看，兼及王象之在对海南一州三军全方位叙述之际，也少量引用《图经》内容，可以推断出其乃以记述万州为主的最早的一部州志。

如此，《舆地纪胜》之前，海南至少存在两本方志：《琼管志》和《万州图经》。

（三）《永乐大典》中的海南方志

明代以前本岛的方志究竟有多少？目前为止尚未有确论。然而《〈永乐大典〉方志辑佚》一书，为人们展现了明代以前海南方志的基本情况。

---

① （宋）王象之：《舆地纪胜 琼州、昌化军、吉阳军》，载《续修四库全书》585册，第132~152页。

表 1 《永乐大典》中海南方志情况一览

方志名称	分项	《永乐大典》卷次分布
《琼州府图经志》	山川	册 122 卷 11980 页 5、20、22、23 册 19 卷 2262 页 9
	仓廪	册 81 卷 7514 页 25、29
《[琼州府]图经志》	山川 形势	册 122 卷 11980 页 23 册 49 卷 3525 页 25
《琼台郡志》	湖泊 村寨 兵防 宫室	册 19 卷 2263 页 21 册 50 卷 3579 页 10 册 52 卷 3587 页 10 册 70 卷 7237 页 8
《琼州府琼台志》	湖泊	册 19 卷 2265 页 8
《琼台志》	宫室	册 71 卷 7240 页 15
《琼州府万全郡志》	仓廪	册 81 卷 7514 页 25
《万全郡志》	山川 陂塘	册 122 卷 11980 页 22 册 34 卷 2755 页 7
《琼州府南宁军志》	仓廪	册 79 卷 7507 页 21
《南宁军志》	山川 宫室	册 122 卷 11980 页 23 册 71 卷 7241 页 20
《崖州郡志》	山川 仓廪 人物 诗文	册 122 卷 11980 页 22、23 册 81 卷 7516 页 3 册 47 卷 3151 页 34 册 134 卷 13075 页 15

资料来源：马蓉、陈抗等点校《永乐大典方志辑佚》，中华书局，2004，第 2829~2839 页。

经由马蓉、陈抗、钟文、乐贵明、张忱石等的努力，明代以前海南方志方显冰山一角。尽管该著在"前言"部分指出，"海南省十二种"与表 1 的十种有着两种悬殊，但这并不是问题的关键。根据辑佚内容来判定，《琼州府图经志》、《[琼州府]图经志》及《崖州郡志》是元代的志书。其余七部，因内容所局限，究竟是宋抑或是元时方志，无法断定。从志书角度出发，上述辑佚十部方志中，《崖州郡志》含有"山川""仓廪""人物""诗文"等分项，是体例较为完备的一部方志。

如果说《琼州府图经志》与《[琼州府]图经志》二者皆有"山川"

一目,故而成为两部志书的话,那么《琼州府琼台志》与《琼台志》、《琼州府南宁军志》与《南宁军志》、《琼州府万全郡志》与《万全郡志》这三组方志中,所列"目"不多且无重复,是否各成体系,因《永乐大典》的不完整而无法得知真相。

即便三组合并,明以前海南方志种数至少有 7 种。与同时期全国各地方志修纂数量比较,排序仍不尽如人意,但如此成就,确实令人惊叹。

表 2 《〈永乐大典〉辑佚》国内分地区方志种类

地　　区	种　　类	地　　区	种　　类
北京市	13	天津市	3
河北省	29	山西省	24
上海市	6	江苏省	68
浙江省	123	安徽省	56
福建省	51	江西省	143
山东省	12	河南省	35
湖北省	39	湖南省	63
广东省	77	海南省	12
广西壮族自治区	58	四川省	52
云南省	3	陕西省	8
甘肃省	3	不明地区	10

资料来源:马蓉、陈抗等点校《永乐大典方志辑佚 前言》,第 3 页。

明代海南方志,在承继前人成果的基础上,不断地加以完善并获得极大的发展。

二　明代方志的新发展

(一) 主要成就

有明一代,方志成果丰硕。从描述对象来看,可以划分成三个层次:以本岛为中心的总志修纂、以三州十县为中心的各州县分志纂述以及本岛士人因科举而官宦他地而参与岛外相关郡县方志编纂。

1. 以本岛为中心的总志纂修

表3　明代海南总志纂修情况一览

名　称	纂修者	成书时间	卷数	保存情况	备　注
《琼海方舆志》	蔡　微	宣德六年①	2	佚	《琼海方舆志·序》正德《琼台志》卷首
《景泰志》	庄　敬	景泰六年		佚	正德《琼台志》卷14仓场定安县；卷15府学；卷32朝遣
《琼州府志》	佚　名	成化十四年	12	佚	《琼州府志·序》存正德《琼台志》卷首
《琼台外纪》	王　佐	正德六年	12②	佚	《东岳行祠会修志·序》正德《琼台志》卷首存
正德《琼台志》	唐　胄	正德十六年	44	残卷	天一阁残存40卷；缺22、23、43、44卷 1964年上海古籍书店影印
《琼管山海图说》	顾可久	嘉靖十六年	上下	全	光绪庚寅如不及斋校刊 国家图书馆藏
《琼志稿》	郑廷鹄	嘉靖年间		佚	《石湖遗集 本传》③

---

① （明）黄佐：《嘉靖广东通志》卷42，广东省地方志办公室誊印，1997，第1046页。按：该著曰《纂琼海方舆志》，为元代海南方志。从唐胄对该志的征引情况可以判断为"明初"，理由如下：正德《琼台志》卷18《兵防 兵制》，就元代的相关建制大量引用了《方舆志》内容。其中，明代也有少量词条，如"东路清万南三所制"，关于镇守万州条云"国朝洪武七年，始移在卫后所"，《方舆志》记作：洪武六年；卷19：万州守御所正千户洪武三十年（1398）"曹斌"及洪武二十八年（1396）副千户"周伦"二人《方舆志》皆为其置评价；卷11 田赋 土贡 按中"永乐乙酉（1405）抚黎知府刘铭"进贡一事。关于《琼海方舆志》的编纂班底，大略以蔡薇的主纂，兼有多人校勘。唐氏志道出其中情况，曰："自洪武末寓琼三十余年"的永嘉人扬升，"尝改补蔡止庵《琼海方舆志》"（卷34《游寓 皇朝》）；此外，洪武己卯年（惠帝建文元年，1399），琼州府推官、泰和人郭西，在任10余年，为之"校勘、刊行"（卷29《秩官上 皇朝 推官》）。据此，该著大约出版于永乐年间。但是，唐氏志在卷首附录了残缺不全的《琼海方舆志·序》，该序以"六年辛亥秋八月"结尾。明代第一个辛亥年为：洪武四年（1371），显然与"六年"不符，第二个辛亥年为宣德六年（1431）。是故，宣德六年极有可能是该书成书的具体时间。

② 按：关于《琼台外纪》卷数有："5卷说"，（《明史》艺文2卷97志73，第2414页）；"12卷说"（正德《琼台志·凡例》：《旧志》《外纪》皆十二卷。依此，成化《琼州府志》也为12卷），从"12卷"说。

③ （明）郑廷鹄：《石湖遗稿 本传》，载王国宪《海南丛书》第6集，1927，第1页。

续表

名　称	纂修者	成书时间	卷数	保存情况	备　注
《琼州府志》	周希贤	万历年间		佚	张岳崧：《道光琼州府志》①卷30 官师 宦绩
《万历琼州府志》	欧阳璨等修蔡光前等纂	万历四十六年	12	残卷	《日本藏中国罕见地方志丛刊》书目文献出版社，1990

2. 各州县分志纂述

表4　明代海南分州县志纂修情况一览

名　称	纂修者	成书时间	卷数	存佚	资料来源
《儋州志》	曾宽	弘治年间		佚	《万历儋州志》天集 秩官 儒职：33
《万历儋州志》	曾邦泰	万历四十六年	3	见存	《日本藏中国罕见地方志丛刊》书目文献出版社，1990
《乐会志》	鲁彭		8	佚	黄佐：《嘉靖广东通志》卷42 存目
《乐会县志》		崇祯十四年		佚	《康熙乐会县志》（不分卷）卷首（广东省立中山图书馆藏）
《澄迈县志》	曾拱璧修李同春辑	万历年间		佚	阮元：《道光广东通志》卷192艺文略4：236～238
《文昌县志》	李遇春叶懋同修	嘉靖年间		佚	
《文昌县志》	周廷凤修林梦正辑	崇祯年间		佚	
《万州志》	茅一桂	万历年间		佚	
《崖志》	林贵芳	洪武年间		佚	《康熙崖州志》卷1 儒林
《崖志略》	钟芳	嘉靖年间	4	佚	《钟筠溪集》本传②
《崖志》		万历四十三年至万历四十六年		佚	《万历琼州府志》卷7：220转引

---

① （清）阮元：《道光广东通志》卷192《艺文略4》，载《续修四库全书》，第673册，第236页。按：该条转引萧应植《乾隆琼州府志》曰："周希贤福建莆田人，隆庆中守琼，重修郡乘，谨案：郝（玉麟）《省志》（即雍正《广东通志》，引者注）：希贤，万历中任"，《万历琼州府志》卷9《知府》印证。收录在《琼台诗文会稿》卷首的《琼台吟稿序》的末尾作者对自己身份做这样介绍："万历戊子仲春之吉 赐进士出身 中宪大夫 知琼州府事 福建莆田任台 周希贤序"，万历戊子即：1588年。（参见《丛书集成三编》，第756～757页）
② （明）钟芳：《钟筠溪集 本传》，载《海南丛书》第5集，第3页；"四卷"来自（明）黄佐嘉靖《广东通志》卷42，第1052页。

3. 本岛士人参与岛外相关郡县方志编纂

表5　修纂岛外志书存目情况一览

名　称	纂修者	成书时间	卷数	备　注	
《江闽湖岭都台志》	唐胄			阮元：《道光广东通志》卷301，675～263	
《重庆府志》	冯谦			阮元：《道光广东通志》	
《柳城志》	吴诚			授柳城教谕，修该志	①
《都台志》				迁赣州教谕，修该志	
《漳州志》	陈大章			杨宗秉：《琼山县志》	
《白鹿洞志》	郑廷鹄	嘉靖三十二年	19	《石湖遗集》本传、新置都昌洞田记	

就表3、表4、表5来说，此时段内海南方志数量无论是全岛、分州县都取得了超越前代的发展，有甚者本岛士人参与岛外方志的纂修，这是前代从未发生的现象。《琼管山海图说》、部分残缺的正德《琼台志》及《万历琼州府志》的存世，对了解有明一代海南的诸方面情况，具有无法替代的重要价值。同时，也为研究者探求明代方志纂修方法、理论提供了可能。

（二）修志者的相关问题

1. 纂修人员主体的变化

正德《琼台志》卷36《人物一　名德》，对蔡微身份做了如下描述。

> 蔡微，字希玄，号止庵，宋学士襄之裔。居万宁，后迁琼山。……任乐会学校官，后摄琼郡学事。值时不偶，随隐德弗耀，纂《琼海方舆志》。

残存于正德《琼台志》卷首的《琼州府志·序》中的一段话值得推敲：

> 於戏！生长一方而不知一方事，耻也；若事有所不知，而强以为知者，非智也。余於是编，非强也，亦非沽钓也。

---

① （清）张岳崧：《道光琼州府志》卷43《杂志　书目》，第994页。

这种用"耻也""非智"的态度来指责不谙乡土之事，足以说明成"余"的身份为海南人氏。

王佐、唐胄、郑廷鹄为海南人的身份已经明晰。其中，唐胄（1471~1539），字平侯，号西洲，琼山人。师从王桐乡（即王佐），博通经史百家。弘治十五年（1502）进士，授户部山西司主事。"以忧归。刘瑾斥诸服除久不赴官者，坐夺职"。刘瑾被诛后，朝廷"召用，以母老不出"。嘉靖初，恢复原职，不久进为员外郎、广西提学佥事、右副都御史，巡抚南赣、山东，南京户部右侍郎，北京户部右侍郎、户部左侍郎。因大礼仪之争而"下诏狱拷掠，削籍归"，"遇赦复冠带"时已卒。勤于著述，留世著作有《江闽湖岭都台志》、正德《琼台志》、《西洲存稿》、《传芳集》①等。《明史》为之立传，云："胄耿介孝友，好学多著述，立朝有执持，为岭南人士之冠。"② 唐胄给予后人最为厚重的文化遗产——四十卷本的正德《琼台志》（原四十四卷，佚四卷）。其翔实的记述风格，充分体现出著者对故土的热爱之情。

顾可久究竟何许人也？《琼管山海图经·序》中作者自称为"勾吴"，附于该著之后，由张衮所撰的《顾洞阳宪纲神道碑》有"居锡中，为邑之冠"之语。考之，属今天江苏省无锡市人氏。履琼官职为"中宪大夫奉敕整饬琼州兵备广东按察副使"。

周希贤，福建莆田人，琼州府知府；欧阳璨，江西新建人③，琼州府知府。

对于八部方志（除去《景泰志》不明外）纂修者身份的确认，可以看出正德以后，以海南士人为主体的方志纂修开始让渡于外籍履琼官员。

在方志纂修中，本岛人士由编纂主体向客体身份的转变，反映出官方对方志价值的认同，作为制度化的结果，官修民纂便应运而生。

私家修方志的历史，由来已久。但是，明代本岛私家修志实践呈现出

---

① （明）黄佐：《嘉靖广东通志》卷63《人物》，第1596~1598页。
② （清）张廷玉：《明史》卷203《列传第91》，第5357~5359页。按：唐胄文集《传芳集》由本岛先贤王国宪搜集整理，纳入《海南丛书》，由海南书局出版；目前对于唐胄相关研究的文章和著作，尤为不足。
③ （明）欧阳璨：《万历琼州府志》卷9《秩官 知府》，第301页。

如下特征：一方面，因经费不足而无法付梓或囿于有限抄本使之无法传承，蔡微、王佐的个人著述及成化《琼州府志》的结果便是如此；另一方面，褒贬、评判皆由著述者个人好恶，缺少相对公正的客观标准，从而弱化了方志的基本功能。

明代后期，官修民纂形式的出现，解决了方志纂修过程中经费的根本问题，纂者队伍也得到了制度性保障。这表明，早期方志纂修中由私家的偶发行为向常规化方向转变。分州县的修纂情况亦如此，这同全国的情况大致相当。

2. 人员队伍由单一向群体的转变

这是一个值得关注的问题，上列八部方志中，完全由个人著述的，主要有：蔡微《琼海方舆志》、佚名《成化琼州府志》、王佐《琼台外纪》、顾可久《琼管山海图说》、郑廷鹄《琼志稿》等五部著作。从其大致轮廓来看，总体篇幅不大，结构也不甚完善。"独详于人物、土产，而他目仍旧"，唐胄《琼台志·序》转述了地方官员对王佐《琼台外纪》的评价，认为这是私家方志著述的一个缩影。

与之相比，唐胄正德《琼台志》、周希贤《琼州府志》及欧阳璨《万历琼州府志》则是集体创作的结果。

唐胄在其《琼台志·序》中提道，"得庠彦钟生远、张生文甫辈"，而"助余之不及"，则说明二位庠彦在方志修撰过程中所发挥的作用。

周希贤的《琼州府志》参与人员，根据台湾学者王会均先生研究，主要有：广东博罗人、举人、琼州府学教授韩鸣金；琼山人、琼州府学岁贡陈龙云；琼山人曾学确、林养英。①

欧阳璨的《万历琼州府志》的修纂人员队伍之庞大、阵容之整齐，令人咋舌。

总　　裁：钦差海南道兵巡检提学副使　戴禧

副总裁：琼州知府　欧阳璨；同知、通判、推官各一

参　　订：三州知州、十县知县

校　　阅：府儒学教授一、训导三；崖州署学正一；琼山县教谕一、训

---

① 王会均：《明修〈琼州府志〉研究》，《琼粤地方文献国际学术研讨会论文集》，海南出版社，2002，第128页。

　　　　　　导二；澄迈县教谕一；文昌县训导一
　　供　修：经历、照磨各一
　　纂　修：府学廪生 蔡光前、陈于宸、吴玄钟、陈钦禹
　　　　　　县学廪生 柯呈秀、陈圣言、赵之尧
　　督刻吏：陈经纶、黎文明、李德焕①

在上述40人之多的纂修人员队伍中，分工明确。"供修"的设置，重点是为解决办公地点和经费，"督刻吏"则是为确保方志的印刷。可以说，这是海南方志修撰以来所仅见。赋闲、致仕在籍海南士大夫的淡出，表明方志纂修中民间立场已日趋式微，而官方意志日益凸显。海南分州县方志，这一倾向更为明显。

三　正德《琼台志》与《万历琼州府志》编纂异同

关于唐胄的志书性质问题，争论不一。最早对此进行评介的是黄佐的《嘉靖广东通志》，"《琼台志》二十卷，唐胄撰并序"②。清阮元《道光广东通志》在参阅黄佐之后，并做如是评介，"《琼台志》二十卷，明上官崇修、唐胄撰，佚"③。"二十卷""佚"之说，姑且不论，阮元将唐胄的私人著述纳入官修民纂体系的主观愿望，表明这一纂修方式在清代已经盛行。

（一）编纂体例

1. 两部方志相异之处

对两部《志》"凡例"研读，可看出其如下不同。

　　"沿革"既仿《史记》作"表"括要，而"考"复逐著辩者，以《旧志》、《外纪》沿祖他书，故极证以合乎史尔。④

---

① （明）欧阳璨：《万历琼州府志 卷首 修志姓氏》，第8页。
② （明）黄佐：嘉靖《广东通志》卷42，第1052页。
③ （清）阮元：《道光广东通志》卷193《艺文略5》，载《续修四库全书》673册，第236页。
④ （明）唐胄：正德《琼台志 卷首 凡例》。

尽管不认可乡贤王佐"执旧疑史"之说不是正德《琼台志》写作的主要动因，但是，唐氏为本土历史正本清源的努力仍可以窥见：以历代官修史书为基本素材，结合其他地方典籍，用"表"的形式，对本地的历史沿革进行考证。到了明代中后期，海南的文化日益繁盛，对海南地方归属时间探讨已经明显淡化。是故，大异唐氏之趣的万历《府志》，如何与中原文化有效对接是其关注的焦点。

> 已上凡例，大率按《旧志》并参诸各省郡志而裁列之。非敢妄出私见，谬为分别也。①

关于资料来源问题，二者分歧较大。唐胄强调：

> 《外纪》一书，王桐乡先生平生精力所在，故凡有录入者，逐一明著，不敢窃为己有，以掩其善。惟所纪原出《旧志》者，不著。

唐氏本着史家的基本态度，对于史料的来源一一予以注明。具体写作过程中，已远远超出了凡例的相关规定，乃至于引用资料在"经、史、子、集"中皆有涉猎，且分别加注。从其仅存的四十卷本中，可以看到如下书目。

经部：《尔雅》《山海经》《禹贡》《水经注》；

史部：《史记》《汉书》《后汉书》《魏书》《晋书》《隋书》《唐书》《宋史》《元史》《国朝功名录》《皇朝名臣言行通录》等；

志书类：《世史志》《五行志》《唐元和志》《方舆胜览》《寰宇通衢》《太平广记》《十道志》《永乐志》《明一统志》《雷州志》《琼海方舆志》《琼台外纪》《临高志》《儋州志》；

政书类：《通典》《文献通考》；

子部：《朱子语录》《本草传》《纲目本传》；

集部：《苏东坡诗文集》《御制文集》《丘深庵诗稿》《琼台类稿》《觉非集》《鸡肋集》；

类书：《太平御览》《玉海》等。

---

① （明）欧阳璨：《万历琼州府志 卷首 凡例》，第7页。

此外，尚有杂著、诸家的诗词歌赋、碑碣匾铭额等大量资料的引证①。

与唐氏大量引用参考文献比较，万历方志要简略，这表明方志由私人著述向官方转变。

唐胄在《旧志》《外纪》各十二卷的基础上，将《琼台志》增至四十四卷。从《琼台志·目录》可以看到以下内容。

> 郡邑疆域图；郡邑沿革表；郡邑沿革考；郡名、分野、疆域、形胜、气候；山川；水利、风俗；土产（上、下）；户口；田赋；乡都、墟市、桥梁；公署；仓场、盐场、驿递、铺舍；学校（上、下）；社学、书院；兵防（上、中、下）；
>
> 平乱、海道；黎情（上、下）；楼阁（上、下）；坛庙；寺观；古迹、塚墓；职役；秩官（上、中、下）；破荒启土、按部；名宦；流寓；罪放；人物（一、二、三、四、五）；纪异；杂事；文类；诗类。

唐氏"意欲无遗郡之事尔"的努力，为万历《府志》所摒弃。

> 《旧志》标目太烦，《新志》叙述病略。今以舆图、沿革、地理、建置、赋役、学校、兵防、海黎、秩官、人物、艺文、杂志为纲，而撷其目分隶焉。

受体例的影响，唐氏方志，一事散见于多卷的现象十分明显，如前文所述的"涂棐"相关事迹分散在"卷十九 兵防中 兵官"和"卷三二 破荒启土 分巡"便是一例。

采用纲目体叙事的万历方志，在这一方面有较大的改善。比起唐氏志，后者更为简洁。毋庸讳言，这种简洁是以大量历史信息的丢失为代价的。

2. 两部方志相似之处

方志有助于地方政治。两部方志皆注重版籍的相关记录。唐胄认为：

> 丁粮，民治之要，古人入关，而先收图籍者以此。今于户口、田

---

① （明）唐胄：正德《琼台志》卷1至卷40。

赋独不厌繁者,体孔孟"式负版,叹去其籍"意耳。

万历方志在此方面尤加注重:

> 赋役,民治之要,古人入关,而先收图籍者以此。郡自万历九年清丈后,琼山县复丈二次。飞压那移,弊窦猬集。今不妨详载,以尊"式负版,叹去籍"之意。

对于当代人物的品题,两部方志亦有相同的认识:

> 唐胄。官守见任与见在仕途者,但书履历,不敢辄加褒贬。本土人物见在者亦然。
>
> 欧阳氏。秩官有异任而同名者,详于后任。其见任与见在仕途者,但书乡贯、履历,虽有卓异不书,有待也。名宦以去任为定,其去思碑、生祠记,各志间有录者,皆出其人好谀,与夫感念私恩之人。今一切不录,以息谄佞之风。

欧阳氏在此基础上,进一步指出:

> 人物,必其人殁世,公论既定,然后书之。见存者,不录。亦盖棺事定之意也。其评论只以素履为据,不以从祀乡贤为主。盖从祀出于子孙之营请,或可以欺上司;历履出于生平之行,实不可以欺后世。间有操行纯洁,无愧乡评,亦当备载。若志、铭、行状称誉过情,尤不可执以为信。

唐胄对品题人物"不辄加褒贬"的谨慎态度,到万历中后期,因子孙经营先人"从祀乡贤",进而使得人物进入方志的标准十分复杂。万历方志在此方面做出了较为严苛的入志标准,旨在遏制这种不良的社会风气。

(二) 方志功能与编纂理念差异

1. 方志功能的变化

唐氏志深受丘濬史学思想的影响和王佐《琼台外纪》框架的限定,这一点在唐胄的《琼台志·序》中有所反映。

> 《志》，史事也。例以史，而事必尽乎郡。故以《外纪》备《旧志》，以《史传》备《外纪》，以诸类书备《史传》，以碑刻、小说备类书，以父老刍荛备文籍；如地切倭岐而述海道、黎情之详；急讨御而具平乱、兵防之备；隐逸附以耆旧，不遗善而且以诱善；罪放别于流寓，不混恶且因以惩恶；田赋及于杂需、额役，以书民隐；纪异及于灾异祯祥，以显天心。首表以括邦纲，殿杂以尽乡细。非徒例史以备事，而且欲微仿史以寓义，盖体文庄而将顺其欲为之意；尊桐乡而忠辅其已成之书，以求得臣于二公。

唐氏"以求得臣于二公"的努力，使得《琼台志》具有明显的史论结合的倾向。也就是说，唐氏名垂青史的个人追求，使得方志的"资政"功能成为附属品。官修志书的万历府志旨在"上宣主德，下畅民情"①，故而"参诸各省郡志而裁列之"，使得方志走向"经世致用"的轨道。

2. "纪异灾祥"中的理念差异

早期方志关于灾害的记录，以"纪异"为篇目，将"灾异祥瑞"罗列在一起。并以"嘉禾、白鱼之异，经书不费"为缘由，"沿述异纪而比灾瑞"②。

所谓"嘉禾"，乃"嘉禾合穗"之简称，此为《唐会要》中提及的祥瑞之物③；"白鱼"，即"白鱼入于王舟"，"此盖受命之符"的代指。董仲舒认为：

> 国家将有失道之败，而天乃先出灾害以谴告之，不知自省，又出怪异以警惧之。④

显而易见，唐胄关于灾异的编纂理念，承继着董仲舒的"天人感应"思想，其实质是通过对本土的灾异祥瑞记述，试图规劝统治者"内省"。

这种为政治服务的理念，削弱了关注岛内民生实际的现实功能。受此影响，其著作对灾异方面的记录多体现为以异预灾；灾、瑞并重；灾、瑞

---

① （明）戴禧：《万历琼州府志·序》，第2页。
② （明）唐胄：正德《琼台志》卷41《纪异》。
③ （宋）王溥：《唐会要》卷29《祥瑞下》，〔日〕中文出版社，1978，第537~540页。
④ 《汉书·董仲舒传》卷56《列传26》，中华书局，1962，第2500、2498页。

不分的迹象。

> 弘治十四年春，彗星见于东南，七日始散。季夏，淫雨大作，洪水暴至，荡屋坏城。秋七月，儋贼符南蛇作乱。①

毫无疑问，编纂者认为造成弘治十四年（1501）的天灾人祸，与是年春"七日始散"的彗星之间有着因果关系。

正德元年（1506）冬，远在岭之南的海南东南部万州，突然之间遭遇雨雪天气。万州所人，弘治壬子科（1492）举人，有宣化知县履历的王世亨②将其家乡的这场灾害以"长篇歌"的形式记录下来。"歌"以家乡气候突变而降瑞雪作为祥瑞，敬献给新即位的武宗皇帝。兹将其"长篇歌"引录如下。

> 撒盐飞絮随风度，纷纷着树应无数。严威寒透黑貂裘，霎时白遍东山路。
>
> 老人终日看不足，尽道天家雨珠玉。世间忽见为祥瑞，斯言非诞还非俗。
>
> 越中自古元无雪，万州更在天南绝。岩花开发四时春，葛衫穿过三冬月。
>
> 昨夜家家人索衣，槟榔落尽山头枝。小儿向火围炉坐，百年此事真稀奇。
>
> 沧海茫茫何恨界，双眸一望无遮碍。风冽天寒水更寒，死鱼人拾市中卖。
>
> 优渥沾足闻之经，遗蝗入地麦苗生。疾疠不降无天扎，来朝犹得藏春冰。
>
> 地气自北天下治，挥毫我为将来记。作成一本长篇歌，他年留与观风使。③

"沧海茫茫""无遮碍"等词，表明此场降雪之大；四季常青的槟榔也"落尽山头枝"、水中"死鱼"之多，乃至人们拿去卖掉，足见温度骤降的

---

① （明）唐胄：正德《琼台志》卷41《纪异》。按：（明）曾邦泰：《万历儋州志 地集 祥异志》，第93页，在记录该条时曰：秋七月。
② （明）唐胄：正德《琼台志》卷38《人物3 乡举》。
③ （明）王世亨：《长篇歌》，引自（明）唐胄正德《琼台志》卷41《纪异》。

幅度之大，实为历史仅见。《长篇歌》作者并没有对这场降雪带来的危害做过多描述，而是将希望通过"优渥沾足"的丰沛降水，寄托在来年的丰收之上。此事正好发生在明武宗入继大统的正德元年（1506），在此基础上，将其列入"祥瑞"。

"长篇歌"所描述的万州降雪表明，正德元年（1506）南方地区经历着一次较大规模的寒潮。此事发生在唐胄丁父忧后的第三年，而此时的唐胄仍居于家中，也就是说唐胄也经历了这场突如其来的气候变化。但是自北而南的寒潮，对琼北地区究竟有着怎样的危害，正德《琼台志》的纂者唐胄不可能不知晓，该著对此着墨无几。相反，该著承继了万州举人王世亨的观点，将其纳入"祥瑞"项下。可能的解释是，献给新皇帝的祥瑞，是吉祥之物，为此避讳所致。

明代中期对于灾异记录为上层服务理念，将灾害说成祥瑞的做法，为明代后期方志编纂者所诟病，从而使得灾祥记录开始以关注岛内民生方面转变。

> 夫灾，戾气也。正气和而天地如之。府修事治，则灾不为害，岂讳言哉？若夫矞云瑞草，灵禽仙鹿，实与珠还；麦秀凤集，鳄驯映贲。简编岂惟世运、政治系之矣！志灾祥。①

对于前代修志中"灾不为害"的做法进行怀疑。指出，方志记载灾异的目的，并不是以维系世运和政治作为终极目标。

长期以来，人们对于"祥瑞"一直津津乐道。明代后期海南在此方面却有颠覆性的结论，直接将其斥为"草妖物孽"，而"时和岁丰"才是真正的祥瑞。

> 至于祥瑞，虽史不厌书，然草妖物孽，何如时和岁丰？则瑞之为瑞，固自有在也。②

这应该是两部方志编纂理念最为本质的区别。

（责任编辑：胡庆英）

---

① （明）欧阳璨等：《万历琼州府志》卷12《灾祥志》，第614页。
② （明）欧阳璨等：《万历琼州府志》卷12《灾祥志》，第620页。

思想与实践

明唐胄礼制思想补议

张兆裕[*]

明代唐胄是除丘濬、海瑞之外的又一位琼州籍名臣,他在嘉靖"大礼议"中的耿直表现,已被各种相关史籍充分记录,成为其政治生涯中一大亮点。实际上,议"大礼"仅是他关注礼的表现之一,是其一贯重视礼的一个缩影和个案。唐胄自出仕后,无论在官还是居家,始终强调礼对治理国家、规范生活的作用,并为此做出很多努力。因此,重视礼,是唐胄人生历程中的一个重要特征。

对于唐胄在嘉靖十七年(1538)"大礼议"中表现出的礼制思想,学者已有很多研究,[①]但对他在礼制方面的思考和实践,目前还有可发掘的余地。故本文在已有研究的基础上,对唐胄与礼的关系再做梳理,以更多展示唐胄的相关思想。

一 对大礼改革的态度

唐胄在弘治十五年(1502)成为进士后担任户部主事,自此开始其政治生涯。作为一名官员,其仕途最顺利的时期是嘉靖改元(1522)之后到

---

[*] 张兆裕,中国社会科学院历史研究所。
[①] 补维波:《唐胄研究》,海南师范大学 2012 年硕士学位论文,第 28~29 页;张朔人:《明代海南文化研究》,社会科学文献出版社,2013。

嘉靖十七年夏，十多年间他由户部主事一路做到户部左侍郎。而嘉靖之前，他在任户部主事后不久即丁父忧还乡，服阙后因未按制还朝，被致力于改革的刘瑾罢官。刘瑾败后的正德五年（1510）九月，吏部建议起复唐胄与其他五十二名官员。唐胄于正德六年（1511）到京，但在次年春他辞官再次家居，直到世宗朱厚熜即位的嘉靖二年（1523）重新起复。①

所以，唐胄的政治生活主要集中在嘉靖前期，而这一时期正是明代在永乐之后礼制改革力度最大的阶段。这场改革初起之时，讨论的是世宗生父兴献王朱祐杬的地位和称谓问题，亦即统嗣之争，此后逐渐展开，涉及郊祀制度与宗庙制度。在统嗣之争中，世宗在张璁等人的支持下，成功地确立了其父的"皇考"地位，成为"皇考恭穆献皇帝"。在郊祀典礼和庙制改革中，世宗最后仍获得胜利，将天地合祀改为分祀，将其父由藩王而竟称为"睿宗"并祔祭太庙、配享明堂。这场改革对嘉靖前期的政治生活影响深刻，② 是明代历史上的重要事件。

唐胄只参与了嘉靖十七年明堂配享及兴献王称宗的讨论，这是大礼议的高潮环节。这场讨论起源于扬州府通州致仕同知丰坊的上疏，他建议"请复古礼建明堂，加尊献皇帝庙号称宗，以配上帝"，这是世宗期待已久的建议，于是令礼部讨论。尚书严嵩等不同意丰坊的意见，将问题还给世宗，"嵩议以功则太宗、亲则献帝以配帝，惟上裁，而不敢任称宗"。③ 唐胄对此不满，认为礼部的不明朗态度对导君以正没有益处，于是上《明堂配享疏》。疏中，他突出了三个观点：一是明堂之礼不可废，因为这是三代的古礼，需要继承和恢复；二是明堂配享不专于严父，而应配以有功之祖，汉唐宋的做法与古礼不合，不足为据；三是除太祖外，本朝有资格配享者是成祖朱棣，而献皇帝"得皇上大圣人为之子，不待称宗，不待议配，而专庙之享亦足垂亿万世无疆之休矣"。④ 简单地说，明堂配享可以举行，但兴献帝不能配享，也不能称宗。这无疑与世宗的目标相违，于是唐胄被罢官。

---

① 唐胄履历中的一些细节还不清晰，其中如丁忧还乡的时间还有不同说法，值得再考。这里采用的是目前通行的观点。
② 相关情况见胡吉勋《"大礼议"与明廷人事变局》，社会科学文献出版社，2007。
③ 王世贞：《嘉靖以来首辅传》卷三《夏言传》，四库全书本。
④ 《钦定续文献通考》卷六八《郊社考·明堂》，四库全书本。

唐胄的这篇奏疏反映了多数朝臣内心的想法，也反映了唐胄对礼的一些看法和追求。首先他认为三代之礼是一个美好标准，尤其是周代的礼，即所谓"三代之礼，莫备于周"，因此周礼是后世需当遵行的大原则。具体到明堂之礼，周代以文王祀明堂配上帝，是以功而非以父。追尊古礼是他礼制思想的一个特点。① 其次，高度重视朱熹在礼制上的态度，奉之为圭臬。在这篇奏疏中，唐胄多次引用朱熹的话来证明自己的观点，如"有问于熹曰：'周公之后，当以文王配耶？当以时王之父配耶？'熹曰：'只当以文王为配。'又问：'继周者如何？'熹曰：'只以有功之祖配之，后来第为严父说所惑乱耳。'由此观之，明堂之配不专于父，明矣。"② 唐胄推重朱熹，不仅表现在这篇奏疏内，他在很多地方都透露出这个倾向，这一点下文还有涉及。以朱熹礼制思想为准绳，这是唐胄礼论的又一个特点。

明堂配享是大礼议的高潮，也是最后的阶段。那么，唐胄对此前即嘉靖十七年之前所讨论的大礼是怎样的态度，对此我们以往的认识还不甚清晰，好在《明堂配享疏》透露出一些信息，可以帮助我们窥探唐胄的态度和思想。

首先，在兴献王的地位和称谓上，唐胄与张璁等人的态度相同，是支持世宗将生父称为"皇考"与之以皇帝地位的。他说："昔我皇上入纂大统之初，廷臣讲礼不明，执为'人后'之说，于时推明一本、力正大伦者，惟习书、张璁、桂萼、方献夫、霍韬数人而已，可谓忠臣矣。"③ 以习书、桂萼等为忠臣，其立场是不言而喻的。

不仅如此，他虽同样未参与改革郊祀典礼的讨论，但他对分祀天地也表示赞同。他说："宋儒朱熹尝以天地合配、宗庙同堂为非礼，谓千五百年无人整理。今我皇上创两郊、建九庙，使三代礼乐焕然复明于世，使熹及见之，不知当如何以为颂也。"④ 他认为两郊分祀是重现三代之礼的美好行为，也是朱熹所说的千五百年无人整理的礼制的恢复。显然，唐胄给予这项改革以很高评价。

---

① 这一点补维波在《唐胄研究》中已经指出，见该文第 28 页。
② 《钦定续文献通考》卷六八《郊社考·明堂》。
③ 《明世宗实录》卷二一三，嘉靖十七年六月丙辰。台北市中研院史语所校印本，1963。
④ 《明世宗实录》卷二一三，嘉靖十七年六月丙辰。

唐胄的这些观点，虽然是事后之论，但在普遍避免直接讨论相关话题的环境里，这并不是可以引起共鸣的。因为在统嗣之争中，世宗遭到了南北两京绝大多数官员的强烈反对，习书、张璁等人是绝对的少数派。为此，世宗在追求目标的过程中，对反对者进行了残酷打击，在嘉靖三年（1524）六月的左顺门事件中，参与哭谏的二百二十九名官员，一百三十四人受到廷杖，十七人被杖毙。① 被贬谪的官员也甚多，连在世宗继位问题上立有大功的大学士杨廷和也不能安于其位。可以说，兴献王得称"皇考"，是以大批官员的倒霉甚至死亡为代价的。

同样，在郊祀之礼的讨论中，赞成分祭的官员也是少数，多数仍主张合祭天地。嘉靖九年（1530）三月礼部奉旨集议郊礼，结果是"会议多有异说"，具体情况是"主分祭者，都御史汪鋐等八十二人；主分祭而以慎重成宪，及时未可为言者，大学士张璁等八十四人；主分祭而以山川坛为方丘者，尚书李瓒等二十六人；主合祭者，尚书方献夫等二百六人"，② 此外，还有一百九十八人不置可否。③ 尽管如此，最后在夏言等人的支持下，世宗于当年十月于南郊建成圜丘（天坛），并于次年建成方泽坛（地坛）及日坛、月坛，完成郊祀之礼的改革。

以上情况表明，唐胄的观点与多数人并不相同。那么接下来的问题就是，他为什么会在这些争议问题上赞成世宗，又为什么在明堂配享中持反对态度。

我们的看法是，统嗣之争中兴献王的称谓涉及孝和基本伦理问题。杨廷和等主张世宗承孝宗之祧，称孝宗为皇考，而以兴献王为叔父，等于把世宗过继给孝宗，即统嗣同继。而世宗则坚持继统不继嗣，继承皇位可以，背离生父不可以。在世宗的坚持下，先是称孝宗为"皇考"，生父"本生考"；后在桂萼、张璁等支持下，改为"本生皇考"，后径称"皇考"，并改孝宗为"皇伯考"。在这一系列的变化中，世宗等人始终强调的是孝道和人伦问题，以此抵挡杨廷和等人强调的帝统的连续性。唐胄本人对孝是十分看重的，他的传记中多有"尤孝于亲"的记载，④ 因此他在情

---

① 《明史》卷一九二《王思传》，中华书局，1974，第 5085~5086 页。
② 《明世宗实录》卷一一一，嘉靖九年三月辛丑。
③ 秦蕙田：《五礼通考》卷二〇，四库全书本。
④ 乾隆《广东通志》卷四六《人物志》，四库全书本。

感上更容易倾向于张璁等人的观点。实际上，当时反对世宗等人的官员，对孝和人伦也是重视的，但他们对孝宗之统过于看重，过于强调帝王之家的特殊性，加之他们处在京师这样的非此即彼的政治语境之中，一些人所发之论未必就是本心所想。而唐冑没有这些羁绊，他当时是一个旁观者，可以从容思考，而事后之论，环境压力虽在，但基于他的性格，则不会十分在意。

对于嘉靖九年的郊礼改革，唐冑也表示了明确的赞成，主张"明堂之礼不可废"，理当恢复。但唐冑是将三代之礼与后世具体问题分开看的，郊祀之礼、明堂之制，与兴献皇帝是否配享、称宗不是一回事。而世宗则将此视为同一问题，即恢复明堂之制是为了兴献帝能够配享，能够称宗和祔庙，从而使之获得无以复加的尊崇地位，这是他恢复明堂之制的动力所在。将嘉靖十七年他们之间的冲突与唐冑对统嗣问题的态度同观，需要解决的一个问题是，世宗这次仍然强调的是孝道问题，为什么同样重视孝道的唐冑这次不再支持他？从《明堂配享疏》中看原因有两点，一是兴献帝配享于礼无据，相应的论述他引用了习书、张璁、方献夫以往的观点，核心是兴献帝没有实际做过皇帝，不在帝统之内；二是世宗对兴献帝所尽孝道已足够，如他在疏中说："我皇考恭穆献皇帝得皇上大圣人为之子，不待称宗，不待议配，而专庙之享，亦足垂亿万世无疆之休"，言外之意，如果再加尊崇则为过情。

要之，唐冑在这次大礼议中所体现出的礼制思想，除上文揭示的两点外，还应包括"礼贵适度"这个内容。

二　关注政治生活中的礼

唐冑作为一名官员，对"大礼议"之外的国家礼仪及其实行也非常关注，提倡遵守有关典制，主张修改一些礼仪条款，尤其是倡导通过祀典的厘正来表达国家的意愿。

明代国家祀典中，功臣之祀是一项重要内容。唐冑认为应该维护其严肃性，不可以随意增删变动祀典功臣。他的这个思想，突出表现在反对洪武功臣郭英入祀功臣庙和配享太庙的事中。

郭英在明朝建立前即随朱元璋征战，洪武十七年（1384）封武定侯，永乐元年（1403）卒，赠营国公。他虽功劳卓著，名声亦佳，但比他功勋资望更高者大有人在，故其一直没有入祀南京鸡笼山的功臣庙，也没有配享太庙。至嘉靖十六年（1537），其后世武定侯郭勋因颇得世宗信赖，提出要将郭英增入功臣庙并配享太庙。其理由是乃祖郭英"与原祀徐达等功同一时，但达等物故各当庙建之时，而英独以后死不与"，① 即郭英没有进入祀典，不是功勋的原因，而是太祖确定应祀功臣时，郭英还活着。说通俗些，就是死得晚了。对于郭勋的说法，都给事中邢如默列举史实给予反驳，双方相持，礼部不敢决定，请求召集多官会议商讨。于是唐胄上疏，批驳郭勋的无理要求，以维护祀典的严肃性。

唐胄在疏中指出，功臣庙内二十一名功臣及太庙配享的十三名功臣皆是太祖亲自确定，其中有已逝者，也有当时在世者。所以郭勋的说法是无知和失误。随后他指出，郭英没有在祀典中列名是因为功劳不够，封侯太晚，"洪武十六年（1383），云南既平，次年论功……论及偏裨，谓陈桓、胡海、郭英、张翼等兵兴以来，屡致勤劳，今勋尤著，于是各以都督佥事，桓封普定侯，海东川侯，英武定侯，翼鹤庆侯，子孙世袭，食禄各二千五百石。盖庙之定祀至是已十六年，而英始侯，其所论者乃云南之功，而勋误以为开国也"。唐胄的重点不仅在辨明史实，更在于强调此事关系到国家典礼，必须高度重视，"英祀庙且不与，而又欲望其配享，岂不尤惑也哉……故尊祖而陷于不知其情虽轻，而于我开国之大典所关则重"。郭勋要尊祖而编造史实事小，但因此淆乱国家大典则事重。因为事关大典，已经确立的就一定要遵守，不仅名次位置不可轻易改变，更不能随便增减，即使郭英比开国功臣的功劳都大，如果当时没有列入，现在也不能说增就增，何况郭英其功不如开国诸臣。他说："位列差次之间，尚不可轻以移易，况有无之额，敢得而增损乎？使勋而知此，纵英侯功先于开国，亦当俯首敛避，况后以南征，而敢启口也哉？"因此他请求世宗"于英之配享庙祀且寝其议"。

唐胄等人的意见遇到了郭勋的反击，他说此前诚意伯刘基配享时因是文臣，所以没人反对，今番因郭英是武臣就遇到阻力，这是文臣

---

① 唐胄：《遵成宪以昭典礼疏》，见《名臣经济录》卷二八，四库全书本。以下唐胄所论此事疏文出处同。

的妒忌,"往年进基祔享,以文故举朝翕然顺从,臣祖英武臣,乃纷然阻忌"。① 最后嘉靖十六年三月"得旨:郭英同时赞佐皇祖功臣,准配享太庙"。②

唐胄在郭英配享入庙问题上的态度,表明他对祀典的重视,这种重视还表现在他主张对一些缺典的弥补上。

嘉靖十三年(1534)九月唐胄由山东巡抚升任南京户部右侍郎,任上他与同事上疏请修泗州祖陵,以崇报本之礼。唐胄此疏未见流传,但其事见于世宗的《重修祖陵之碑》内,"肆予冲人,上膺天眷,远藉神休。嗣位以来,日稽典礼,凡所以竭孝思于祖宗者,九庙七陵以次兴举。惟是帝业所基之域,尤轸于怀。曩抚臣马卿具以上请,奉敕拟撰,会南京工户二部尚书侍郎蒋瑶、唐胄相继有言,朕特下其事于所司,议亟行之"。③ 帝王陵寝之制,从来都是礼典中的重要内容,明祖陵在明代地位特殊,是朱元璋父祖的陵寝所在,洪武时期尊崇有加,规制甚高,其后则修葺渐少,颓象日显。唐胄等人的重修建议,既有当时振兴礼制的大背景,也是唐胄一贯关注国家礼典的表现。

据王弘诲所撰唐胄神道碑,唐胄在被重新起用之初,就"为宋死节诸臣请谥立祠",④ 但没有具体说是为哪些人,《明史·唐胄传》中则说:"请为宋死节臣赵与珞追谥立祠"。⑤ 赵与珞是宋宗室,南宋咸淳初为琼管安抚使。末帝赵昺祥兴元年(1278)秋,元将阿里海涯遣人招降赵与珞。与珞不听,率义勇谢明、谢富、冉安国、黄之杰等在白沙口与元舟师力战,元兵不得登岸。至冬,元人买通内应,执与珞等降。与珞等骂贼不屈,皆被裂杀。⑥

唐胄为赵与珞等请谥立祠,是因为他对赵与珞的气节由衷钦佩,同时也是为表彰与赵与珞共同抗元的琼州人民。唐胄的奏疏现在看不到,但在

---

① 章潢:《图书编》卷九八《国朝太庙祀》,四库全书本。
② 《明世宗实录》卷一九八,嘉靖十六年三月癸巳。
③ 陆深:《俨山集》卷八二《重修祖陵之碑》,四库全书本。
④ 王弘诲:《太子少保王忠铭先生文集天池草重编》卷一九《通议大夫户部左侍郎赠都察院右都御史西洲唐公神道碑》,四库存目丛书影印康熙刻本,齐鲁出版社,集部138册,第295页。
⑤ 《明史》卷二〇三《唐胄传》,中华书局,1974。
⑥ 唐胄:《琼台志》卷三三《名宦·赵与珞》,天一阁藏明代方志选刊第61册,第9、10页;乾隆《广东通志》卷三九《名宦志》,四库全书本。

其所著《琼台志》中关于此事有一大段议论,可以窥见唐胄的相关思想。其中说道:

> 是时西来迎刃之大军隔海矣,同心之应科(指张应科,另一位抗元宋臣)已死矣,宋之土宇垂尽矣,岂不知大势之去,螳臂之不可御?然所以必谩骂以泄其愤,坚守以固其节者,心焉而已。宋室守臣死节虽多,岂有后于舆珞者哉?以远土孤臣,史氏不为立传,续《纲目》者不为大书,可惜也。

显然唐胄对赵舆珞非常敬佩,并认为后世对他的褒扬远远不够。随即唐胄又说到谢明等人以及琼州百姓的英勇。他说:

> 若谢明、谢富、冉安国、黄之杰辈,郡士尔,服死已难,而又甘招陪磔,犹何烈也,然或知义也。至于琼民,当海中之再称制,则首起以应之,厓波忠魂不知几许……噫,琼去中原万里,朝廷政泽之沾独迟,及国之亡也,人心结固独后于天下,岂三百年惠养之所致欤?抑张赵二使君当日之义气所激欤?或人情土俗之美而不能已欤?故论宋三百年天下其先人心之降也,始于陈桥;其后人心之不忘也,终于琼海。所谓后死之睢将、不帝秦之齐士、闭城之鲁民,皆兼而有之矣。孰谓南荒之外而有此地也哉!①

如果说赵舆珞的行为是因为忠于职守,那么谢明等与琼州百姓则没有这个责任,但他们仍然不惧牺牲,为宋尽忠。言语之间,唐胄对琼州百姓在宋元之际的表现充满自豪。

应该是基于以上原因,唐胄提出为他们立祠与谥,以弥补祀典的不足。需要说明的是,唐胄此时是向朝廷作请求,意在列入国家祀典,提高褒崇的规格,这与地方政府的行为在重视程度上是不同的。虽然此事未见下文,但唐胄此举则说明他对通过祭祀以表彰先烈的做法是高度重视的。

除主张弥补缺典之外,唐胄还主张在祭祀时要以高标准来表达虔敬态度,不能减杀礼仪,有所慢怠。弘治末年按察副使王櫶在琼州府进行了一

---

① 唐胄:《琼台志》卷三三《名宦·赵舆珞》,第10、11页。

系列改革，目的之一是节省财政开支，防止官吏侵占。其中，文庙的丁祭之礼也在改革之列，内容包括将制度规定的祭品，用当地土产替代，以节省开支。唐胄对此十分不满，认为这是对孔子的不敬。他说："礼有五经，莫重于祭，而先师尤宜报之隆者。则缩至不可为，乃令以鸡代兔，以羊代鹿，以蕉、蔗代枣、栗。吁，晏平仲自俭于先，君子尚以为隘，况以之而祀先圣，礼之可爱果不重于羊耶？举此一端，则其余可知矣。"① 他认为不能因为惜费而减杀必需的礼敬。

春秋二仲月的上丁日祭孔子，始于唐开元年间，明代文庙之祭仍予沿用。这是全国各地学校的一项重要活动，也算得上是士人的两个节日。对此国家在制度上有详细的规定，包括祭祀的各环节，行礼的次序，祭器祭品的数目、种类、摆放等。祭孔子的正坛物品中，最重者为犊、羊、豕，鹿则只用鹿脯、鹿醢，兔用兔醢，鸡则完全不用。② 这些规定作为执行标准，不能轻易变动，但考虑到各地的实际情况，到正统三年（1438）朝廷对原有规定有所调整，"又定祭丁品物其不系出产者，鹿兔以羊代，榛枣以土产果品代"，③ 放宽了限制。这就是说，琼州府丁祭改革中，除以鸡代兔缺乏依据外，以羊代鹿，以香蕉、甘蔗代替枣、栗，都是有制度依据的，整体上并未出格。那么唐胄为什么还有所不满？说到底，一是他对礼的严肃性的看重；二是因为他在祭孔上强调的是"先师尤宜报之隆者"，应该按照最高标准来实行，越是难致之物越能表达崇敬之心。

显然以上诸事表明，唐胄的礼制思想中包含着维护礼的严肃性的内容，同时也包含着注重发挥礼的功能，强化礼的导向作用的内容。

三　重视日常生活中以礼易俗

唐胄对日常生活中的礼仪也十分看重，强调以儒家之礼移风易俗，尤其看重朱子家礼的化俗功效。

就唐胄个人而言，他在生活中完全遵循儒家礼仪，"治家严而有方，

---

① 唐胄：《琼台志》卷一一《田赋·杂需》，第 41、42 页。
② 李之藻：《頖宫礼乐疏》卷三《陈设目》，四库全书本。
③ 正德《明会典》卷八四《礼部》四三《祭祀》五《事例》，四库全书本。

冠婚丧祭一遵古礼行之"。① 唐胄所遵行的古礼，具体是先秦周礼抑或是后世的朱子家礼，现在无从得知，以他对周礼的熟悉程度，完全遵行周礼也是可能的。但在唐胄生活的时代，朱子家礼的影响较先秦周礼为大，国家也予以大力提倡，其在士人之中的运用日渐普遍，即使是海南地区依据《家礼》行事的情况也不鲜见，而且当时人如丘濬是把家礼看作古礼的。丘濬在《大学衍义补》中说"臣尝以浅近之言节出其要，以为仪注，刻板已行，在臣家乡多有用而行者，遂以成俗。盖行古礼，比用浮屠省费数倍"。② 丘濬这里说的是他根据《朱子家礼》编著的《家礼仪节》一书在琼州传播的情况，指出采用这种古礼在当地已经成俗。所以，唐胄所行的古礼是指朱子家礼的可能性更大。

朱子家礼是庶民之礼，它是对冠、婚、丧、祭及日常活动所应遵循礼仪的具体规范，与人们的日常生活直接相关。虽然这部规范民间礼仪的著作是否为宋儒朱熹所作还有争议，③ 但其自南宋以后即流传渐广，明永乐年间编修《性理大全》时就将《朱子家礼》编入，并刊行天下。唐胄对朱熹非常推崇，将其对礼的论述奉为圭臬，这在上文已经述及，对朱子家礼也是如此，这在他的《琼台志》里可以清楚看到。他是将朱子家礼的传播作为移风易俗的重要途径来表述的。

如在叙述琼山县风俗时，他说："民性淳朴，俗敦礼义，尚文公家礼。"并注释说："冠丧祭礼多用之。始自进士吴锜，及丘深庵著《家礼仪节》，故家士族益多化之，远及邻邑。间有循俗，丧用浮屠亦少。"④ 很明显，在唐胄看来，朱子家礼是否在一地得到遵循，是一件特别值得记录的事情，反映出对朱子家礼的看重。

除琼山外，唐胄对本府其他州县予以尚礼评价的还有文昌、定安、儋州等，其文昌县的风俗是："民性温和，习尚朴素，情长礼厚，衣冠文物与琼山同。治丧不用浮屠（自乡先生邢贵居丧始）。"定安则"颇习华靡，事赌博，然读书尚礼者众"。儋州"民性简直，俗尚礼义……家

---

① 王弘诲：《太子少保王忠铭先生文集天池草重编》卷一九《通议大夫户部左侍郎赠都察院右都御史西洲唐公神道碑》，四库存目丛书，集部138册，第297页。
② 丘濬：《大学衍义补》卷五一《家乡之礼》，京华出版社，1999，第451页。
③ 见《四库全书总目》卷二二《礼类》四《家礼》，四库全书本。
④ 唐胄：《琼台志》卷七《风俗》，第26页。

习儒"。而他对本府其他地方的风俗则没有给予"尚礼"的评价。如澄迈县"民性温直,子弟多嗜学",临高"民性梗直,俗多因古,间事仙释,读书善俗,大概与澄迈同",万州"儒者多取科第",崖州"民性不扰,敦尚朴素……士多业儒,科第不乏",而乐会则是"民俗侈野,少循礼度"。①

唐胄对崖州等地虽没有言其尚礼,但叙述中均有"业儒、读书、嗜学"的记录。读书而不尚礼的反差,意味着在唐胄的观念里,读书人如果不遵循儒家之礼,读书就仅仅是一种博取出身的职业,与风俗的美丑无关。换言之,风俗美陋的区别,与是否尚礼有直接关系,尤其是看丧事中的表现,用儒家之礼包括朱子家礼,即为尚礼,而用佛家(包括道家)之礼则为"循俗",亦即陋俗。

这里要附带辨明的是,唐胄虽视释道之礼为陋,但他对佛老之学本身并不一概排斥,相反,是给予较高评价的。他在《琼山老佛庙记》中说:

> 佛老之学虽沦虚寂,然皆自以为心性之宝,非伪以欺人。孔子非不知老氏之已异也,然亦以"犹龙"称之,盖以彼虽偏,然亦有自信之实,故其言能变化叵测耳。
>
> 近喜谈道者有言曰:"今世学者莫不知宗孔孟,摈老释,圣人之道若大明于世。然从而求之,圣人吾不得而见之矣,其能有若老氏清净自守者乎?释氏之究心性命者乎?彼于圣道虽异,然犹有自得,非若今之学者,以仁义为不可学,性命之无益,而徒取辨于言辞之间。"余喜其见之有似于孔氏也。②

佛老之学在取向上虽不如儒家积极,沦为虚寂,但均是真诚自信的心性之学。唐胄还借谈道者之口赞扬道家能清静自守,佛家能究心性命,批判儒家不仅孔子之后圣人没有再出现,甚至儒者连仁义、性命这些基本要求都不再顾及,"徒取辨于言辞之间"。唐胄站在儒家立场上,对三教进行了评述,在比较之中予佛老以充分肯定。他的态度与明代三教相互

---

① 唐胄:《琼台志》卷七《风俗》,第26、27页。
② 唐胄:《琼台志》卷二七《寺观》,第6页。

借鉴、融合的大背景有关，也与他在现实中与高僧大德交往中获得的认识有关。①

也许正是由于唐胄对琼州风俗的一系列看法，尤其是一些州县读书而不尚礼的现实的看法，使他通过学校教育以礼化俗的意识愈发明确，于是我们看到，唐胄后来在担任提学过程中对礼的教育的推行不遗余力。如任广西"以身范士，都师生习冠射诸礼"，任云南则"造士一如西粤"。② 冠射诸礼是明初规定的学校教学内容，"生员专治一经，以礼、乐、射、御、书、数设科分教"，③ 但在科举制的引导下，这六艺之教在明代并没有受到特别重视，多为虚文。因此，唐胄的教学，完全是出于一种自觉行为，是一种责任感所使然，他希望学校生员不只是经书的学习者，也是礼义的传播者和实践者，从而达到化俗的目标。

风俗的形成有着多方面的原因，如明代的海南，其地理环境特殊，民族成分多样，历史发展不同，因此其风俗也呈多样化。④ 多样化在后世看来是很正常的情况，但在传统儒家社会理念中，中原与异域、儒家与佛道之礼俗是有着优劣之别的，而儒家之礼义是文明的最高标准，是文明与野蛮的分界。因此，移风易俗的具体内容就是以儒礼化旧俗，这也成为传统社会有责任感的士人努力的方向，史籍中也充满这样的记载，并将其作为儒士的一项业绩。无疑这其中隐含着士人们的文明优越感和无视多样化存在有其合理性的因素，但他们的努力是真诚的，抱着共同进步的良好愿望，所以是值得肯定的。唐胄在移风易俗上的观点和努力也是如此。

四　余论

唐胄以礼经获得出仕资格，也因为议大礼而结束政治生涯，其一生与礼有着难解的因缘。上文的叙述，使他与礼的关联更加明晰。在他对政治

---

① 琼州天宁寺僧普宁与唐胄颇有交往，多次希望自己坐化后请唐胄撰写塔记。"天宁寺毛都纲普明者，亦有僧戒，寿几一百，持寺凡七十年，而精慧不衰，屡于余托化后塔记。"见《琼台志》卷四二《杂事》，第23页。

② 王弘诲：《太子少保王忠铭先生文集天池草重编》卷一九《通议大夫户部左侍郎赠都察院右都御史西洲唐公神道碑》，四库存目丛书，集部138册，第295、296页。

③ 《明太祖实录》卷四六，洪武二年十月辛卯。

④ 关于明代海南的风俗，张朔人在《明代海南文化研究》中有深入全面的研究，兹不赘述。

生活、日常生活中的礼都给予极大关注的过程中，表现出他崇尚古礼、强调礼贵适度、维护礼的严肃性、发挥礼的功能，以及以儒家之礼移风易俗等多层次、多方面的礼制思想。而这些思想对他的行为和经历又不断产生着影响。

明代以礼、法为治国两大手段，二者无疑都是对社会及个人行为的规范，但礼以其导人于无形，化人于情理的特点更被看重，"礼之在天下，不可一日无也。君子所以异于宵小，人类所以异于禽兽，以其有礼也。礼其可一日无乎？"① 由于这种不可或缺性，礼的存在状况以及对礼的态度，就成为衡量政治环境以及执政者是否有作为的标尺。从唐胄一生的表现中，我们不仅看到一个士大夫对礼的不懈追求，而且看到这种追求背后的对实现文明、良好社会秩序的愿望和责任感。

唐胄出仕以后的明代，正是明代社会发生巨大变化的开始阶段，社会经济在变，各种制度在调适，新的社会思想逐步涌现。在这样的时代里，阳明心学的传播日益广泛，程朱之学的独尊地位受到挑战。从唐胄对朱熹的尊崇程度看，他还没有受到心学的影响，不像他后来的同乡海瑞对心学的接受，也不像王弘诲对西学的服膺。因此，唐胄的礼制思想仍是在程朱理学的传统思想范围内展开的。

最后要指出的是，唐胄十分强调海南与中原内地的不可分割的关联性，认为琼崖与内地的交流融合是其发展的主要条件。同时，唐胄也有较强的"海南意识"，《琼台志》中他比较强调海南的独特性，体现了他对自己家乡的热爱和自豪。这种家乡认同，有意无意间使其人格展示、思想表达都会带有家乡的特点，就如《琼台志》所总结的海南人的"海南性格"："梗直、简直、温直"。《明堂配享疏》所以能在举朝不语中上奏，就体现了这种以"直"为主要特点的性格，这种性格在后来的海瑞身上也能看到。

唐胄做过户部官（主事、员外郎、左右侍郎），做过地方官（按察佥事、按察副使、参政、布政使），也曾以都察院右副都御史开府一方。但没有做过礼部官的他，却有着丰富的礼制思想，这成为了解他的一个重要视角。

（责任编辑：隋嘉滨）

---

① 丘濬：《重编琼台稿》卷九《家礼节仪序》，四库全书本。

儒学孵化出的唐胄

汪韶军

唐胄（1471~1539），字平侯，号西洲，琼山东厢番疍里（今攀丹村）人。明代忠介名臣，岭南名士，是明代海南人中被国史作传的三人之一（另两人是唐胄的前辈丘濬与晚辈海瑞）。《明史》评价道："胄耿介孝友，好学多著述，立朝有执持，为岭南人士之冠。"[1]

围绕唐胄的研究，学界已基本完成其诗文的收集、整理和注释工作，并出现了硕士学位论文、论文集和传记，还举办过专题学术研讨会。但就唐胄与儒学的关系，目前尚无人涉足。清末民初著名学者王国宪《敬题唐西洲公三父子诗集》提到唐胄"理学宗朱程"[2]，笔者择取此端，讨论儒学在唐胄身上的落实。

一 家学渊源

据记载，唐胄生而聪颖，于书无所不读。他在青少年时期的求学情

---

* ［基金项目］海南大学"中西部高校综合实力提升工程"子项目"海南文化软实力科研创新团队"（01J1N10005003）。
** 汪韶军，海南大学人文传播学院。
[1]《明史》第十八册，中华书局，1974，第5359页。
[2] 韩林元编注《唐胄诗文集注》，政协琼山市委员会出版，1996，第204页。

况，目前无文献可征，不过有两点可以确定。

其一，唐胄出身于书香门第。攀丹唐氏的始祖是南宋入琼担任琼州太守的唐震，唐胄是其九世孙。唐震子唐叔建由文学荫琼山县尉。孙唐次道在元代至元年间广西行省省试中获解元（第一名），唐次翁则任文昌县教谕。曾孙唐闻由山长（书院讲学者）升琼州学教授。五世孙唐安寿任琼山县教谕。六世孙唐逊，字谊方，"笃儒学，有古行。元末累避辟。国朝首举经明行修，拜郡庠训导，有规范"① ——"经明行修"，即通晓经学，德行美善。六世孙唐英，博通经史百家，元时曾任郡教授，"尝筑义学教乡子弟一十余年，束修绝不道及，人号其居曰'东善'"。② 像这样不计报酬，长期坚持"义务教育"，实在难能可贵。七世孙唐乾与"安礼守静，精六书学"③，唐乾界（唐胄祖父）是府学选拔出来升入京师国子监就读的岁贡生。据庄文玄《榕冈集序》称，唐正（唐胄父亲）有点类似北宋大儒邵雍，饱读经史，且"读书不为举子业，承累世家庭之余，负刚直不阿之气。……孰谓西洲之贤，非公启之哉"。④

可以看到，攀丹唐氏真可谓人才辈出。在唐胄之前，族中已出三位进士（唐舟、唐亮、唐绢），举人就更多，另有府学岁贡。而且，唐家一直秉承着兴学重教的优良传统，族中有多人担任郡学或县学的教授、教谕、训导，或书院山长，甚至主持一省乡试的考官。⑤ 也出于这个原因，唐氏家中藏书甚丰，唐胄父亲欲起一书楼，未果。正德年间，唐胄建读书所，并增添藏书；后张简"以胄弃官归养而学"，命曰"养优书院"；王弘又将其更名为"西洲书院"。唐胄老母亲临去世前曾手指西洲书院对唐胄说："自汝祖至汝父，及今已数世，所积书俾遗汝子若孙，能读否乎？"⑥

其二，与中国古代绝大多数知识分子一样，唐胄也成长于圣贤经传的卵翼之下。明初洪武二年（1369），诏令天下各府、州、县皆立儒学，又

---

① （明）唐胄编集《琼台志》卷 36《人物一·名德》，宁波天一阁藏明正德残本。
② （明）唐胄编集《琼台志》卷 37《人物二·高行》。
③ （明）唐胄编集《琼台志》卷 37《人物二·耆旧》。
④ （明）唐胄编集《琼台志》卷 24《楼阁上》。
⑤ 《明史·职官志四》："儒学：府，教授一人，训导四人；州，学正一人，训导三人；县，教谕一人，训导二人。教授、学正、教谕，掌教诲所属生员，训导佐之。"（《明史》第六册，第 1851 页）
⑥ （明）唐胄编集《琼台志》卷 17《书院》。

以经术取士，知识分子要想进身，就必须习学儒家经典。

> 古之六经、《语》、《孟》，圣人垂世立教之典；今之御制，时王一代之法，故南面而尊。若老庄而下诸子百家之书，先秦、战国、汉、唐、宋以来之史，他如文人才士诗辞、简札、图志、法帖及吾父子所自为翰墨，淋漓满卷。此东西向者，子史之所以羽翼乎六经、《语》、《孟》。杂然而前陈者，诗辞、翰墨之类，又所以让乎子史。统而会之，皆尊王之制，亦夫子从周之意云尔。①

在西洲书院，唐胄将经史子集的摆放位置做了这样的安排，从中可知他对儒家经典的推尊。唐胄曾师事王佐，"佐性雅淡，惟耽书史，自少至老，手未尝一日释卷，虽昏眊，犹使家人读而听之"。② 王佐在弱冠之年便以《礼经》魁乡举（《礼经》单科第一），唐胄后来乡闱、会试皆中《礼经》魁，应该与王佐不无关系。另，唐胄朋友圈子中有顾东桥（1476～1545），此人曾与明代心学集大成者王阳明（1472～1529）有多番书信往来，讨论儒学精义。唐、顾二人有诗文唱和，但是否切磋过儒学，文献阙如。

> 佛老之学虽沦虚寂，然皆自以为心性之实，非伪以欺人。孔子非不知老氏之已异也，然亦以犹龙称之。盖以彼虽偏，然亦有自信之实，故其言能变化叵测耳。近喜谈道者有言曰："今世学者莫不知宗孔孟、摈老释。圣人之道若大明于世，然从而求之，圣人吾不得而见之矣，其能有若老氏清净自守者乎？释氏之究心性命者乎？彼于圣道虽异，然犹有自得，非若今之学者以仁义为不可学、性命之无益而徒取辨于言辞之间。"余喜其见之有似于孔氏也。③

以上是唐胄在正德丙子年（1516）春写下的一段话。他虽未像程朱理学那样力辟佛老，但还是沿袭了程朱理学对佛老的误解。朱熹的得意门生陈淳就曾说，"老庄……只管想像未有天地之初一个空虚底道理，与自家

---

① （明）唐胄编集《琼台志》卷17《书院》。本文所引古籍材料，标点多由笔者重新点定，不另说明。
② （明）唐胄编集《琼台志》卷36《人物一·名德》。
③ （明）唐胄编集《琼台志》卷27《寺观·老佛庙》。《传芳集》漏收此文。

身有何干涉？佛氏论道，大概亦是此意"，"老氏以无为主，佛氏以空为主，无与空亦一般"。① 这样理解佛老是非常表面化的，唐胄也以为佛老沦于虚寂，表明他对佛老没下过多少功夫。有人称其"博通经史百家"，殆属溢美之词。唐胄博通"经史"，可无疑义；博通"百家"，则有待商榷，因为他对诸子还存有较大误解，其诗文也未映射出多少诸子百家的印迹。王国宪称其"唯此传家学，奕叶多明经"②，更切合事实。

二 立身行事

唐胄在《送范金宪西巡洱海》中说道："生平所学欲何用？安敢糟粕轻轲尼！"③ "轲尼"即指孔孟。儒家特别重孝道，唐胄也是个孝子。明代王弘诲《通议大夫户部左侍郎赠都察院右都御史西洲唐公神道碑》（以下简称《唐公神道碑》）载："公天性至孝，事处士公【其父】敬养备至。疏归侍养时，会陈淑人【其母】有疾，公手调药，朝夕不解带。舍旁忽产麻菰，取以供母，人以为孝感。"④ 儒家认为孝悌是"为仁之本"，也就是做人的根本（"仁"应为"人"）。关于孝，我们首先想到的也许是赡养父母。但是，光给父母吃的还不行，孝道要求在孝养的同时对父母孝敬、孝顺。孔子就说："今之孝者，是谓能养。至于犬马，皆能有养。不敬，何以别乎？"⑤ 养爹养妈，不是养狗养马。只养不敬，就跟养狗养马没什么两样。而唐胄对父母做到了"敬养备至"。为了归家奉养老病的母亲，他甚至放弃了别人梦寐以求的仕途，这显然是对儒家"事亲为大"训示的落实。其同年何景明《像池记》盛赞道："夫唐子，学道者也。……噫！闻古有日养而不以三公换者，今目见之。天下之善，岂有先于孝者乎？他日之移于国者，可量耶？"⑥ 唐胄还圆成父亲的遗志，建书院，修像池，并请

---

① （南宋）陈淳：《北溪字义》卷下，中华书局，1983。
② 韩林元编注《唐胄诗文集注》，第204页。
③ 韩林元编注《唐胄诗文集注》，第41页。
④ （明）王弘诲：《天池草》下册，海南出版社，2004，第416页。本文【】内文字均为笔者随文附注，不另说明。
⑤ 《论语·为政》。本文引用《论语》《孟子》《孝经》等经典文献，只注明所出篇名，不另说明。
⑥ （明）唐胄编集《琼台志》卷24《楼阁上》。

人将父亲的诗文编辑成《榕冈集》四卷。另据《孝经》首章："立身行道，扬名于后世，以显父母，孝之终也。"唐胄也认为："人子之孝，以成亲之名为大。"① 中进士后，官府为他在家乡立省魁坊、会魁坊、进士第坊；其父获赠户部山西司主事，其母获封太安人。② 这种父母以子贵的现象，在古代也被认为是儿子孝举的体现。

唐胄生活俭朴，为官清廉。《论语·述而》称："饭疏食，饮水，曲肱而枕之，乐亦在其中矣。"《雍也》篇称："一箪食，一瓢饮，在陋巷，人不堪其忧，回也不改其乐。"这些都是《论语》中著名的话头，这种"孔颜之乐"体现了儒家安贫乐道的精神。《里仁》篇又称："士志于道，而耻恶衣恶食者，未足与议也。"《子罕》篇称："衣敝缊袍，与衣狐貉者立，而不耻者，其由也与。"子路穿着破衣烂衫，与身穿袭衣华服的人并立，浑然不觉自己有什么寒酸。唐胄亦如此。明人记载："家居服食澹泊，足振靡俗。"③《唐公神道碑》载："素性俭，衣履不择敝好。处滇中数年，珍宝之物一无所携。所至解任之日，廨中供帐器皿，悉署籍以俟来者。"④ 这里是说，无论在何处为官，唐胄卸任时都不会将自己曾经用过的公家物品卷走，而是全部登记造册，留待下一任使用。"己丑，表贺如京，诸郡邑例馈夫廪，皆却不受。既至，见京贵，一无所遗。"⑤ 唐胄上京城，地方上按照惯例送些东西，唐氏皆推却；到京城后见到权贵，也不馈赠任何礼品。这种一介不取、一介不予的作风，值得人们学习。

唐胄耿介如石，不惧上司，甚至不怕皇帝。在云南提学副使任上，遇有一事，《唐公神道碑》载："会有寻甸之变，总制提兵来者，柄臣私人也，嘱公以故人子，不听。时三司惮其威，议迎参皆跪，公独不从。"⑥ 三司跪接这位权臣的亲信，独独唐胄拒绝折节跪拜。在维护师道尊严方面，唐胄可以说是"笔架博士"海瑞的先驱。"他如疏请不

---

① （明）唐胄：《谨天戒以隆盛治疏》，参见（明）孙旬辑《皇明疏钞》卷22，《续修四库全书》史部第463册，上海古籍出版社，1996，第684页。
② （明）唐胄编集《琼台志》卷40《人物五·封赠》。
③ （明）郭棐：《粤大记》，中山大学出版社，1998，第476页。
④ （明）王弘诲：《天池草》下册，第416页。
⑤ （明）王弘诲：《天池草》下册，第414页。
⑥ （明）王弘诲：《天池草》下册，第414页。

随王府庆贺，不行王府叩头朝礼，及戡客兵不敢为暴，人闻之皆吐舌。"① 这种精神与先秦思孟学派相通。据《孔丛子》记载，孔子的孙子子思性刚，有傲世主之心。孟子是其学生，一身浩然之气，他在齐国抗礼王侯，事见《孟子·公孙丑下》，道理如同《礼记·曲礼上》之中的"礼闻来学，不闻往教"，都是为了维护师道尊严。孟子还坚持："王公不致敬尽礼，则不得亟见之。见且由不得亟，而况得而臣之乎？"王公求贤，应该礼贤下士，而不是倒过来贤者去拜见王公；王公若不能礼贤下士，就拒见，更不可能臣事之。

三　礼仪之争

唐胄一生上不负君，下不负民，中不负平生所学。其《普溯》诗述怀道："平生报主志，岂在金印封！苍生何时宁？白发日夜生。"② 唐胄中进士后，因这样那样的原因主动辞官，在家乡赋闲几近二十年；1522年始重新出仕，前后十余年，行道惠民，颇有政绩。但本文主要讨论他与儒学之间的关系，故在此只谈及礼仪之争。

仁义礼乐是儒家文化的核心。前面提到，唐胄两夺礼魁，表明他对礼极为熟稔。《唐公神道碑》载："【胄】治家严而有方。冠婚丧祭，一遵古礼行之。"③ 这也无怪乎他后来写出两篇著名的有关祭礼的谏疏了。

1537年，"【郭勋】请以五世祖英侑享太庙。廷臣持不可，侍郎唐胄争尤力。帝不听，英竟得侑享"。④ 唐胄向来认为，"礼有五经，莫重于祭"⑤，于是上奏《遵成宪以昭典礼疏》，力陈几不可。这些理由归结起来不外乎两条：其一，论实际功劳，郭英根本没有资格配享太庙；其二，论礼制，"我圣祖之享祀……品别尤精，位次参差之间尚不可轻以移易，况无有之额敢得而增损乎"。礼本来就讲究秩序，排位上下尚且不能相逾，更何况是无中生有呢？其结论是："伏愿皇上于英之配享庙祀，且寝其议，

---

① （明）王弘诲：《天池草》下册，第415页。
② 韩林元编注《唐胄诗文集注》，第24页。
③ （明）王弘诲：《天池草》下册，第416页。
④ 《明史》第十三册，第3823页。
⑤ （明）唐胄编集《琼台志》卷11《田赋》。

则勋知孝而不知学之误,亦可洗雪以终全臣节,而我国朝之一大典礼,足为史籍之光矣!"① 当时,嘉靖皇帝正想着让其生父兴献王入祀明堂以配上帝,郭勋此举恰好可以为其做铺垫,于是唐胄之争归于无用。

当初明武宗去世时无子,由其堂弟朱厚熜继位,是为嘉靖皇帝。1538年,嘉靖帝启动明堂配享计划。唐胄再次挺身而出,冒死抗疏,词甚剀切。《明堂享礼疏》中写道:

> 三代之礼,莫备于周。《孝经》曰:"郊祀后稷以配天,宗祀文王于明堂以配上帝。"……非谓有天下者,皆必以父配天,然后为孝。……后世祀明堂者,皆配以父,此乃误《孝经》之义,而违先王之礼。昔有问于朱熹曰:"周公之后,当以文王配耶?当以时王之父配耶?"熹曰:"只当以文王为配。"又曰:"继周者如何?"熹曰:"只以有功之祖配,后来第为严父说所惑乱耳。"由此观之,明堂之配,不专于父明矣。
>
> ……自三代以来,郊与明堂各立所配之帝。太祖、太宗功德并盛,比之于周,太祖则后稷也,太宗则文王也。今两郊及祈穀,皆奉配太祖,而太宗独未有配,甚为缺典。故今奉天殿大享之祭,必奉配太宗,而后我朝之典礼始备。②

据学者总结,"唐胄这次抗疏的中心思想是:以周代的礼制、《孝经》的记载和朱熹的观点为根据,反对嘉靖皇帝以其父兴献王祀明堂配上帝,而主张要以明成祖祀明堂配上帝。"③ 据载,唐胄还暗示嘉靖皇帝有出尔反尔之嫌,并说:"若献皇帝【即兴献王】得圣人为之子,不待称宗议配,而专庙之享,百世不迁矣。"④ 言外之意便是,嘉靖皇帝非圣人。结果可想而知,《明史》云:"帝大怒,下诏狱拷掠,削籍归。"⑤ 唐胄这次抗疏,使自己卷入了震惊朝野的"大礼仪"之争,成为因抗疏而被嘉靖皇帝下狱

---

① 《御选明臣奏议》卷23,《四库全书》本。
② 《明史》第五册,第1259~1260页。
③ 李勃:《明户部左侍郎唐胄的生平事迹述要》,载海口市地方史志办公室编《唐胄及其攀丹村唐氏名人研究文集》,南海出版公司,2012,第33页。
④ (清)谷应泰:《明史纪事本末》,中华书局,1977,第761页。
⑤ 《明史》第十八册,第5359页。

的海南第一人（先于海瑞），并于次年四月卒于故里。

唐胄果然是位"立朝有执持"、敢于捋虎须的骨鲠之臣。王阳明弟子薛侃《辨明功罚疏》评曰："始终正直，不少变易。迭任藩臬、巡抚，劳代最多。在部建议陈言，忠悫更切。"① 黄表衷《西洲先生像赞并引》赞其"志在匡济，知无不言，言必国体，儒者之业，大臣之风，不可泯已"。② 史家评价："胄耿介有器识，平生以范仲淹自期。所上奏疏，详核今古，通大体。"③ 王弘海叹道："嗟夫！若西洲公者，岂不毅然大丈夫哉？尝观搢绅士夫，平居矢口言天下事，即引裾折槛，见若无难为者；至当国家利害事变之冲，辄相率鼠首两端，甚则卷舌固位。嗟乎！此其人视公何如哉？"④

四　敦崇教化

"唐平侯负远识，不轻出。崇教化，以劝谕来不庭。敦本务实，其所学颇精。"⑤ 儒家学说本是一个教化体系，学派创始人孔子便是我国历史上第一个伟大的教育家。原始儒家的三个代表人物都非常重视教育与学习。《论语》劈头一句便是："学而时习之，不亦说乎？"学习是一件快乐的事，而不是痛苦的事情，这是孔子勉励世人去学习。孔子本人以身作则，"学而不厌，诲人不倦"。孟子主张"谨庠序之教"，以明人伦。荀子也著有《劝学》篇。

1. 拳拳于学校之设

在儒家思想的影响下，中国历朝均有政"教"合一的传统。唐胄也把儒学教化提到"致政之源"的高度。正德九年（1514），他在《重修万州儒学记》中写道："帝王之治天下，未有不本学校孝弟之教始。……故治道莫先于教学，而州党庠序，尤学之所先也。"⑥ 他在多个不同场合都表达过这一看法，并认为地方守令要把兴学当作第一要务，因为

---

① 吴光等编校《王阳明全集》下，上海古籍出版社，1992，第1493页。
② 韩林元编注《唐胄诗文集注》，第193页。
③ （清）查继佐：《罪惟录》，浙江古籍出版社，1986，第2376页。
④ （明）王弘海：《天池草》下册，第412页。
⑤ （清）查继佐：《罪惟录》，第2376页。
⑥ （明）唐胄编集《琼台志》卷16《学校下·万州学》。

"学校，人材风化所关"①。

接下来的问题是，学什么？儒家所谓的"学"，其实与我们今天所说的"学"不太一样，主要是学习内容不一样。孔子大弟子子夏说："君子学以致其道。"（《论语·子张》）这是儒家关于学习目标的最明确表述。这位弟子又说："虽小道，必有可观者焉。致远恐泥，是以君子不为也。"（《论语·子张》）可见，儒家所谓的"学"，主要不是学习知识（经验知识、科学知识）、技能，成为某一领域的专家（如种地、经商等），因为这些都只是"小道"——"君子不器"亦此意。儒家的"学"是学做人，提高道德素养和道德境界。具体而言，起码要做一名君子，在此基础上努力把自己向仁者、圣贤的方向进一步提升。在三千弟子中，孔子认为颜回最为好学，而颜回就属四科十哲中的德行科。北宋大儒程颐有一名篇《颜子所好何学论》，就写道："圣人之门，其徒三千，独称颜子为好学。夫《诗》、《书》六艺，三千子非不习而通也，然则颜子所独好者，何学也？学以至圣人之道也。……不求诸己而求诸外，以博闻强记巧文丽辞为工，荣华其言，鲜有至于道者。"② 南宋大儒朱熹曾为琼州府学题匾作记，唐胄全文引用，内有："为之择其民之秀者，群之以学校而职之以师儒，开之以诗书而成之以礼乐。……使琼之士知夫所以为学者，不外于身心之所固有。……若彼记诵文词之末，则本非吾事之所急。"③ 我们再看唐胄的有关言论：

> 朝焉而鼓箧相依，暮焉而弦歌相接，则济济诩诩，师儒朋友，联合摩论之益尤多，其功不既大乎？虽然，此亦教之事与意而已。至其本，则在吾师之所以教，弟子之所以学，体崇乎帝王敬敷于棐之意，笃吾身心伦理之懿，使积之为德行，发之为文章，行之为事业，非徒取益乎礼文摩论于外而已。[《琼山县学记》（《传芳集》漏收）]④

> 余惟致治固莫先于立学以教士，然学宫特以聚教，而六经则所以

---

① （明）唐胄编集《琼台志》。
② （北宋）程颢、程颐：《二程集》，中华书局，1981，第577～578页。
③ （明）唐胄编集《琼台志》卷15《学校上·府学》。
④ （明）唐胄编集《琼台志》卷15《学校上·琼山县学》。

为教也。……使州之民俊，游斯者知重六经之教，得身心伦理之大，不为章句、利禄之媒【疑作"谋"】，则学而为贤为圣，仕而尧舜其君其民，是则天下士矣。(《重建儋州学记》)①

夫致治本于人才，而莫先于教学。……要必实以儒行，使后之为德、为民、为忠、为良。[《琼州府学记》(《传芳集》漏收)]②

知不外乎仲尼之道，则知不外乎六经；知不外乎六经，则知不外乎身心。[《楚雄府新迁儒学记》(《传芳集》漏收)]③

这几篇学记写于不同时期，时间跨度约20年，但其根本主张是一贯的：学习内容是仲尼之道、六经之教，目的是提升内在的德行，而非向外追逐章句之学和利禄之谋；学而优则仕，出仕就要行道惠民。在《琼州府学记》中，唐胄就明确提出"资吾儒以辅治"的命题。可以看出，这些见解与程、朱是高度一致的。"有朋自远方来，不亦乐乎？"儒家认为，会友既有益于切磋学问，又有益于修养道德，此即曾子所概括的"君子以文会友，以友辅仁"(《论语·颜渊》)。唐胄对学校的构想也是主教以师，学道以儒，并与同道聚在一起切磋讲论。其《王桐乡摘稿序》提出，文章应当"大则熔经以伸理，小则阐道以论事"④，这也是对儒家文以载道传统的继承。

1523~1525年，唐胄任广西提学佥事，主管广西一省的教育。⑤ 其间作有《劝古田诸生归学诗》："令土官及瑶、蛮悉遣子入学。"⑥ 又据《唐公神道碑》："公提学以身范士，督师生习冠射诸礼，即僻邑遐陬，巡历皆遍。"⑦ 虽然管辖地域很广，有些地方也非常荒僻，但唐胄不辞辛劳，务必巡视到位。有人评价他"遍鬻群书，启迪多士，文风丕变"⑧，可以说，唐

---

① （明）唐胄编集《琼台志》卷16《学校下·儋州学》。
② （明）唐胄编集《琼台志》卷15《学校上·府学》。
③ （明）唐胄：《楚雄府新迁儒学记》，参见张方玉主编《楚雄历代碑刻》，云南民族出版社，2005，第52页。
④ 韩林元编注《唐胄诗文集注》，第103页。
⑤ 《明史》卷69《选举一》："正统元年始特置提学官，专使提督学政，南、北直隶俱御史，各省参用副使、佥事。"（《明史》第六册，第1687页）
⑥ 《明史》第十八册，第5357页。
⑦ （明）王弘诲：《天池草》下册，第413页。
⑧ （清）汪森编《粤西文载》卷65，《四库全书》本。

胄自己也做了一回"客贤"。

1527～1528年，唐胄任云南提学副使。《云南通志》称其"改提督学校，教士有法，振拔孤寒"。① 又据《世宗实录》："初，礼部尚书桂萼等言天下提学官多不得人，无以风励人才，请加考核。上从之。至是，萼等疏其名以上，言……云南副使唐胄宜皆任职如故。"② 这条记录表明唐胄的提学工作做得出色，故得以留任。

加上他在故乡建书院并为多所学校作记的事迹，我们可以说，唐胄为海南、广西、云南等地的文化教育事业做出了重大贡献，造就一批人才，也变易了一些"夷俗"。

2. 起人思慕以向道

儒家教化途径有多种，排在首要地位的是言教，此外还特别注意身教。《论语·学而》中说道："……就有道而正焉，可谓好学也已。""就有道而正"便是向善人看齐，以有道者的标准来要求自己。当然，恶人在一个人的学习过程中也有其特殊作用，那就是引起"我"的反省，省察自己身上是否也有与恶人一样的坏毛病，此即《里仁》篇所谓"见贤思齐焉，见不贤而内自省也"。《孟子·尽心下》亦曰："圣人，百世之师也，伯夷、柳下惠是也。故闻伯夷之风者，顽夫廉，懦夫有立志；闻柳下惠之风者，薄夫敦，鄙夫宽。奋乎百世之上，百世之下闻者莫不兴起也。非圣人而能若是乎？"

唐胄对榜样的力量深有体会。他在《三祠录序》中提到："昔宋庐陵文信公，儿时见其乡有忠节祠，祀欧阳文忠、杨文节诸公，即忻然慕曰：'没【通"殁"】不俎豆其间，非夫也。'后果以大忠鸣世，至今并食【疑作'飨'】其庙。诸彦志贤矣，抑有志于此否乎？"③ 在广西提学佥事任上，唐胄"锐意绪成刘君之志"，修成全州名宦乡贤祠。④

唐胄在《琼台志序》明确说："不遗善而且以诱善……不混恶且因以惩恶……非徒例史以备事，而且欲微仿史以寓义。"⑤ 也就是说，他修志不

---

① （清）范承勋等：《云南通志》卷20《名宦》，康熙三十年刻本。
② "中研院"史语所校印《明世宗实录》卷81，1965。
③ （明）唐胄编集《琼台志》卷15《学校上·府学》。
④ 事见蒋冕《全州名宦乡贤祠碑》，参见（清）汪森编《粤西文载》卷39，《四库全书》本。
⑤ （明）唐胄编集《琼台志》。

是停留于罗列史事，还会仿照春秋笔法，使志书起到一定的惩恶扬善作用。《琼台志》中，辟《人物志》五卷，分名德、孝友、义勇、卓行、儒林、文学、隐逸、进士、乡举、岁贡、贤良方正、经明行修、诸科、列女等门类，此外还专列名宦、流寓、罪放三卷。唐胄这么做，其目的便是表彰功德、昭示万方，以期可师于天下。

《谒桐乡王汝学先生》中云："乡曲仰前修，每恨时不遇。再濯湄邱波，三洒深庵涕。"① 在此，唐胄提到了乡里的三位前贤：王佐、邢宥、丘濬。用唐胄自己的话来说，这三位皆属"主贤"（海南本土贤哲）。那么相应的，便有来自岛外的"客贤"。比如赵撝谦，浙江余姚人，博洽经史，人称"考古先生"。明初洪武年间，他谪任琼山教谕，"造就后进，一时士类翕然从之，文风丕变"。② 但就是这位曾对海南文化教育起过重大推进作用的"客贤"，英年早逝后的遭遇却是"墓荒榛棘，而识者日寡"。唐胄自少知慕其学问，正德庚辰（1520），他会同几个人，对其坟墓做了修缮，并立《重修赵考古先生墓碑》，碑文盛赞赵考古对海南文化的贡献。当然，这类"客贤"还有很多，最著名的莫过于苏轼。唐胄充分意识到，海南文化教育的发展有赖于这些客贤。琼州府学有三祠：仰止祠主于崇德以劝士，先贤祠主于报功以慰民，景贤祠主于著述以宪后。三祠的设置正对应自古以来立德、立功、立言"三不朽"。唐胄撰《三祠录序》，认为："人之所以不与草木同者，贤而有名不朽耳；不朽而且飨庙，贤之尤者也。吾一郡城而三祠之贤至五十有九，不谓之多贤国乎？客贤自汉凡四十五人，其过化之远，此所以致乡之有贤也；主贤自宋凡十四人，其声应之迟，益见化难【疑作'赖'】于客贤也。"③ 唐胄品评人物的标准是功德与著述。他认为，对于那些著述以宪后的贤哲，读其书，留其像，可以匡扶世教。为此，嘉靖四年（1525），唐胄校刊王佐《王桐乡摘稿》《鸡肋集》；嘉靖十二年（1533），又校刊南宋名臣崔与之《崔清献公全录》。

嘉靖元年（1522），唐胄复官不久，便上疏请为宋末节臣赵与珞追谥立祠。"赵与珞，咸淳初安抚使。至帝昺祥兴元年秋，元将阿里海涯略地海外，遣宣慰旧帅马旺招降，不听，率义勇谢明、谢富、冉安国、黄之杰

---

① 韩林元编注《唐胄诗文集注》，第18页。
② （明）唐胄编集《琼台志》卷33《名宦》。
③ （明）唐胄编集《琼台志》卷15《学校上·府学》。

等兵御白沙口，极力死战，舟师不得登岸。久之，元将患焉。冬十一月壬辰，因购内应，执與珞等以降。慢骂不屈，元将怒，皆裂杀之。"唐胄发表了长论，并赋《哀百姓》诗一首。他感慨于这些义士忠魂惨遭车裂之刑，却"史氏不为立传，续纲目者不为大书，可惜也夫"。① 于是将赵與珞列入《琼台志·名宦》，将四义士列入《琼台志·人物二·义勇》。

唐胄认同程朱理学以来所谓"饿死事小，失节失大"，认为女性守节就如同士之尽忠。他写过《赠许节妇》《题程孺人贞一》等赞颂妇女守节的诗文。在这类诗文中，最重要的莫过于《贞节坊记》（《传芳集》漏收）。唐胄在此盛赞节妇吴氏："千百年之后过其门者，将曰：此旌乡妇之节也，是始于某年月日，而今犹存也。其视夸名位富贵于一时者何如哉！此所谓关纲常伦理之大而不可忽焉者。"②《琼台志》卷40《列女》载录的便多是这类女性。

以上讨论了儒学在唐胄身上的落实，现将其与前辈丘濬、晚辈海瑞做一简要对比。丘濬是明代中叶的思想家、理学名臣，相对于莅政临民之技，他更倾心于理论著述，撰有《大学衍义补》等儒学著作。海瑞不是思想家，而主要是一位政治实干家，但他可以说是一位独立于程朱、陆王二派以外的思想者。他也写出了《朱陆》《孟子道性善》等短篇儒学论文，担任县学教谕时实际为诸生讲授《论语》《孟子》等儒家经典，对心性论、工夫论、格致论、义利之辨等儒学核心问题也都提出了自己的看法。③ 而唐胄不是思想家，也不是思想者，他对儒学学说本身没有什么推进。在他那里，儒学作为一种生活方式和从政理念而存在着。终其一生，唐胄志在崇文重教、行道惠民，借儒学发明心性并加以践履，砥砺自己成为一个伟岸丈夫，并敦崇教化以期儒学得以广泛流行。

（责任编辑：杨阳）

---

① （明）唐胄编集《琼台志》卷33《名宦》。
② （明）唐胄编集《琼台志》卷25《坊表》。
③ 读者若有兴趣了解海瑞与儒学的关系，可参见拙文《海瑞的儒学见解与践履》，《海南大学学报》（人文社会科学版）2014年第3期。

试论唐胄的外交观念与海洋意识

李安斌　卢俊霖[*]

一　引言

  海上丝绸之路是中国历史上通向东南亚、南亚，直至非洲、欧洲各国的重要海上交通要道，也是重要的商业走廊。由汉至清，随着海上丝绸之路的开发与沿线诸国贸易往来的加强，一个以古代中国为主导，以亚洲为规模的区域自主市场——"亚洲经济圈"逐渐形成。日本学者滨下武志指出："15、16世纪以来，随着对中国的朝贡贸易及互市贸易等官营贸易的经营发展，民间的贸易也在扩大。以华侨、印侨为中心的帆船贸易和官营贸易一起，形成了亚洲区域内的多边贸易网。在此，以中国的茶、生丝、土布，日本的贵金属、海产品，泰国的米，印度的棉花以及菲律宾的砂糖等货物为中心构成了多边的贸易网络。"[①]

  自明以降，中央政府普遍施行"闭关锁国"政策，多次颁布禁海令，"片板不许入海"，其目的是抵御倭寇侵扰，同时遏制海外势力与内地反抗势力勾结。与此同时，为了保证与海外国家的贸易来往，中央政府将朝贡贸易立定为海外贸易的唯一合法形式，以"朝贡"为名把海外贸易置于官

---

[*] 李安斌，海南大学人文传播学院；卢俊霖，暨南大学华文学院。
[①] 〔日〕滨下武志：《近代中国的国际契机——朝贡贸易体系与近代亚洲经济圈》，朱荫贵、欧阳菲译，中国社会科学出版社，1999，第10~11页。

府的严格控制之下。于是,在近代亚洲,由官方经营的朝贡贸易成为"亚洲经济圈"的主要贸易模式。可以说,"以中国为核心的与亚洲全境密切联系存在的朝贡关系即朝贡贸易关系,是亚洲而且只有亚洲才具有的惟一的历史体系"。[1] 正是由于朝贡贸易浓烈的官方色彩,贡赐贸易也是国家经略国际关系、族群关系的重要手段。自视为天朝上国的明清政府,异常重视朝贡贸易,不惜为此付出巨大的经济代价,对诸国的贡物以高出数倍的价格予以回赐。另一方面,对于不维系朝贡关系的政权,中央政府会采取经济、行政,甚至军事手段予以制裁;相应的,对于海外诸国的军事入侵与其他越轨行为,政府也会采取"却贡"或扣留使者的形式来施以惩处。这实质上是将朝贡贸易作为一种"羁縻"手段,以控制海外诸国,消除"衅隙",防止侵扰边境的战争。[2]

在嘉靖朝,中央政府就曾以安南"不修贡"为由,兴师问罪。然而,在这一次征讨安南的过程中,朝廷内部出现了两种截然不同的意见。主战的一方主要是议礼派官员,认为安南"抗贡"事实成立,"叛逆"罪行昭然若揭,应予以军事回击;而以户部侍郎唐胄、两广总督潘旦、广东巡抚余光等为代表的广府士人群所形成的反战派,却主张和平解决安南"抗贡"事件,甚至认为不存在"抗贡"这一事实。这些意见也最终左右了明政府对安南事件的处理方式。李福君[3]、冷东[4]、钟小武[5]、张利[6]等都曾对这次平叛过程及结果有过见解独到的考论。然而,问题的核心不在于意见甚至安南事件本身,而在于这些针锋相对的意见背后,实际上代表着中国自身的两种异质文化——农业文化与海洋文化——不同的天下观念与邦交理念,由此也反映了近代中国士大夫在社会转型过程中海洋观念的思想萌芽。

对此,本文在前人研究的基础上,重点分析唐胄对安南事件所倡导的

---

[1] 〔日〕滨下武志:《近代中国的国际契机——朝贡贸易体系与近代亚洲经济圈》,朱荫贵、欧阳菲译,中国社会科学出版社,1999,第28页。
[2] 参看李金明《明代海外朝贡贸易实质初探》,《中国社会经济史研究》1988年第2期。
[3] 李福君:《明嘉靖朝征安南之役述评》,《天津师大学报》1997年第2期。
[4] 冷东:《明嘉靖朝之安南事件》,《中国边疆史地研究》1998年第3期。
[5] 钟小武:《明朝对安南莫氏的政策(1536-1542)》,《江西师范大学学报》(哲学社会科学版)2003年第2期。
[6] 张利:《嘉靖年间明朝对安南危机的处置》,《安庆师范学院学报》(社会科学版)2008年第4期。

外交手段与其外交理念,进而讨论滋生唐胄等广府士人外交理念与世界观的文化因素。

二 安南事件与唐胄《谏讨安南疏》

正德年间,安南国内乱不断。统治者昏庸无道,致母党擅权、大臣专政,政治混乱。嘉靖元年(1522),在平定内乱的过程中,权臣莫登庸掌握军政实权,野心膨胀,欲暗害傀儡皇帝黎譓。昭宗黎譓出奔清华,托避于安南另一实力派人物郑绥,而莫登庸则另立黎譓之弟黎㬎为新帝,继续挟天子以令诸侯。嘉靖六年(1527),莫登庸令其党羽范嘉谟逼迫黎恭皇黎㬎禅位,自立为帝,改元明德,在安南清化以北地区建立统治,是为莫朝。黎譓出奔清化后,黎氏大臣在"中兴黎朝"的名义下聚集起反莫势力,与北朝的莫登庸展开对垒。

安南国南北对垒期间,莫氏与黎氏政权都曾经试图向明政府示好,以获得明朝的承认。嘉靖四年(1525),黎氏流亡政府"遣使间道通贡,并请封,为登庸所阻"。① 嘉靖七年(1528),莫氏政权的使者在入明途中,遭到黎氏阻击,"遣使来贡,至谅山城,被攻而还"。② 安南的朝贡因对立政权的彼此阻挠,再加上诸多原因,未能成行。而在明政府方面,在嘉靖朝初年,中央政府曾派翰林院修撰唐皋、编修孙承恩为正使,兵科给事中史道、礼科给事中李锡为副使,诏谕安南,但正遇安南国内乱,不曾到达。因此,明朝与安南外交关系一度中断。

嘉靖十五年(1536)冬,明政府皇子出生,按例应当颁诏安南,至此,安南与朱明政府的尴尬关系不得不提上议程。阁臣夏言认为,"安南不贡已二十年,两广守臣谓黎譓、黎㬎均非黎晭应立之嫡,莫登庸、陈暠俱彼国篡逆之臣,宜遣官按问,求罪人主名"。③ 这一观点得到嘉靖帝的认可,安南莫氏逆臣篡夺国位,不按惯例朝贡,叛逆罪行十分明显,决定对其进行征讨。于是,征安南之议起。第一波论战发生在兵部尚书张瓒与户部侍郎唐胄之间。据《明史纪事本末》记载:"大学士夏言请问安南罪,

---

① 《明史》卷三二一《外国二·安南》,中华书局,1974,第8330页。
② 《明史》卷三二一《外国二·安南》,第8331页。
③ 《明史》卷三二一《外国二·安南》,第8331页。

下廷议，兵部尚书张瓒言登庸弑逆当讨。户部侍郎唐胄为帝王之于荒服，以不治治之。自安南内难，两广遂少边警。不必疲中国为黎氏复仇。"①

《明史》卷三二一《外国二·安南》记录道：

> 言及本兵张瓒等力言，逆臣篡主夺国，朝贡不修，决宜致讨。乞先遣锦衣官二人往核其实，敕两广、云南守臣整兵积饷，以俟师期，制可。乃命千户陶凤仪、郑玺等，分往广西、云南，诘罪人主名，敕四川、贵州、湖广、福建、江西守臣，预备兵食，候征调。户部侍郎唐胄上疏，力陈用兵七不可，语详其传中，末言："安南虽乱，犹频奉表笺，具方物，款关求入。守臣以其姓名不符，拒之。是彼欲贡不得，非负固不贡也。"章下兵部，亦以为然，命俟勘官还更议。②

主战派官员认为安南不修朝贡，应当问罪。而唐胄则认为，对安南之事大可置之不理，以"不治治之"："臣窃惟今日之事，若欲安南修贡而已，兵不必用，官亦无容遣。"③ 更者，唐胄认为安南国并非有意抗贡，理由是："外邦入贡，乃彼之利，一则奉正朔以威其邻，一则通贸易以足其国。故今虽兵乱，尚累累奉表笺，具方物，款关求入。守臣以姓名不符却之，是彼欲公不得，非抗贡不贡也。以此责之，词不顺。"④

可以看出，这场论辩的焦点实际上是落在对安南"抗贡"这一事件的解读上。从结果上说，无论是和平解决还是诉诸武力，或是最后毛伯温采取军事迫降的方式，都无关紧要，因为从明初开始，朱明政府即透过一系列睦邻友好的外交手段，确立起"不征"的外交基调，"威德"并举，与诸国"共享太平之福"。⑤ 王赓武对明初统治者的外交政策恰如其分地评价道："当我们将洪武帝、永乐帝的政策与宋元诸帝的政策加以比较时，我们就能够认识到明初的政策是对宋朝过分重'德'的纠正，明朝展示了力

---

① （清）谷应泰：《明史纪事本末（二）》卷二二《安南叛服》，台湾商务印书馆，1956，第16页。
② （清）张廷玉等：《明史》卷三二一《外国二·安南》，中华书局，1974，第8331页。
③ （明）唐胄：《谏讨安南疏》，《传芳集》，海南出版社，2006，第163页。
④ （明）唐胄：《谏讨安南疏》，《传芳集》，第163~164页。
⑤ 详见陈梧桐《明洪武年间的睦邻外交与海禁》，《史学集刊》1988年第2期。

量和威严。蒙古人使中国人意识到，过去的制胜之道是二者的结合：'威'是坚实的内核，'德'是柔软的外皮。"① 因此，征伐与否，都在"威德"的表述框架内。

"抗贡"一事之所以会触及中原朝廷的敏感神经，不在于"抗贡"中断了官方的贸易往来使明政府的经济利益受到影响，事实上，据学者考论："明朝与安南的宗藩关系发展过程中，朝贡与贸易是分离的，官方从没有进行有组织的贸易活动，安南社会所需明朝的生活及文化消费品，则通过使臣的附带贸易及民间贸易来满足。"② 所以说，真正触动明政府的征伐决心的是"抗贡"事件挑战了明政府透过朝贡贸易所建立的"世界秩序"，进一步说是"华夷"秩序。故而中原朝廷对安南"抗贡"反应强烈。由此延伸出的另一个问题是，唐胄等广府士人似乎并未觉得"抗贡"一事有损天朝威严，在唐胄的奏疏中，只用到了"若欲安南修贡而已"八个字，似乎在这一叙述中，朝贡贸易和"华夷"秩序之间并不存在一个对等关系。

归根结底，解释这场论辩的关键在于理解建构"华夷"秩序观念的文化根源，以及解构"华夷"秩序观念的文化背景。

三 宅兹中国的逻辑推论

由官方所主导的朝贡贸易，既是一种经济往来，也是古代中国对外关系的一种实践。滨下武志认为，朝贡体制是"国内基本统治关系即地方分权在对外关系上的延续和应用。将中央—各省的关系延续扩大到外国和周边，将中央—各省—藩部（土司、土官）—朝贡诸国—互市诸国作为连续的中心—周边关系的总体来看待，并将其整体作为一个有机的体质来把握"，③ 这种古代中国中心主义的"宗藩关系"，往往表述为"华夷秩序"。

---

① 王赓武：《明初中国与东南亚的关系：背景分析》，载费正清编《中国的世界秩序——传统中国的对外关系》，杜继东译，中国社会科学出版社，2010，第44页。
② 陈文源、吴青：《明朝与安南朝贡及民间贸易问题探析》，《江苏商论》2005年第7期。
③ 〔日〕滨下武志：《近代中国的国际契机——朝贡贸易体系与近代亚洲经济圈》，朱荫贵、欧阳菲译，中国社会科学出版社，1999，第29页。

从起源上来说,"华夷"秩序,或称之为中国中心主义优越感,来源于华夏先民在与周边各族的交往中,对"空间"的一种认识与想象。何川芳先生指出,"华夷"之说:

> 缘起于我国上古华夏族体的形成时期。它所界定的,主要是黄河流域、特别是黄河中下游地区的华夏族体同今日中国境内的其他族体之间的差异,以及这种差异所带来的一切问题。上古时期,生产力发展水平低下,人口不多,华夏族体尽管在不断发展、壮大,占有黄河流域广大生存空间,并不无自傲地将自己生息、蕃衍之地视为世界之中心,直至明确自称"宅兹中国"、"惠此中国,以绥四方",但周边的其他族体仍常常在华夏地区迁移、流动。这就是历史上所讲的"南夷北狄,往来不绝如线"。①

华夏先祖在对空间方位的认识过程中,剥离出一个所谓"天下"的抽象整体,即认为,"普天之下莫非王土,率土之滨莫非王臣",中国的皇帝是"天下之主"。"对于天下,所有地方都是内部,所有地方之间的关系都以远近亲疏来界定。"②

从思想根源上讲,"华夷"秩序同时也导源于儒家的礼治思想。在传统儒学话语体系中,"礼"是一种带有制度性的规范,一切秩序都是身份与身份之间的秩序,人与人之间的关系,依靠各种既定的规范来维持,即所谓"君君、臣臣、父父、子子"。《左传·昭公二十六年》中齐侯向晏子问"礼",晏子对曰:"礼之可以为国久矣,与天地并。君令臣共,父慈子孝,兄爱弟敬,夫和妻柔,姑慈妇听,礼也。君令而不违,臣共而不贰;父慈而教,子孝而箴;兄爱而友,弟敬而顺;夫和而义,妻柔而正;姑慈而从,妇听而婉,礼之善物也。"这些规范化的关系都是"礼"的表现。由此推及国与国之间的关系,则表现为小国对大国"以小事大",大国对小国"导以礼义"。明太祖朱元璋正是"天朝礼治体系"的热衷拥护者和推广者,毕生致力于建设一个"抚外夷以礼,导人以善"的国际关系架构。③

---

① 何芳川:《"华夷秩序"论》,《北京大学学报》(哲学社会科学版)1998年第6期。
② 赵汀阳:《没有世界观的世界》,中国人民大学出版社,2003,第16页。
③ 参看黄枝连《天朝礼治体系研究》(上卷),中国人民大学出版社,1992,第90~143页。

无论是把这种"朝贡宗藩"关系解读为历史事实,抑或是中国朝廷的自我安慰,[①]都无法否认这是中国士大夫的心理事实。正是因为秉持着这种"华夷"秩序观,所以,作为朱明政府重要邦交国的安南,这种"不修贡"的行为,在中国士大夫眼里实际上是在挑衅大明王朝所主导的"世界秩序",颠覆了所谓的"华夷秩序"。这一点在整个王朝内部是一个令人警醒的讯号,因为元朝在传统中国士人的眼中即是以"外夷"驭中国的政权。面对安南国的挑衅,封建士大夫为了维护"华夷"秩序,靖绥南疆,承担盟主国维护"藩邦"国家安全的封建道义,自然有采取各种方式进行干预的必要,甚至启动武力。从这里可以看出,中原士大夫对朝贡关系的认识,是建立在以"天下观"为内核的世界观上的认识,是大陆文化以陆观海,站在内陆看海洋的结果。从这一观念出发,朝贡贸易的发生逻辑,是由政治秩序为出发点,进而推及经济利益,是"由礼至利"的发生逻辑。所以,中原士大夫才认为,安南放弃了"利",是准备不维系这个"礼"。

以唐胄为代表的广府士人群则不然,上述发生逻辑在唐胄的逻辑中则不成立。唐胄认为安南国不会放弃朝贡贸易,其论据是"乃彼之利"。唐胄的逻辑是,朝贡贸易会给安南国带来极大的利益,正是由于这种利益关系的维持,安南必然不会放弃朝贡之礼。可以看出,在唐胄思想中,贡赐贸易的发生逻辑和中原士大夫截然相反,他的逻辑可以表达为"由利至礼"。国与国之间的关系,不是建立在等级次序严苛的"华夷"秩序之上,而建立在经济利益之上。或者说,在唐胄思想中,"华夷"更多的是一种族群称呼,而非一个纯礼教名词。这实质上反映出唐胄思想中某种以商业文化为核心的海洋文化。

广府地区本身处于沿海地区,属于大陆的边缘地带,因而处于大陆文化的边缘,站在边缘看重洋之外,王佐《东岳行祠会修志序》开篇即言,"琼州府,海外一郡耳"。[②] 而历来对海南岛的疆域叙述都离不开海洋空间:

[①] 参看庄国土《略论朝贡制度的虚幻:以古代中国与东南亚的朝贡关系为例》,《南洋问题研究》2005 年第 3 期。
[②] (明)王佐:《东岳行祠会修志序》,引自(明)唐胄正德《琼台志》序,海南出版社,2006,第 1 页。

《方舆志》：地居海洲中，东西广九百里，南北袤一千一百四十里，绵亘三千余里。按汉《地理志》"东西南北方千里"，《南蛮传》"东西千里，南北五百里"，与此不同。自雷渡海。唐《元和志》：珠崖如阇廪大，与徐闻对渡，北风举帆，一日可至。《寰宇通衢》云，自徐闻踏磊驿至琼山白沙驿六十里。琼为都会，居岛之北陲。儋居西陲，崖居南陲，万居东陲。内包黎峒详《黎情》门，万山峻拔，外匝大海，远接诸番。《琼管古志》云：外匝大海，接乌里苏密吉浪之洲。南则占城，西则真腊、交趾，东则千里长沙、万里石塘，北至雷州府徐闻。①

"以海观海"的观察角度，所面对的世界如同零星散布在鲸波之外的、未知的岛屿。因此，在海洋文化中，世界是离散的、孤立的而非整一的、次第的，不同世界之间依靠海洋活动相联系。在这一世界观中，无法获得建构"华夷"秩序的思想基础。所以，在海洋文化的影响下，以唐胄为代表的广府士人群，从立论到推论，都呈现异于中原议礼派官员的文化观念。

四 由正德《琼台志》初窥唐胄的海洋观念

我们从广府与中原两派士人群的辩论中，推论出唐胄外交理念应该基于与大陆文化相异质的海洋文化的世界观。然而，所谓的广府地区的海洋文化究竟是一种什么样的文化，我们或可从唐胄撰写的正德《琼台志》当中，进一步挖掘唐胄思想中海洋观念的具体内容，以期对唐胄的外交思想做更具体的解读。

首先我们需要对海洋文化的概念做一个澄清。海洋文化并不只有一种模式，在对中国是否存在海洋文化，广府文化的实质是何种文化的这些争讼过程中，我们实际上已经建构了两种不同模式的海洋文化，即海洋商业文化以及海洋农业文化。②

而这两种海洋文化在唐胄的正德《琼台志》中都有反映。海洋农业文

---

① （明）唐胄正德《琼台志》卷四《疆域》，第66~67页。
② 参看闫广林《海南岛文化根性研究》，社会科学文献出版社，2013，第37~38页。

化最突出的表现为直接向海洋索取生产和生活的物质资料，以农业思维来理解和认识海洋资源，即所谓"耕海"，这属于自然经济的一种。在正德《琼台志》卷九《土产下》中，唐胄记录了大量水产物，并详细地描述了各类水产物种的外形、种类、生活习性等，① 并称道：

> 古称任土作贡，辨物居方，盖以地各宜产。琼昔虽以多异产名郡，然不能无古今有之殊。今质《志》、《纪》，参见闻，大举小略而直书之，则古以开郡名郡，如玳瑁、真殊者，必足以遏艳饕之心；而今暖民、饱民如三熟、八登者，亦自足以擅土地之美，而无宋人所谓殖珍怪以祸吾土者矣。②

这里把物产和特产既区别又混同，显然受到了农业文化的影响，视海洋为耕地。

另一方面，这种以渔猎为生的耕海文明，也是一种自给自足的封闭的文明。如同海南岛上的黎族先民，其社会结构分为家—村—峒三级关系，相应的，经济生产也表现为"家的自给自足"、"村的自给自足"、"峒的自给自足"三级自足关系。在这种封闭意识的影响下，包括海南岛在内的广府地区的海洋军事活动，仅限于海洋防守，而非军事扩张。在《琼台志序》中，唐胄强调自己备述海道，是为了供兵防之备："余惟志史事也，例以史而事必尽乎郡，故以《外纪》备旧志，以史传备《外纪》，以诸类书备史传，以碑刻、小说备类书，以父老刍荛备文籍。如地切倭、歧而述海道、黎情之详，急讨御而具平乱、兵防之备。"③ 在《海道篇》中也开宗明义道："郡界海外接诸番，时有扬帆之警，我高皇帝所谓必加严备，乃无警于民者也。今著为《海道篇》，使守疆者知所慎。"④

唐胄的海防意识，实际上是受到自然经济自给自足观念的影响。而在这种文化氛围的影响下，唐胄的外交观念也倾向于保守，对藩邦的内乱任其自流："外夷分争，中国之福。安南自五代至元，更曲承美、杨延势、吴昌岌、

---

① （明）唐胄：正德《琼台志》卷九《土产下》，第192~196页。
② （明）唐胄：正德《琼台志》卷八《土产上》，第153页。
③ （明）唐胄：《琼台志序》，引自正德《琼台志》序，第4页。
④ （明）唐胄：正德《琼台志》卷二一《海道》，第463页。

丁部领、黎桓、李公蕴、陈日煚七姓，迭兴迭废，而岭南外警遂稀。今纷争，正不当问，奈何殃赤子以威小丑，割心腹以补四肢，无益有害。"①

海洋商业文化，或称为航海文化。这种文明将海洋当作有利于舟楫航行的自然条件，发展造船技术与航海技术，与海洋那一边的文明交通和交往。这种文明主要表现为船只建造水平和航行技术水平、出海口与海上交通要道的控制和争夺、码头建设和港口城市的发展等。② 在正德《琼台志》中，唐胄对海上交通航线、航程备述详尽：

> 水：自徐闻抵琼必渡海〔有海安、踏磊、冠头、那黄、老鸦洲、车仓等渡〕。然琼昔于四州陆路少通，多由海达，故在宋丁谓拟寇莱公之贬崖，有"再涉鲸波"之语。今混一以来，虽东西俱有驿铺，昼夜通行，然商贩安于便捷，未免由舟。
>
> ……
>
> 外路，徐闻可半日。若达广州，由里海行者顺风五六日，大海放洋者三四日。福建则七八日，浙江则十三日。西至廉州二日。自儋州西行二日可达交趾万宁县，三日可抵断山云屯县。崖州南行二日接占城外番。③

从海南岛的开发历程来看，由唐至元，甚至明朝前期，中央政府对海南岛的开发思路，都侧重于沿海港口城市，可以说，历代中央政府的开发，仅仅将其视作"海上丝绸之路"的甲板，形成了"熟黎之地，始是州县，大抵四郡各占岛之一陲。其中黎地不可得，亦无路可通"。④ 而明代对海南的行政管理，所谓三州十县的"环岛建设"，其实也是裔承自此前诸朝"临海开发区"。正如论者所议："如果说在此之前，随中原王朝对海南岛统治的不断加强与完善，随汉族移民入岛后带来大量的封建文化而使岛上的黎族地区逐渐进入封建社会的话，也仅限于沿海平原和山区外围地区。"⑤

---

① （明）唐胄：《谏讨安南疏》，《传芳集》，第163页。
② 郑敬高：《海洋文明的历史类型——兼论欧洲文明不等于海洋文明》，《福建论坛》2004年第6期。
③ （明）唐胄正德《琼台志》卷四《疆域》，第68页。
④ （宋）范成大著、齐治平校补《桂海虞衡志校补》，广西民族出版社，1984，第59页。
⑤ 纪宗安：《古代移民和海南的早期开发》，《暨南学报》（哲学社会科学版）1990年第4期。

所以，自始至终，无论是不是文化主流，海洋商业文化也一直存在于海南文化之中。因此，在这一文化氛围之中，对国与国之间的关系的认识，并不存在远近亲疏的关系。这也是唐胄等广府士人对"华夷"秩序产生不同解读的原因。

五　结语

步入近代，中国开始由大陆国家向海洋国家转型，我们需要作为海洋国家的文化自信。然而，在过去的论述中，一方面认为缺乏海洋文化，另一方面认为海洋意识是近代西方列强入侵后的应激反应。实际上，在海上丝绸之路的开发过程中，我国的广府地区已经在所谓的"亚洲经济圈"中形成自身独特的海洋文化，尤其是海洋商业文化。同时，早在明朝，这一文化所形成的世界观与邦交理念，对内，开始冲击并解构传统礼教秩序，对外，建构新的国际关系。

（责任编辑：谢蕊芬）

诗文研究

唐胄诗文辑补

汪韶军

说明：

1. 1935年，海南书局印行《海南丛书》，内有唐胄父子三人诗文集《传芳集》。2006年，海南出版社以之为底本，出版点校本。此前，政协琼山市委员会曾于1996年出版韩林元先生《唐胄诗文集注》。三书所录唐氏诗文一致。

《传芳集》是研究唐胄的重要资料，但漏收了一些诗文，且已收文章间有脱文现象，字句校对亦尚欠精核。此次，笔者从唐胄《琼台志》及其他文献中辑得一些诗文，以补不足。但更大规模的补遗及对《传芳集》已录诗文的精校，尚俟来者。

2. 《琼台志》中有许多唐胄的按语及少量评论，笔者未将其列入补遗范围之内。

3. 笔者所做的工作只是集中一些资料，便于学者进一步研究，故所录诗文不做注解，只在必要时交代其写作背景，或出以校记（以按语或脚注形式出现）。对于残损严重或不可辨识的个别文字，以□代之。文中【】内文字皆为笔者随文附注。

---

* ［基金项目］海南大学"中西部高校综合实力提升工程"子项目"海南文化软实力科研创新团队"（01JN10005003）。

** 汪韶军，海南大学人文传播学院。

4. 附录部分对于了解唐胄及其祖辈有很大助益，故一并录入。

一 诗（七首）

劝古田诸生归学诗[①]

依依古田县，丛莽万山麓。
金甲初洗腥，疮痍嗟未复。
菜圃学久鞠，省寄空廪禄。
缱驭劳直指，骄顽聊螳局。
适有良师来，统归振新铎。
怀居久便利，驱之鱼上竹。
念险业宁弃，有怀痛欲哭。
感予甚不忍，禁法难回曲。
治理政教并，神圣贻猷画。
趋避情可任，尹尉辜何独。
劳戒助骑卫，穷乏假馆谷。
且勉为一行，气壮心自豁。
剑仗氛妖开，文光魍魉缩。
趋丈趁经横，归告时休沐。
嗟唐吉安丞，欢笑入夷落。
清歌与龠吹，夷俗为变革。
化予夷未几，遣子再入学。
蓝衫舞春风，耆父侧笑跃。
今去大弦歌，刁斗声应伏。
绕垣摆岭平，取径都狼速。
笑歌长去来，忠信无蛮貊。
忧戚天汝成，居夷孔亦欲。

按：1523~1525年，唐胄任广西提学佥事，主管广西一省的教育。

---

① （清）汪森编《粤西诗载》卷5，《四库全书》本。

《明史》本传称唐胄"令土官及瑶、蛮悉遣子入学",此诗即作于此时。又据王弘海《通议大夫户部左侍郎赠都察院右都御史西洲唐公神道碑》:"公提学以身范士,督师生习冠射诸礼,即僻邑遐陬,巡历皆遍。"虽然管辖地域很广,有些地方也非常荒僻,但唐胄不辞辛劳,务必巡视到位。有人评价他"遍鬻群书,启迪多士,文风丕变",可以说,唐胄自己也做了一回"客贤",为广西一地的文化教育事业做出了重大贡献。

咏李①

曾甘嘉庆醉房陵,土果羞将向客称。
酒色春浓聊自媚,醯浆腊酿只人憎。
敢于老氏夸宗派,疑与曹公是裔仍。
盛夏令人思京国,玉沉冰盥破烦蒸。

蒲萄·谢张挥使翼翱见惠②

水晶数颗带枝新,折赠惊添岛屿春。
色莹紫霞珠帐雾,味空甘露海林珍。
荔枝上馆迎佳客,玳瑁先朝认故人。
却恨口干无得遗,手拈那觉泪沾巾。

晒蚬③

一禽戒非孝,罥蛳怜赤族。
苟时法不禁,况乃意向属。
平生毛错馋,晒蚬一掬足。
水暖溪沙清,趁采供欲逐。
椒盐渍蒜苏,瓦烈风味纳。
破齿糟自香,洗尽菜根腹。
珍鼎恐未兼,情私欲献曝。

---

① (明)唐胄编集《琼台志》卷8《土产上》,宁波天一阁藏明正德残本。诗题乃笔者所拟。
② (明)唐胄编集《琼台志》卷8《土产上》。
③ (明)唐胄编集《琼台志》卷9《土产下》。唐胄自注:"盛夏取生蚬,以酒盐苏蒜拌,曝之瓦上暴干,按酒最佳。"

死怪河豚痴，癖笑蟹螯独。
醉乡苟未知，醺眠空醪醁。
何劳笑粗人，销帐香羔肉。
人生在适情，秋鲈思乡屋。
坡仙向来知，愈厌蒸压玉。

景贤祠①

鸿名今古并风翔，过化生身一地芳。
经纬文章星斗丽，主宾英爽海山光。
四朝俞咈尧还舜，九死荒遐惠更黄。
此日瓣香祠下拜，渊珠冈玉共难量。

按：景贤祠在郡城西北隅奇甸书院内（书院建于丘濬初仕时），祀苏轼、丘濬二人，主于著述以宪后。唐胄曾作《三祠录序》，另二祠为仰止祠，主于崇德以劝士；先贤祠，主于报功以慰民。

唐颐庵舟墓②

细雨宜松不恶侵，要看参汉长春阴。
千年骨肉寒烟陇，百叶云仍秋露心。
白日乾坤人事换，青山今古世情深。
翠涛声惨愁云鹤，岁岁群悲酹远林。③

按：唐舟，攀丹唐氏始祖唐震的七世孙，唐胄的祖父辈，丘濬的岳父。唐舟、唐亮父子皆考中进士。《琼台志》卷36《人物一·名德》："唐舟，字汝济，号颐庵，琼山东厢人，英之子。学赡才优，革除年间乡试、永乐癸未复试皆中第二名，甲申举进士。……为人胸胞【当作'抱'】，坦夷光明，无纤芥畛域，待己接人，一以自信。……及归，杜门不出。家无儋【当作'擔'】石之储，处之晏如，乡议高之。年八十二，无疾而终。"

---

① （明）唐胄编集《琼台志》卷26《坛庙》。
② （明）唐胄编集《琼台志》卷27《塚墓》。
③ 唐胄自注："每岁春三月朔，大宗率族祭奠。"

澄迈苟夫人墓①

绕水环山拜此坟，孝思今见大将军。
地灵自会埋香骨，天巧今还说旧闻。②
卵咽神凭玄鸟降，喙残劳有义鸟分。
人生那尽空桑是，翘首漫东望白云。

按：苟夫人，元代云从龙之母，死后被元朝追赠为正一品太夫人，乃海南省现存等级最高的元代墓葬之一。其墓形制为八角墓，在今海口市荣山镇丰盈。

云从龙（？～1296），曾任广东琼州安抚使、征南大将军。其父云海、母苟氏随同来琼，为海南云氏迁琼始祖。因抚黎、南征交趾有功，从龙去世后被追封为正一品，赐葬广州白云山南端，乃广东地区保存至今的唯一一座元代皇帝御旨赐葬古墓。

二　文（七篇）

琼州府学记③

正德庚辰冬，姚江汪东泉先生以宪节按郡，百蠹殚祛，百度咸兴。而尤敦意学校，凡意气响驰，动止风示，无不拳拳焉在者，士类勃然增气。及展谒省祭，见宫之楹垣、器之礼乐弗称，昔人之漠然无心、茫然鞅掌者，甚艴然不安，若有必治而后朝食之意。郡公上官倅、俞司训伍辈奉祗淑画，凡宫之庙、之庑、之斋、之门、之仰止祠、师舍，随宜葺创；器之笾、之豆、之琴、之瑟、之钟、鼓、柷、敔、箫、簜、埙、篪、笙、笛，按范撤制。择监敕良，夙暮展力，期以月日，告成又碑。拨入尼庵田二十余亩，以需缮治。教授夏暨训导曹、谢三君，喜求余文以记。

---

① （明）唐胄编集《琼台志》卷27《塚墓》。
② 唐胄自注："从龙渡海，舟次烈楼，夜有鹧鸪啼鹿□之梦。次日有网鹧鸪者，见鹿走焉，遂卜茔地于此。"
③ （明）唐胄编集《琼台志》卷15《学校上》。

惟世资吾儒以辅治，在贤与能二者而已。贤主德以干事，能主才以济事。然天下未有无才之德，其实一物而已。后世用血气者，不本于德，故其有为者，非惟失次而无纪纲以威己，抑且失意而无诚怛以动人。昔人所谓有《关雎》、《麟趾》之意，而后可以行周官之法度也。先生以雄才凤誉，兼道借治，不数月间，而吾郡之积年冤滞雪，倭歧遁，猾蠹除，武备修，邪慝绝，彝教敦。于昔人所未及者，皆谈笑坐办。① 而尤诚先儒教，故见之者惊其有为，威之者服其有章，而动之者感其有所本也。夫致治本于人才，而莫先于教学，观唐虞三代之治可知矣。琼于天下为远郡，独斯学之建则与海内同，肇于宋之庆历，今数百年矣，然儒效往往有慊然者，以上无兴之者故也。今诸士所以扬眉吐气于今日者，□不俟于土木声容之粗，则所以自负以应之者，亦岂在于名称冠服之细哉？要必实以儒行，使后之为德、为民、为忠、为良，则是学之于海内，不但建与同时，而中之所出者，常与天下相颉颃，使海滨邹鲁之誉有所征，而抑知有所自云。

按：此记写于1520年，时唐胄赋闲在家。篇题乃笔者所拟。琼州府学在郡城东南，北宋庆历四年（1044）建，之后经多番修缮。

琼山县学记②

我太祖戊申登皇帝位，先三年已立太学，明年己酉，复诏立府、州、县学。八年，又诏立社学。其急重文教之意，越前代远矣。故制天下郡县各具其属，惟县之倚郡者属必省并，惟学否。非繁也，一邑教化之所寓，非若阴阳医会之琐缓也。天下州县之学，皆备乎礼事，独邑学之倚郡者，礼文必并于郡学。非简也，岁时典礼之显饰，合众以动观，易感也。

琼为郡，统州三、邑十。学养郡之士于城内东南隅，近郡治以步计。琼山首诸州县，为附郭邑，学养邑之士于西南郊，远郡学以里计。弘治戊午，宪副余姚陆公子渊来兵备，悯其趋会礼事之艰，乃基郡学西旷地

---

① "办"，原作"辨"，当作"辦"（即"办"），形近而误。
② （明）唐胄编集《琼台志》卷15《学校上》。

迁之。① 凡堂、斋、门庐、垣、沼，诸制咸备。嗣葺者复增号舍。门西外建扁坊二，曰儒林、夸士，合郡之多曰连泮、彰教，接宫之近侈美也。今余十稔矣，教谕桂林刘君廷辅、训导邵武丘君迪一日群学士造余曰："邑学肇宋庆历，始海口浦、坡院、南郊，及今四处矣，兹为得地。郡守长乐谢公作励学校，吾侪籍斯学官之便，得尽心教事。顾作者之功久恐泯，愿丐文以纪之。"

余惟帝王之立教，莫备于成周大司徒矣。今观其所以为教，有三德、六德、三行、六行之条，所谓敷五典以为教之本也；有六艺、六仪，因物十二之教，所以备礼文以为教之事也。其曰安邦国，扰兆民，则教之功也。至于本俗之六，又必以联师儒、联朋交言之。何哉？岂非虽主教以师，学道以儒，师儒各相同以为朋交，然非联合以处，则何由薰摩讲论以成其道乎？此法外意也。今是学之迁，非但朔望之调虞，春秋之祭报，养老读射以观文，受成献馘以会武，便礼事于郡学，以养士心而已。朝焉而鼓箧相依，暮焉而弦歌相接，则济济翊翊，师儒朋友，联合摩论之益尤多，其功不既大乎？虽然，此亦教之事与意而已。至其本，则在吾师之所以教，弟子之所以学，体崇乎帝王敬敷于棐之意，笃吾身心伦理之懿，使积之为德行，发之为文章，行之为事业，非徒取益乎礼文摩论于外而已。将见郡之士萃于郡学者，将感吾于观；在州县之学者，淑吾于闻；郡小子学于社者，景吾亦有造矣。则琼山之所以首先诸州县者，岂但以舆地之附郭而已？他日进之太学而栋梁攘楠乎王朝，必能济君泽民，以收所谓安邦国、扰兆民之功，而无负我圣祖拳拳建学之意。余之言于汝今日之教之学者，将大有望，岂但纪建学已往之岁月而已哉？二师、群士皆领然有领意，因书之为记。

按：篇题乃笔者所拟。记中提到"弘治戊午……今余十稔矣……"据此推断，此记盖作于1508年，时值宦官刘瑾用事，唐胄谢病不出，赋闲在家。琼山县学始建于宋代，中经多次迁地、重修。截止到唐胄作记时已四迁：海口浦→东坡书院→南郊→府学之西。

---

① "陆公子渊"原作"陆公子澄"，误。唐胄介绍琼山县学时曾言："弘治十一年，副使陆渊乃迁于今府学之西"，据改。1498年，广东按察司副使陆渊将琼山县学迁建于府学之西（即今遗址），此地近郡治以步计，故便于诸生趋会礼事。

贞节坊记①

门有绰楔，表第也。例自节孝、仕进，皆可表文里武乡，以标将相、魁元之居。鄙夫薄子之侥倖于一时者，皆可能。法固宜之，吾固避之。若夫表于一门而实有劝于一乡者，若通德孝悌之表门表里，是乃纲常伦理之所系而不可忽。此王氏贞节坊之所以作也。

吾里节妇吴氏，是为余友宗源之母，年十六而归于王，十年而丧其夫，誓志三十余年，以养以教其子于有成。乡人苦其节，有司上其事，天子命表其门。先是，宗源次业《大学》，乃薄功名之会，再往返京师万余里，以成母事。逮相造，仅三阅月而即告成，实弘治岁辛酉四月念一日。"今日方知王氏之有后哉？始吾之来归也，家有世德，汝父有大志，吾喜得所，尽心妇道。未几，祖姑卒。二年，姑俞疾亟，吾剪爪祷代，弗获。又再年，舅亦随之。家门多故，相次襄举三大事，意谓偕汝犹烛之在风也。古人有进死并命者，吾岂欠汝父之一死哉？第吾以有疑于心，故宁舍汝以成吾烈？吾能信吾心之不愧汝父，孰若姑存吾身以待汝之有成为两得也？汝能今日，吾报汝父尽矣。"呜呼！此其识，岂妇人女子之所及哉？女之节，犹士之忠也。昔楚平忠愤有余而丧身，于芊祀之未殄；周范质循规持廉而复事艺祖，志士至今惜之。今母之行若此，是则共姜之志、唐夫人之孝、申国之教。凡古之贤妇所有者，皆兼自之；而其从容就义，以王氏宗祀为重，则虽古之名臣烈士有所不逮者，孰谓闺壸之资而能若是耶？人方幸其身为女子而能显于一乡，余独惜其不幸生为女子，使其节徒显于一乡而不得与微子之去、武子之愚以显大仁大忠于天下后世也。虽然，吾观友氏之处心立论，侃侃不回，有母氏之风。他日移家之节为国之忠，必能补古人之所不足者，以显其亲。噫！天福王氏之德，盖未艾也。是则一坊之小，子之所以于亲、妇之所以于夫、天之所以福善、天子之所以厉其俗，皆于此焉见之。千百年之后过其门者，将曰："此旌乡妇之节也，是始于某年月日，而今犹存也。其视夸名位富贵于一时者何如哉！"此所谓关纲常伦理之大而不可忽焉者，故记之。弘治癸亥春。

---

① （明）唐胄编集《琼台志》卷25《坊表》。

按：作于 1503 年，时唐胄丁父忧，在家为亡父守制。篇题乃笔者所拟。唐胄自注："为王銮妻吴氏立。"

老佛庙记①

佛，觉也；称"老"，以岁也。庙焉，由辟以报也。古者祀以祈报，皆天子百县有司上帝、天、宗、川源、田社之祭。自佛入中国以来，汉武、明帝、楚王英、梁武、元魏、唐宪宗诸人信好之，未见获福，且更有祸，岂真如《礼》所谓殍灾兵、远罪疾之可报哉？普庵又后善知识之悟佛者，自虔肃再化，以古佛弘愿示现，大滨南宗，灵赫炎土。自宋绍兴以来，从法者又望南泉祖师一轮矣。琼郡城东，地荒窹多疫，胜国至元间尝庙，师于水关上禳之。国初，城展庙祀屡废，人仍灾疫。弘治间，尤特甚。余先君榕庵，尝建议移郡仓、开东河以镇之。未几，乡老杨君祥获师铜像于原住持者张氏之后。背著"求镇东关"四言，左袖摺纪"造锋人氏"。白诸郡，复迎庙于东分司之傍，人果大安。以僻陋，莫遂作礼之虔，乃募缘买地，移造于表政之通衢，何放智作经之佛祖不能庇人当时，而佛佛者乃能觉济于后世哉？岂古称治病以心为主，世俗信佛已久，今借其名以主之，则危者恃以定，来者倚以趋？物聚气昌，阳明胜而阴厉消矣，则虽不必佛之祐，人宁非必佛能定人心之功哉？况佛老之学虽沦虚寂，然皆自以为心性之实，非伪以欺人。孔子非不知老氏之己异也，然亦以犹龙称之。盖以彼虽偏，然亦有自信之实，故其言能变化叵测耳。近喜谈道者有言曰："今世学者莫不知宗孔孟、摈老释。圣人之道若大明于世，然从而求之，圣人吾不得而见之矣，其能有若老氏清净自守者乎？释氏之究心性命者乎？彼于圣道虽异，然犹有自得，非若今之学者以仁义为不可学、性命之无益而徒取辨于言辞之间。"余喜其见之有似于孔氏也。今观师积十有二年之修念，自领牧庵竖拂一归之旨，遂悟华严情忘体合之妙，则灵智之契，自大鉴无树非台之后，孰能当三十三传之衣钵哉？宜乎假其名与像，犹足以信后人若是也。且天地大矣，何物无之传纪？师之灵异，如尸仙奴神、点雷划电之说纷纷，固难尽信，然既教本慈悲，法悟上乘，阴假有灵，自当翊世，亦理之或有也。神怪，夫子不语而已，

① （明）唐胄编集《琼台志》卷 27《寺观》。

岂真以为无哉？庙成，杨君求余文，刻碑以永其传，且镌檀越名氏于其阴。余喜其事与先君举河仓同一利乡意也，故不辞而书之。正德丙子春。

按：作于1516年，时唐胄辞官在家奉养老母。篇题乃笔者所拟。唐胄自注："老佛庙在东门内大街，祀普庵。"

楚雄府新迁儒学记①

赐进士中宪大夫云南等处提刑按察　同提督学校副使　琼山唐胄撰

赐进士朝列大夫云南等处承宣布政使　同分守洱海道右参议　建吕黄祺书丹

赐进士奉议大夫云南等处提刑按察　同分巡洱海道佥事成都范时儆篆额

世称柳子之言曰：仲尼之道与王化远迩。噫！天下无道外之化，道也者，反藉王之化以远乎？云南古梁州外境，自周末始拓于楚，汉则大通使节矣。然必至今而始华者，何化皆不能致之哉？盖其取之也，实徒利其地焉尔。惟我高皇帝既定天下，独悯其人尚自弃于夷也，故既下之，即戎徒天下之右闾以主其势，而一华以郡县编户赋税之制。尤拳拳于学校之设，积今至四十余所，人才之盛，渐著中土，岂无所自而然哉？

楚雄，省一郡尔，学凡四。温江祝侯弘舒以户部郎来守是邦，痛陋郡学之荒于郊野。今巡抚庐陵欧阳公重，时为督学，倡与藩臬诸公是其说。暨巡按慈溪沈公教亲得之，按部亟如侯请。安陆刘公臬既至，申重之，遂速所营。城内楚雄县学右之射圃，及市西北地之不足者，首成大成殿，后亭燕居讲堂，而前则翼以两庑厨库；再右明伦堂，后阁尊经馔堂，而前则翼以斋号。其重门石桥，华扁各具。于殿堂之南，鹏程凤翼坊，并衢口，聚奎楼、思贤祠、官廨序于左右。

余自金腾解边寄归，过展谒，喜其成而得所也，因进多士而告之曰：汝知《春秋》之义乎？凡用民力，虽得时制者犹书于策，以见劳民为重事。惟于鲁泮宫则否，以学校之教子弟为国先务，虽用民力，不可废也。今侯既得夫子之意于千载之下，则汝辈之为子弟者将何以乎？亦曰：不外

---

① 张方玉主编《楚雄历代碑刻》，云南民族出版社，2005，第51~52页。作于1528年，楷体为正文。个别文字经笔者重新识读，标点亦经笔者重新点定。

乎仲尼之道而已。知不外乎仲尼之道，则知不外乎六经；知不外乎六经，则知不外乎身心。秉彝之懿，① 文则必华国，政则必济世。非但国有所赖，而喁咿椎卉之俗，将尽薰育以华矣。不然，《诗·大雅·有声》之称文武也，但曰"王后维翰"，曰"皇王维辟"而已。至于辟雍，② 而始以"无思不服"言之，岂非必讲学行礼而后能服人心之深哉？周以镐京一辟雍，尚服乎四方，况今四方备学，宜乎尤服周之所未服，以见我列圣之治。王即圣，化即道，□非汉唐宋之所可及也。③ 则其彰侯之功，不亦大乎！

若夫是役也，材之以撤而补庀者若干，校力④之以邑而助于卫者若干，工费之足于赎金俸捐义□者若干，缙官之协于同知周昆、通判张举，督于知事任阙、知县陈言谏、训导郏木、俞楫、邓举若干员。造兴于嘉靖丁亥腊，讫于戊子夏若干旬，皆以侯之信素而举义，故人非惟不厉，而且乐赴以速成也。如此云。

大明嘉靖七年岁次戊子秋九月朔，知县官英、指挥张淮立石

淮安户部分司题名记⑤

楮，于币为下劣，然必专官以治之，亦势之所必至也。古者民不备物，必借币以通融之。珠玉为上币，金镠为中，铜铁为下，随则以庸，无斁。后世俗侈而币轻，且金玉难致而泉贝艰于致远，故自飞券、钞引之法再变而为文□，皆以盈尺腐败之。楮，燠寒饱饥，品虽劣，而用实居金玉之上，则安得不为民重之而设官以治之哉？我国家当元人窭悴之余，深笃民念，宣德初始立关税钞，诏□丁宁董之以台官，继之以部属，自九江、浒墅、北新、淮、扬、临清、河西凡七所，岂故袭汉人舟车之酷征哉？盖以天下之人则吾钞可行而民易裕矣。顷岁钞轻而阻，诸关乃收钞直以入。是昔之为关，本因金玉之难得，欲行易，为之钞以便民；今则钞未行以为民便，而又因以取民难得之金也，岂设关之意哉？

---

① "懿"，原碑文残损右半字，笔者据左半字及文义，断为"懿"。《诗经·大雅·烝民》："民之秉彝，好是懿德。"
② "辟雍"，"辟"字原损，据文义补入。
③ 整理者原读为"以见我列圣之治王即圣化，即道□，非汉唐宋之所可及也"，非是。唐胄于文首提出"天下无道外之化"，笔者据此断为"王即圣，化即道"，正与之呼应。
④ "校力"，整理者原读为"枚力"。笔者以为，"枚力"无义，疑作"校力"。
⑤ （明）黄训编《名臣经济录》卷24，《四库全书》本。

淮安板闸，当四渎之归，于陆关尤为要。关立近百年矣，官或以故不尽，岁更不止乎百人矣。然无碑载可考，不以劳仅于岁不足记，则以忙穷于日不暇举矣。夫谓之不足，则自小其善；不暇，则自苟其善，尚何望其光前范动后观哉！正德壬申，南民部主事毕君自司其自，重念此意，乃访诸父老，得所知者数人，即碑以列之曰某岁某人某籍，使有一日之劳于斯者皆不泯。是日碑使后人因得楮而议之，曰某也何如、某也何如，有所激且有所畏焉。是日碑之意也，则所以体奉以裕民者，将有法外一分之赐，岂但日不敢小且苟吾善而已哉？

君名廷拱，字敬夫，广之番禺人，早举于乡，有大志，不通铨籍，今始以进士拜斯官，首管勾南畿军储诸仓，甚有政举。未更而夺之，此介已省人，整废起科，人士称颂，则所为碑者，将不在石而永在人之口矣，岂必籍此得托名于不朽而已哉！予忝乡人而同有事于淮，睹其志成而喜，故于请记也乐书之，因以谂后之君子云。

谨天戒以隆盛治疏[①]

臣闻上天之为民也，必因时而生大非常之君；大君之乘时也，必奉天以成大非常之治。盖时承隆盛，凡主之善能守文者，皆可为之。若当倾覆殄瘁之极，非得大有为之君，安克有济？故天于是时不得不为民以生是君，而君之乘是时者，亦焉得不奉天以济斯世也哉？

大哉！上帝以胡元入主中国、世乱已极时，生我太祖高皇帝，起淮甸以救之；以大统甫成而厄于革除年时之倾覆垂尽，又生我太宗文皇帝，起燕郊以承之；及今以列圣百年之治而复大败于正德之群奸，又笃生我陛下，起兴邸以再造之。是三者，皆所谓因时以生大非常之君也。故我太祖、太宗承天之命，艰难缔造，以成帝王万世之功，以启乾坤盛世之业，事天如父，少有变异，即服素以自警。上天爱子，一萌意向，即垂象以兆先，以致五十七年重熙之治。陛下承上天大非常之讬者，与祖宗同而天心未见克协，岂所以自警者未能如祖宗之诚哉？宋儒胡安国有言曰："克谨天戒，虽有其变而无其应；不克畏天，灾害之来也必矣。"夫所谓"变"，

[①] （明）孙旬辑《皇明疏钞》卷22，见《续修四库全书》史部第463册，上海古籍出版社，1996。

即天地、风雷、日月、星辰、雨雹、山川、草木、禽兽之异也；夫所谓"应"，即水旱、凶荒、盗贼、疾疫、乱亡之祸是也。盖天之仁爱人君也，因其修己行。政之失，则出警之；及其不能悛也，又应灾以怒之。故古之贤君，如商之中宗警桑穀生朝之变，即修德以格，而反享七十五年之治；高宗警飞雉鸣鼎之变，即正事以答，而反成五十九年之治。陛下即位之初，乾坤再造，脱斯民于水火，天下方仰复见唐虞三代雍熙之治，夫何近日以来畿辅四方无处不告变且非常变？则天之示警也至矣。即今南畿江浙湖河无地不告灾且非常灾，则其示怒也至矣。使陛下有畏天之诚，安得至此？

臣不暇泛举，姑以目前提督织造一事言之。臣往岁经过江北地方，闻军民谈及织造官船之苦，已不忍闻。近检部牍，见有前差官及文移，内称有假其赐黄棍之威，欲以肆阉御史之横，暴殄贫民而道路骚然，逼官死窜而州县连逮。附带至于千艘，私货挟于巨万，百孽千殃，不可悉数。窃意彼当营差之时，群臣曾以为言，先帝亦谓其一内臣数奏带十余船而已，临行且有不许分外生事骚扰之戒，岂意出外肆毒，至今经过地方梦影恍惚，犹惊闻谈，神色亦变！及荷明诏除革，莫不鼓舞欢呼，以为天日复见，不意陛下近准内织造染局之奏，复或差官苏杭督造，远近传闻惊愕，以故群臣莫不竭力交谏。有谓例不出于祖宗，未可依行；端始造于成化，亦非美事。极言淮扬死伤之灾不可摧残，推论苏杭货财之本不可损剥。减征尚欲惠沾大令，岂可反汗？皆极言其不当差。有谓营差必非安静之人，偿贷必至残噬之毒，过邮空其鸡豚，供所竭于水陆，参随虎狼之威，工料给办之苦，皆极言其不可差也。有谓原局置于内府，多年供应不见有违，今织造给以官银，所在官司自足干办，皆言其不必差也。至于惜大体以彰令甲之信，借优容以安辅臣之位，惧激变以致意外之虞，累牍连章，至明至切，而陛下一无所听，何哉？岂以两宫之进用为急欤？则自古贤妃皆以俭德为美。我太祖尝谓侍臣曰："今富有四海，何欲不得？然检制其心，惟恐矫饰，实恐暴殄天物，剥伤民财。"大哉言乎！实万世之鉴矣。故汉肃宗母明德马太后惟服大练，左右皆着布帛，自谓为天下母，欲以身率下。后世至今称之。人子之孝，以成亲之名为大，陛下若必执此以为奉，恐圣母之心亦不安矣。若以龙袍诸用缺欤？则大禹之圣以恶衣服见称。今日比我太祖素服儆变，此又异时而同事也。抑圣心亦知此差之可止，但触于诸言者之过激而耻屈欤？是又大不然矣。自古君德莫不以屈己纳谏为先，故称古圣王之德，必曰舍己从人，必曰改过不吝，况此事既布，朝堂势必闻后。陛下将使后世以己终于从谏为美乎？以终于拒谏为美乎？今外人皆谓圣心寡欲，何事于此？但无奈于宫掖左右之请托尔。诚若此，则又大可惧者。盖此辈亲昵，易于诱引，故成汤桑林之责，必以女谒谗夫为言。古称君德之养，必左右仆从罔非正人，故随卫近侍宜选老成厚重小心之人。若有干营，即为谗佞，宜亟去之，以免后悔。况诏书革弊多端，而此条尤为痛切。若此破格复之，则凡条内所称，如烧造、分守、守备之类，宁保其不再干乎？却之则彼有辞，从之则上天讬。陛下以中兴之治者，未见其能体，而于正德群奸之弊，反一一将奉之而不失矣，岂得为敬天之诚哉？天既儆矣，且示怒矣，岂不大可畏哉？

伏望陛下体上天因时笃生之念，思祖宗艰难创造之业，悯四海困悴已极之民，畏天心仁爱之戒，乘此差官之事未举，明告在廷，收回前命，以安人心，以回天意。且望事事一复祖宗之旧，凡称有过举、曾经谏论未纳者，皆儆省改易。视□之余，日玩经史；便殿之间，时接儒臣。经筵日讲，虚心听问，言路谏章，屈己容纳，以成大非常之治，则祯祥自见，寿考无疆，而保有祖宗之鸿业于万万世矣。

三　附录（八则）

王弘《西洲书院记》[①]

地官唐公平侯，以壬戌进士居于家。嬛嬛衰绖之中，弘往而吊焉。公起谢曰："吾痛吾父，恨不能读父之书，尚余手泽。吾母逾八十，遂弃官归而养。今吾母又殁，口泽之在杯棬者犹蒸蒸然。顾吾身上之衣线痕密密，与泪痕班班然相映。计吾父畴昔之言，乃今日成立之地，尚蔽而莫之白也。吾母尝指西洲书院曰：'自汝祖至汝父，及今已数世，所积书俾遗汝子若孙，能读否乎？是固汝父多所藏者，欲起书楼未得，但能置书柜，井井有条列，不能不混然中处。汝高大其门闾，复创是书院，中所藏加多于父。吾妇人犹未谙其意义，尊而南面者何？次而东西向者何？又次而杂

[①]（明）唐胄编集《琼台志》卷17《书院》。

然前陈者何？汝父殆念不到此也。'吾启告曰：'古之六经、《语》、《孟》，圣人垂世立教之典；今之御制，时王一代之法，故南面而尊。若老庄而下诸子百家之书，先秦、战国、汉、唐、宋以来之史，他如文人才士诗辞、简札、图志、法帖及吾父子所自为翰墨，淋漓满卷。此东西向者，子史之所以羽翼乎六经、《语》、《孟》。杂然而前陈者，诗辞、翰墨之类，又所以让乎子史。统而会之，皆尊王之制，亦夫子从周之意云尔。'吾母喜而曰：'汝父亦有是愿，力未之逮焉。汝亦能子矣，勉哉！是之谓孝。汝优游于此，率有岁年，所养亦既足矣。吾老且病，将从汝先人于地下，汝之子孙，其有兴乎？吾得瞑目矣。汝学优而仕，宁仕优而学，岂徒同里之荣？当出而事君，以平生蕴蓄，冀复用于他日，为邦家之光，斯不负为汝父所以藏书之意。秩然上下而莫紊，以此而卜之天下，亦从而可知也。古之人求忠臣必于孝子之门，汝勉之哉！汝父之所以望于汝者如此。'吾谨识之。子不吾辱。先人之弊庐在西洲书院，易而养优，请一言如左，以备修郡志。"

曰：男子生而悬弧，宇宙皆所有之分内事。公遍读而父而祖所藏书，俾若子若孙世守之，可谓能绳祖武，翼子之燕孙，谋之贻者矣，弘何容一喙哉！却忆京师时，会公馆舍，距今十有八年。万里之外得复拜公西洲书院，公道之甚悉，且孝思不能忘，是将移孝于忠，出而建久大功业，将谟谋庙堂，或经营四方，畏天命而悲人穷，以天下豪杰自负，必天下苍生是望，使匹夫匹妇得蒙至治之泽。是则大丈夫所以扫除天下者在是，安事一室乎？所以万里封侯者在是，久事笔砚乎？夫然后归而西洲书院未晚也，弘何容一喙哉！痛惟吾母已不在世，先人之弊庐巴山尚无恙，兹欲携海南稿而归，得一言冠于其上，置诸经书子史之末，适足以为吾道之光。巴山草堂，白头柱杖，倘海南人过而寄声，宁不为去后之思矣乎？请以奉公，公无亦曰海滨邹鲁之风。试问东坡与近日丘老，皆文章巨公，正中国道化所及。骎骎乎而独盛巴山，乃汲汲欲归，或者殆未之知也。正德十四年冬十月记。

按：王弘，明代南京六合人，曾任广东按察司副使。此记写于1519年冬，时唐胄母陈氏去世不久。唐胄自注："西洲书院，在郡城东一里许。正德间，主事唐胄建为读书所。清河张少参简以胄弃官归养而学，扁曰'养优书院'。后宪副王巴山先生叔毅按琼，就号易今名【即'西洲书院'】。为记之。"

何景明《像池记》①

琼城之东有村曰蕃诞，唐子世家焉。门有像池者，唐子像其先人之池也。名之者，示无忘也。始唐子之先君榕庵公博史耽诗，情高意适，尝池于所居。门外潴水畜鱼，中为小丘，四畔树柏列竹，以时游玩，求乐其志。时命唐子曰："池迫于门，甚隘，然予乐之，弗能易，以终吾身。汝后当夷之以浃吾志可也。"榕庵公既终，唐子从治命，夷池而门其上以继志；复门外为池，广深像之；艺柏竹，复像之以继事。多年归奉母。太夫人之欢暇，亦畜鱼供玩，时游钓池上。曰："吾又无忘先人之所乐矣。"夫古人之善修服先迹，承获其意，谓之孝子。故孝子者，事人无遗义而治人不忘爱也。以唐子之修于家者，其于天下可以观矣。夫唐子，学道者也。炳有质文，赫抱时誉，故所修靡不可尚已。斯池盖其一善也。

唐子名胄，字平侯，余同年进士，为户部主事。逆瑾时废官家居，今年召起，予亦同召，凡八年而复相见于京师，同时者握手欢甚。唐子乃曰："吾母老病，而无兄弟，其来勉副重恩尔，安能恝然而久居于此？吾柏吾竹，俨然若在。吾父池也，愿子有辞以志之，往刻石池上。"噫！闻古有日养而不以三公换者，今目见之。天下之善，岂有先于孝者乎？他日之移于国者可量耶？池盖一念之发尔。正德七年春。

按：何景明（1483～1521年），河南信阳人，1502年第进士，与唐胄是同年。性耿介，鄙荣利，敢于直谏，言辞激烈。正德初，宦官刘瑾擅权，景明谢病归。刘瑾诛，官复原职。文坛领袖，与李梦阳、徐祯卿、王廷相等人并称明代"前七子"。《明史》卷286有传。

庄文玄《榕冈集序》②

《榕冈集》者③，琼山唐处士尚义公集其平日所自为诗也。集为卷四，为首若干。公殁将二十年，余得而见之，为作序曰：

---

① （明）唐胄编集《琼台志》卷24《楼阁上》。
② （明）唐胄编集《琼台志》卷24《楼阁上》。
③ 《榕冈集》，原作《榕庵集》，据唐胄所言改。胄曰："榕冈，在城东一里。成化间，赠主事唐正筑。因家以榕树名，植榕其上，袭名'榕冈'，为督耕、祈社、游咏之所。有《榕冈集》四卷，郡掌教庄文玄为辑序之。"

今之言诗者，以盛唐为宗。三百篇固诗之祖也，其言平正通达，类不若后世之字煅句炼，而美刺所及，读之使人好善恶恶之心不觉油然兴起。盛唐擅名诗家者，指亦不能多屈，而老杜为之杰，亦曰忧时感事、忠君爱国，根乎天性，发于至诚焉尔。否则俊才逸气难压如元白者，岂老杜所能独当哉？然格调虽高，而体制自别，视三百篇亦有间矣。故曰，诗以盛唐为宗而三百篇为祖，今之作者不求之祖而求之宗，余未见其能诗也。

公少孤，读书不为举子业，承累世家庭之余，负刚直不阿之气。族属繁盛，而诸父伯叔、群从兄弟挟艺登朝者，彬彬可数。公自分韦布，固不为动，而亦不之非。培冈植榕，为督耕、祈社、游咏之所，于凡可喜可怒可哀可乐之事，一于诗乎发之。积久而篇章富，比老而卷帙成，因号《榕冈集》。今取集中诸诗而读之，不纂组以为工，不雕琢以为奇，因事写怀，援笔辄就，事于诗而忘乎诗。其辞语音响，虽或未能上轧盛唐，而美其所当美，刺其所可刺，于三百篇有遗意焉。公之诗，实榕庵之诗，非写光景、状物类之诗也。字煅句炼，公固不能为，而亦不必为也。昔者邵尧夫抱道不仕，而经世诸作可以自见平生，识者称为内圣外王之学。公其亦尝诵尧夫之诗而有志于此者乎？公之先子尝为太学生，过铨次，不仕以终其身。公复以韦布饱经史，积累何厚哉！风惟积始能负大翼，水惟积始能负大舟。今有取二魁为尚书郎，称西洲居士，名位骎骎日盛者，非公之嗣乎？公将易簧诗付西洲曰："九重天近频依日，万里家遥莫望云。"公之自信自委于西洲者，宜何如哉？经曰：不知其母，视其子。然则视子独不可以知父哉？故视二程而知太中，视仲晦而知乔年。非谓太中、乔年藉子以显，谓有太中然后有二程，有乔年然后有仲晦也。孰谓西洲之贤，非公启之哉？公尤善属文，尝为母吴夫人墓志，与他作不下数十篇，明白可读，大率与诗相似，不在集中，因并及之。

按：庄文玄，字德升，明代福建长乐三溪人，弘治八年（1495）中乡举，曾任琼州府学教授。

都穆《榕冈记》[①]

岭南之地多木，木之中有曰榕者，臃肿屈蟠，离奇偃蹇。小者数围，

---

① （明）唐胄编集《琼台志》卷24《楼阁上》。

大者合抱。其柯叶郁茂，四时不易。其阴敷舒，可以庇人，而尤宜于炎月。其丝垂地，能复为根，久之乔然成林，若树艺者。唐氏世家琼州之琼山，其门有祖植大榕，土人呼"榕树唐家"。盖自宋至今，数百年矣。唐氏有处士尚义，尝于所居之南畚土培冈，袭植以榕，下因旧泉，广之为池。登冈四顾，西则苏长公之双泉井，北为七星白峙诸屿岭，东为桐墩，其南宋姜公弼之雁塔峰在焉。处士暇日杖屦游之，徜徉啸咏，或坐客以饮，或会景以吟，或扶杖以督耕，意甚乐也，遂名之曰"榕冈"。处士既没之六年，其子户部主事胄乞予记。

世之贵乎木者，多取松、柏、杉、桧、楩、楠、豫章及桐梓之属，以其材适于用。而榕则否，且其产偏于一方，天下之人或未闻其名，或闻而未识，则人安得而贵重之？榕可谓无用于世者矣。夫不用之用，乃其用也。松柏杉桧等皆以材而见伐，榕惟为人所弃，故得遂生息以全其天。噫！此可以观乎人。以世之好自用者，逞其智谋，竭其心力，自谓人莫吾若，卒之贻讥笑、蹈灾患者，往往而是。此无他，自用者未见其能用也。处士蓄德器，涉猎书传，善为诗词，然未尝求人之知。今又得雄伟抱时望如户部者为之子，荣名事业方隆未艾，若有类乎榕者，而况有冈其防其高邪？抑闻之琼山之唐，盖始于宋琼守震，其后族盛，累朝衣冠蝉联。在洪武初，处士之祖谊方首以经行荐，后为太宗皇帝赏，与诸父舟侍御，重望闻世。从兄亮以仁庙宫僚，恩宠优耀。其父乾胄亦尝游太学，积铨部资，恬退不仕以没。处士复食，荷今荣赠。邑之士族，盖莫有过之者也。因记榕冈，故并及之。正德壬申二月庚子。

按：都穆（1458～1525），明代著名金石学家、藏书家，1498年第进士。

郭棐《粤大记》卷17《唐胄》[①]

唐胄，字平侯，琼山人。幼颖敏，博通经史百家。弘治戊午乡试、壬戌会试，皆占礼魁，登进士。授户部山西司主事。丁父忧。值逆瑾窃柄，谢病归。

[①] （明）郭棐：《粤大记》，中山大学出版社，1998，第476页。

瑾诛，起授户部河南司主事。屡疏谏差内臣苏、杭织造，又请为宋死节臣赵舆珞追谥立祠，皆关政体。寻升本司署员外郎、广西提学佥事，遍鬻群书，以启迪多士。升云南副使，擒横虐土官莽信，核贪狼知县赵九皋，谕解木邦、孟养二宣慰构乱。改提学，升参政、右布政使。入觐，升广西左布政使。时王府宗室受封，贿官吏补支禄米，自出幼具题日为始，岁费几千万石。乃奏革其弊，得旨如议，通行天下。升右副都御史，提督南赣、汀、漳等处军务，改山东巡抚，所至著声。升南京户部右侍郎，转户部，升本部左侍郎。时议征安南，胄言："事体至重，决不可征。"上"遵祖训，崇内修以隆治安疏"力陈不可伐者有七。时武定侯郭勋欲以祖配享，又沮止之。

戊戌夏，议明堂享礼，又上疏，忤旨罢归。是冬，诏复冠带。疾笃，闻圣驾奉章圣皇太后梓宫幸承天，犹强力叩首曰："此神圣之见，万世永赖。"可谓畎亩不忘君矣。

胄本性耿介，素以器识自负，尤孝于事亲。家居服食澹泊，足振靡俗。为文有理致源委，不尚浮靡。惟笃嗜白玉蟾诗文，为之精选，此其所好，殆与俗异也。所著有《琼台志》、《江闽湖岭都台志》、《西洲存稿》行于世。子穆，嘉靖乙丑进士，礼部员外郎。

按：郭棐（1529~1605），广东番禺人，嘉靖四十一年（1562）登进士，著名方志学家。

查继佐《罪惟录》卷19《唐胄》[①]

唐胄，字平侯，广东琼山人。弘治十五年进士。值刘瑾用事，谢病不出。瑾诛，起旧职，屡疏请罢苏杭织造内臣，出内像；为宋死节臣赵舆珞请谥立祠。累迁广西提学佥事，令诸猺得遣子入学读书。副使云南，擒土官莽信；核保山令赵九皋之横虐者；谕解木邦、孟养之凶，政声大著。历广西左布政使。时宗室封侯，常请补禄，胄以未爵何禄，著为令，禄从爵始。古田凤凰塞韦贼为乱，胄令人谕降，贼曰："是岂前吾猺子弟所就学宗师耶？"咸解甲受质。历升户部左侍郎。嘉靖十五年，议伐安南，胄陈

[①]（清）查继佐：《罪惟录》，浙江古籍出版社，1986，第2375~2376页。

不可者八。大要言："华夷者，天地之限。高皇神武，安南不征，著在祖训，一也。太宗讨逆置郡，得不偿费，宣宗克承先志，弃之不问，二也。安南盛时，屡为钦廉诸州患，自唐高骈徂征之后，历五代至宋，曲、刘、绍、吴、丁、黎、李、陈八姓迭主，而岭外边郡外警遂稀，是彝分乱，中国之福，三也。昔马援南征，深历浪泊，士卒死几半，所标铜柱，乃在今思明府耳。张辅平交，简定继乱，六年就擒，季扩复起，延至黎利，终以□靖，士卒物故以数十万，竭十余年之力，仅得数郡县空名，又况征之不得，有如宋太宗、神宗、元宪宗、世祖，徒丧师损威也哉，四也。安南自来款关不绝，特边臣以其姓名不符初封，却而拒之，名为负固，其辞不顺，五也。太宗之时，用兵八十万，今拟取办附近四省，在四川方有采木之役，在贵州言有凯口之师，两广粮储，久已匮于田州岑猛之征，且自大工迭兴，诸省帑藏皆输将作，加以水旱蠲除，视当时财力远甚，六也。且夫唐之衰也，自玄宗南诏之役始；宋之衰也，自神宗伐辽之役始。今太仓积余仅四百万，屯田坏而田日荒，盐法阻而商日减，塞骑日强，边兵屡叛，北顾方殷，南征复启，卒有意外，谁任其咎？七也。今兵虽未兴，已遣锦衣问状。锦衣武人，尚暗于大体，万一狗狂，蚌或随之。即今观兵之令方下，而侵渔骚扰，害已四出，忧不在四彝，而先在邦域之中矣，八也。"上曰："胥后议。"事卒寝。武定侯郭勋请配享其祖英于太庙，胄上书力争，上卒许勋。寻复以诤明堂大礼不称旨，下锦衣拷讯，褫为编民。胄耿介有器识，平生以范仲淹自期。所上奏疏，详核今古，通大体。既卒，隆庆中，言官林用宾称胄与林俊、吴廷举并先朝名臣，大节素著，而卹未备。赠右都御史。子穆，嘉靖中进士，仕礼部员外郎。

论曰：唐平侯负远识，不轻出。崇教化，以劝谕来不庭。敦本务实，其所学颇精。若夫交南之役，在宣庙时似不宜遽弃之，其乱也，有所以乱之也。长令浚削酷，权监虎视其上，而凡内地之得罪者，率不职，降斥此地，明以快其所欲为。越在万里外，谁能以情上闻哉？吾外之，而彼不得不自外也。当国者果矫前失，而衽席之，即百世吾版耶何害？若夫世庙时，遽欲收之，则万不得之道也，诚有如胄之八议者。嗟！海上□倭坐困名城数十，即谁能胜其任哉！

按：查继佐（1601～1676），浙江海宁人，史学家。《罪惟录》是有明一代的断代史,其成书比官修《明史》要早得多。

《明史》卷203《唐胄传》[①]

唐胄,字平侯,琼山人。弘治十五年进士。授户部主事。以忧归。刘瑾斥诸服除久不赴官者,坐夺职。瑾诛,召用,以母老不出。

嘉靖初,起故官。疏谏内官织造,请为宋死节臣赵與珞追谥立祠。进员外郎,迁广西提学佥事。令土官及瑶、蛮悉遣子入学。擢金腾副使。土酋莽信虐,计擒之。木邦、孟养构兵,胄遣使宣谕,木邦遂献地。屡迁广西左布政使。官军讨古田贼,久无功,胄遣使抚之,其魁曰:"是前唐使君令吾子入学者。"即解甲。

擢右副都御史,巡抚南、赣,移山东。迁南京户部右侍郎。十五年改北部,进左侍郎。

帝以安南久不贡,将致讨,郭勋复赞之。诏遣锦衣官问状,中外严兵待发。胄上疏谏曰:

今日之事,若欲其修贡而已,兵不必用,官亦无容遣。若欲讨之,则有不可者七,请一一陈之。

古帝王不以中国之治治蛮夷,故安南不征,著在《祖训》。一也。

太宗既灭黎季犛,求陈氏后不得,始郡县之。后兵连不解,仁庙每以为恨。章皇帝成先志,弃而不守,今日当率循。二也。

外夷分争,中国之福。安南自五代至元,更曲、刘、绍、吴、丁、黎、李、陈八姓,迭兴迭废,而岭南外警遂稀。今纷争,正不当问,奈何殄赤子以咸小丑,割心腹以补四肢,无益有害。三也。

若谓中国近境,宜乘乱取之。臣考马援南征,深历浪泊,士卒死亡几半,所立铜柱为汉极界,乃近在今思明府耳。先朝虽尝平之,然屡服屡叛,中国士马物故者以数十万计,竭二十余年之财力,仅得数十郡县之虚名而止。况又有征之不克,如宋太宗、神宗,元宪宗、世祖朝故事乎?此可为殷鉴。四也。

外邦入贡,乃彼之利。一则奉正朔以威其邻,一则通贸易以足其国。故今虽兵乱,尚累累奉表笺、具方物,款关求入,守臣以姓名不符却之。

[①] (清)张廷玉等撰《明史》第十八册,中华书局,1974,第5357~5359页。

是彼欲贡不得，非抗不贡也。以此责之，词不顺。五也。

兴师则需饷。今四川有采木之役，贵州有凯口之师，而两广积储数十万，率耗于田州岑猛之役。又大工频兴，所在军储悉输将作，兴师数十万，何以给之？六也。

然臣所忧，又不止此。唐之衰也，自明皇南诏之役始。宋之衰也，自神宗伐辽之役始。今北寇日强，据我河套。边卒屡叛，毁我藩篱。北顾方殷，更启南征之议，脱有不测，谁任其咎？七也。

锦衣武人，暗于大体。倘稍枉是非之实，致彼不服，反足损威。即令按问得情，伐之不可，不伐不可，进退无据，何以为谋？且今严兵待发之诏初下，而征求骚扰之害已形，是忧不在外夷，而在邦域中矣。请停遣勘官，罢一切征调，天下幸甚。

章下兵部，请从其议。得旨，待勘官还更议。明年四月，帝决计征讨。侍郎潘珍、两广总督潘旦、巡按御史余光相继谏，皆不纳。后遣毛伯温往，卒抚降之。

郭勋为祖英请配享，胄疏争。帝欲祀献皇帝明堂，配上帝，胄力言不可。帝大怒，下诏狱拷掠，削籍归。遇赦复冠带，卒。隆庆初，赠右都御史。

胄耿介孝友，好学多著述，立朝有执持，为岭南人士之冠。

《云南通志》卷20《名宦·唐胄》[①]

唐胄，字平侯，广东琼山人。嘉靖间，任金腾兵备，改提督学校，教士有法，振拔孤寒。累官兵部侍郎。

（责任编辑：佟英磊）

---

① （清）范承勋等修《云南通志》，康熙三十年刻本。

读之海内惊高风

——唐胄其人及其诗歌

柯继红*

明代弘正期间,海南出了两位著名的文化人物,一位是被郭沫若称为"海南大儒"的钟芳,另一位是海南地方志撰写第一人,正德《琼台志》的作者唐胄。唐胄既是海南著名历史学家、政治家,也是海南有一定成就的诗人,本文拟对其人及其诗歌做一个简单介绍。

唐胄(1471~1539),字平侯,号西洲,琼山东厢人。祖为州学训,父做过国子监学生。生敏颖,性耿介,遍读书,治礼学,"生平以范文正自期"。[①] 28岁(弘治十一年)中举人,32岁(弘治十五年)中进士。授户部山西主事。值丁外艰;服阕,又值刘谨擅权,谢病不出;又以母老乞养,前后家居近20年。家居期间,热心公益,与王佐交,承其未竟之志,完成了海南最早最全的地方志——正德《琼台志》的撰写。嘉靖即位(1522),召为户部河南主事,时已52岁,上疏谏论多事,时论赞之。53岁协助会试,所得多名士。升员外郎。不久又升广西提学佥事。56岁升云南按察使副使,治军平定土酋叛乱、盗患,抚平地方武装争斗。57岁,改任本省提学副使,不屑奉迎而上疏致仕,不允。升云南右参政,户部右布

---

* 柯继红,海南热带海洋学院人文学院。
① 王弘诲:《西洲唐公神道碑》,载于邢宥等撰《湄丘公集等六种》,海南先贤诗文丛刊本,海南出版社,2006,第224页。

政使。62岁,升广西左布政使,在任上缉盗,招抚匪叛,节约军支,上疏止宗室补禄,不随王府庆贺,不行王府叩拜礼,节制客兵暴行,敢作敢为。63岁升督察院右副都御史,提督南赣汀漳。筑城、置道,仅半年改任山东巡抚。再乞致仕,未许。任间计划疏通三郡水灾,核荒田,未完成即调任,升南京户部右侍郎。66岁春改北京户部右侍郎,秋转户部左侍郎。极力谏止皇帝征讨安南,又谏止皇帝祀生父明堂配上帝,因下诏狱,削籍归。后遇赦,不久病逝在家。《明史》上说:"胄耿介孝友,好学多著述。立朝有执持,为岭南人士之冠,为文有理致源委,不尚浮靡。笃嗜白玉蟾诗文,为之精选,名《琼海摘稿》。所著有《琼台志》《江闽湖岭都台志》《西洲存稿》行于世。"① 王弘诲撰《神道碑铭》还提及唐胄撰有《广西通志》若干卷,云其"为文章根本六经,不尚绮丽"。② 其事迹,主要见于嘉靖黄表衷赞像、嘉靖王弘诲神道碑文、明史本传。其著作,今存正德《琼台志》《传芳集》。正德《琼台志》是迄今保留最早最全的海南地方志,以见识的高超、体制的完备、内容的典型、叙述的谨严而著称,在地方志中不可多得。《传芳集》则保存了唐胄的部分诗文,计疏3篇、序4篇、记2篇、论5篇、碑文1篇,共文15篇,五古4首、七古6首、五绝2首、七绝5首、五律14首、七律11首,计各体诗歌共42首。

唐胄今存诗歌数量并不多,在同时代海南诗人中,其成就也远不如钟芳和另一位大诗人陈繗,但唐胄在诗歌上也有其高标的特色。其诗歌有两个地方最值得注意,一是其边塞风,二是其学白玉蟾而加以变化的风格。两种风格皆高迈踔厉,读之令人感慨。

唐胄诗歌最值得注意的现象是其歌行古诗中的边塞风气,这与他在广西云南等西南边陲长期治军与赫赫武功有关。其中有直接言边塞事迹的,如《题战功图送刘太参归会川》:

云头闪闪蚩尤拖,西南昏障海岳那。天阍羽檄惊四野,虎头猿臂分携戈。漫天氛祲一时扫,丹书好事图争摩。云旗铁骑纷不尽,元戎盖拥英番番。首函凤四清油渍,面缚铨哲轻鞍驮。甲兵滇池一濯洗,

---

① 《附录 明史本传》,载于邢宥等撰《湄丘公集等六种》,海南先贤诗文丛刊本,海南出版社,2006,第219页。

② 《附录 明史本传》,第219页。

胭脂万顷翻苍波。街前咸叹汉骠骑，幕南清尽归来初，天生豪杰安山河。愿毕笑返青山阿，如斗金印那用他。游从赤松谅不死，千年铜狄时摩挲。云台麟阁今若何，且听世世滇讴歌。壶山归去得已多，于戏，壶山所得良已多。

"虎头猿臂分携戈"的慷慨激昂，"街前咸叹汉骠骑，幕南清尽归来初，天生豪杰安山河"的奇拗节奏，诗歌从意境和声音上都尚摹盛唐，直追高岑。再如言边关将领事迹的《题守关忠节卷》：

御史不贵铁为冠，所贵七窍心孔丹。闭关手持三寸铁，誓死不纳披忠肝。精诚感激动天听，六龙倏忽旋回銮。舍生臣节不足异，回天力大惊天颜。追思十六年来事，转危原未易为安。几事破犁谁小狭，失身何惜天几翻。披肝泣血非无士，百川既决难回澜。东都再见申屠蟠，皇朝屹屹居庸关。

其下自注云："正德丁丑，武宗欲微行宣大，巡居庸关，御史张钦三疏谏止，及驾至昌平，命千户闫（音盐，姓也）岳宣守关官，钦闭不纳，奉敕印持刀誓死。岳回报，遂旋銮。"赞扬守边将领，其气骨苍劲，风格浑朴，有一股凛然不可侵犯之势。还有一些涉及边塞，在风格上带有浓郁边塞气的，如《送范金宪西巡洱海》《题同年戴宪长苍山赋别卷》：

秋霜艳菊春肥芝，我将归歌江海湄。寒梅引风吹岁暮，今君别吾将何之。相望万里得一见，闲愁洗向天之涯。所见英雄大抵合，盛名清世谁能虚。清风几夜生榻外，残编十载嗟灯馀。水天瘴海环岳渎，太微张翼朝辰枢。溺饥天不生禹稷，苍生百万皆虫鱼。况今昌期值五百，瞳已重目彩生眉。精华四海功梦卜，迸空泣血还谁欤。生平所学欲何用，安敢糟粕轻轲尼。骊驹明朝驾何处，碧鸡节使临清漪。有怀万斛那能吐，百壶未尽黄金卮。踢翻太华作垒曲，离杯倒尽昆明池。紫芝眉宇见在眼，那知地下纷卧伊。济川天边既有楫，洗耳山畔亦无溪。由来或去或不去，青山一笑休相疑。（《送范金宪西巡洱海》）

滇东一望无烟烽，鲁溪镇节歌儿童。一帘如水澈底冽，百炼似铁空炉红。闻道点苍西特起，灵飘秀技耸海宇。策马不惮骋十里。云蒸石骨千窍奇，雪积朱炎万野洗，坚不磷兮白不淄。地为河岳人之理，天涯相伴真尔汝。朝摘山巅天上星，暮濯山麓海之洱。景高足称两止止，凌虚气岸实相倚。忽来山势高龍嵷，凭高亦任云荡胸。八荒四海来双瞳，烟消云散清太空。作文赠者谁宗工，文气清劲山争雄。石纹耿耿雪荧荧，读之海内惊高风。天书忽报来九重，滇珉忧驾离匆匆。食祝不用图翁容，日日见山如见翁。(《题同年戴宪长苍山赋别卷》)

这些诗歌描写边塞壮丽风光、刻画边疆奇迈人物充满豪迈的气质和建功立业的渴望，风格苍茫浑朴，气势飞沓流动，不用说在明代诗坛罕见，就算在唐以后的整个宋元时代，也是不常见的。但是对于唐胄而言，这些诗歌却不过是其西南边疆治军经历的自然记录与反映。明代西南边陲少数族群聚居，纷争不断，政治形势复杂。唐胄54~55岁升广西提学佥事起；56岁任云南按察使副使，治军平定土酋叛乱、盗患，抚平地方武装争斗；57岁改任本省提学副使，升云南右参政，户部右布政使；62岁升广西左布政使，在任上缉盗，招抚匪叛，节约军支，上疏止宗室补禄，不随王府庆贺，不行王府叩拜礼，节制客兵暴行，敢作敢为；63岁升督察院右副都御史，提督南赣汀漳。前后在西南边陲云南任职达近十年之久。唐胄在边陲最重要的工作就是治军和边，击匪维稳，因而养成一种慷慨言武的边塞习气便是再自然不过。对于这种边塞言武心理，唐胄在《普溯》一诗中有曾深入揭示：

去年过西湵，今年来普溯。青山几万里，应笑人能通。人生苦飘泊，何异云从风。霏霏满中庭，倏然西以东。回看辇毂英，白首何从容。岂不自念惜，皇恩谁终穷。风云碛上恶，沙石关塞重。奋激何家为，髀肉嗟重生。剑未血郅支，老骥终槽腾。平生报主志，岂在金印封。苍生何时宁，白发日夜生。勉旃复勉旃，无愧桑与蓬。

其中"风云碛上恶，沙石关塞重"的恶劣自然环境，"奋激何家为""老骥终槽腾"的治边慷慨意志，构成了一幅苍凉悲壮的明代守边治边图画。唐胄的边塞风在海南诗歌乃至明代诗歌中都是非常值得注意的现象。

唐胄的另一个值得注意的地方是其对白玉蟾非常推崇，其风格受白玉蟾影响，偏向豪放一路，但没有白玉蟾的飘逸流畅，而多了一些质朴生新，总体上可名之为生新豪放。这主要体现在其律诗与绝句中。五律中也有写得相对流畅的，如《宴长清张仲宝陈伯孚来访》其二、《次方伯东桥诗》其二：

> 已知话不尽，相见且心宽。世路风烟阔，尊前面目难。缘应无俗结，梦尚未吹残。明月黄花节，东西各据鞍。(《宴长清张仲宝陈伯孚来访》其二)

> 啼鸟惊春去，柴车特地来。固知逢不易，未尽兴空回。海内思安石，阶前舞老莱。自从诗有约，夜夜菊花开。(《次方伯东桥诗》其二)

两首诗均是描写朋友的相聚之情，其中，"世路风烟阔"写昨日的分离，"明月黄花节"写他日的相别，"夜夜菊花开"写彼此的思念之情，都是清新自然的好句子。但这种流畅并非作者的主调，唐胄大多数诗歌写得偏质直，如《逢绍之侄》《鸦小岗》：

> 早发赵家围，问舟彭蠡涯。每怀辄数日，一别不多时。乍起无条语，初沾未醋卮。烟波风色远，鱼鸟看人痴。(《逢绍之侄》)

> 鹏鸟何年去，南溟尚此墟。海腴新拓发，劫远旧灰嘘。水润性从下，坤容德本虚。不须山上泽，已悟画前诗。(《鸦小岗》)

前一首诗记闲居在家与小辈的出游，后一首诗写故乡鸦小岗的风物名胜，皆平铺直叙，既间杂虚想，也是语多朴素。其质直之外，过分雕琢处，还常常因炼字而显出一种生硬的风气，如《哭黄处士东皋惟坚》：

> 心安随处隐，何必鹿门深。马瘦囊诗骨，榕清生客阴。曾携巢谷杖，不见披裘金。惟有东皋卷，灵魂不了寻。

这首诗歌借惜友写"国无道，则可卷而怀之"的隐居之情，诗歌一连借用了汉庞德公、唐李贺、宋巢谷、唐李白、唐王绩五个典故，来描述朋友怀才不遇而不得已隐居的内心痛苦，但是诗歌的第四句"榕清生客阴"与末句"灵魂不了寻"炼句过甚，都显得比较生新费解。唐胄的七律在风格上则相对豪放一些，其中也有较流畅的，如《闲中漫兴二首》其二与《新春咏》：

> 静里风情觉道真，天空海阔尽宜人。云闲不厌交庭影，风懒无心扫径尘。万里宦游鸿爪印，两年旧识燕归前。鹿车未遂梅花路，慰得

高邻载酒频。(《闲中漫兴二首》其二)

  太平触处麦连歧,吹鬓东风又此期。深喜轮台丹诏早,不妨渭水钓竿迟。漏梅泄柳窥天意,问舍求田敢自遗。把镜朝来还独笑,一春花鸟瘦添诗。(《新春咏》)

"两年旧识燕归前""一春花鸟瘦添诗"都是想象奇特、兴致盎然的好句。但更多则因过分锻炼而显得较为生新,如下面三首:

  曲靖欢看候火红,疏帘孤馆自生风。已呼厨急开清圣,可奈天留忆戴公。万里越燕初夜永,几时江海更秋空。想应鲍叔心如月,处处还随照短蓬。(《忆朱南冈少参》)

  海味江茅漫策勋,污邪霜冷晚收云。酥螯破玉津先溢,膏腹开金酒自醺。韭瓮久能酸措大,糕盘空自饱将军。从今甘附平南癖,郡柄何妨与判分。(《谢陈秉钧送腌蟹诗》)

  万艇渔灯半晦明,稀微海角晓云轻。山连北固青迎眼,水激中泠白拂旌。尽望潮涛烟鸟影,终宵风雨蒻蓬声。茫茫天堑分南北,不尽行人今古情。(《瓜州阻风》)

其中,固然有"想应鲍叔心如月""污邪霜冷晚收云""终宵风雨蒻蓬声"等流畅的好句,但也确实有"万里越燕初夜永,几时江海更秋空""韭瓮久能酸措大""水激中泠白拂旌"等似通非通的句子。再如《和少参陈龙山佥宪张白山游冰井寺诗》:

  冰井消尘尽日清,山林灯火映星明。乾坤寤我三生梦,烟月添人一种情。杯付江湖思旧侣,诗愁鱼鸟结新盟。白山节钺龙山印,管到风花次第生。

末句"管到风花次第生"要表达什么意思是很难说的。唐胄的七绝更质朴奇特一些,其中较流畅可读的是《包茅山》与《果化州》:

  三脊不供谁缩酒,六千地总付秦黔。青茅常共荆州在,罪与齐桓数到今。(《包茅山》)

  花引醒眸鸟叫愁,荒夷岁晚亦寄游。黄茅紫磴疑无路,一抹烟开

果化州。(《果化州》)

《包茅山》巧妙运用典故描写包茅山的荒蛮，《果化州》则描写了西南边陲果化州的奇景，两诗皆为写景之作，且描写的对象在中原是不容易见到的。总的来看，唐胄的诗歌在用词造句上颇费功力，其诗歌多有一些清新可读的句子，如"兀坐方呼酒，诗筒忽到门"(《次方伯东桥诗》其一)，"淡云清晓寨，细草绿春洲"(《余自南赣赴抚山东陈都宪原习来代以年谊之厚操舟送至储潭席间赋诗见赠步韵酬之》)，"鸟俯落云迟"(《送索岭》)，"碧鸡金马看人淡，白鹤瑶琴伴意长"(《闲中漫兴二首》其一)，"画舫万笼燕与魏，青林千顷鹿和狮"(《衢州石塘橘》)等，但可惜多乏完篇。

唐胄还有一篇反映海南万州贡藤制度的叙事长诗《藤作》，诗歌描写贡藤女的悲惨生活，反省贡朝制度的弊病，控诉贡藤制度的不合理，希望引起朝廷的注意，在文献上既具有相当价值，又复摹写细腻，叙述婉转，悲愤之情与同情之心溢于言表，于艺术上亦具有相当的特点。兹将其诗与序俱录如下：

《隋书》昌化县注："藤山，唐振州，贡藤盘禾，闻为害。"万州藤作名天下，始于近代，官役劳及妇人，连年不得休息。正德初，有王氏女，尤妙手工，官派多且细，过限，父累被责，女伤怨，遂雉经。

剑门藤丝如发细，纤巧争先出新意。万安土瘠民多贫，家家藉业为生计。纤纤闺指称绝奇，牡丹荏染凤交嬉。官工家派多精致，细迟过限参遭笞。十八嫁裙无一幅，朝朝暮暮劳官役。岂知生业反为魔，遂甘自尽家难息。满城感泣增悲恫，祸州尤物何时穷。英灵胡不上诉帝，条蔓枯尽山为童。九州厥贡古来有，筐荐随方那敢后。交州荔支建州茶，惊尘溅血民始咎。珠崖地在大海中，汉因玳瑁始开通。未几祸起广幅布，东都复县伏波功。永平滥觞儋耳贡，后启缤纷非土任。瑁官珠殿尤苦刘，紫贝鼍皮聊缓宋。惟我祖宗怜远土，两朝优诏特矜楚。公使踰法许具闻，气焰权奸犹敛阻。后至先皇弘治初，大禁贡献民熙和。振儋金香罢唐例，南宁银姜无宋科。民赖优游三十载，肇此厉阶谁复再。公贿私贡恐已迟，谁体圣心存海外。妻号儿哭无朝夕，催吏那知更下石。谁能临武叫天阊，守有徐方留郡迹。君不见女苦吉贝男苦薹，停车请免崔相公。前朝旧事数百载，至今青史扬清风。福星监司贤太守，民殃至是公知否。（《藤作》）

总的来看，作为海南最著名的史学家之一，唐胄在诗歌上并不算杰出，其诗歌数量不多，质量也与同时期海南籍大诗人有相当的差距，与其史学上的成就也不能相提并论。但是唐胄边塞风格的古诗，其生新豪放的风格，有一定的独创性，在海南诗歌中算得上独树一帜。另外，值得注意的是，唐胄一生对诗歌非常推崇，他在正德《琼台志》这部著名的地方志著作中，大量引用了前人特别是时人的诗歌来说明当时海南经济、政治、地理、文化、教育等各方面的情况，这在此前此后的历史著作中是不多见的。这既反映了明代海南文化某种普遍的新特点，也反映了唐胄本人的诗歌情结，即所谓"自从诗有约，夜夜菊花开"的乐诗情结。作为传统的知识分子，唐胄不以诗著称却深爱诗歌，他对诗歌的运用，他的诗歌观念，他那些并非十分流畅却独具风味的诗作，对于今天的我们而言，也仍然是一面很好的镜子。

（责任编辑：孙瑜）

论唐胄诗歌的"别样"情怀

常如瑜[*]

谈起唐胄（1471～1539），后人大多冠之以耿直忠诚、刚正不阿等品质，一些正史或传记中也多赞其耿介，如"耿介孝友、一时之冠"《西州侍郎像赞》[①]、"胄耿介孝友，好学多著述"（《明史》）[②]等。他的政治生涯也足以印证这些评价，唐胄曾数次被贬，或因权贵当道被逼去职，或因直言上疏入狱，却宁折不弯，既不谄媚流俗，亦不与权臣为伍，甚至不向帝王俯首。

在其波折多难的政治生涯和厚重的史学研究之外，唐胄还留存了一定数量的诗歌。从内容来看，这些诗歌并不都是以政治愿景或记述历史事件为主题，而是以记述私人生活和人生体验为主，很多作品表现了他在耿直之外的另一种品格——寄情山水的洒脱与回归田园的闲逸。

具体到《传芳集》来看，唐胄现存诗歌数量并不多，大概40多首，其中古诗10篇，格律诗30多篇，五言、七言均有。在内容上，一小部分诗篇表达了唐胄对社会政治的看法，如《藤作（并序）》一诗批评了地方政府对海南万安当地民众的过度掠取；一大部分诗篇则以写景抒情

---

[*] 常如瑜，海南大学人文传播学院。
[①] （明）唐胄：《传芳集》，刘美新点校，载周伟民主编《湄丘集等六种》，海南出版社，2006，第218页。
[②] （明）唐胄：《传芳集》，第219页。

为主，重在描绘他对自然山水的向往之情，全然不同于一般士人所写的政治讽喻诗。

一 乡土情怀

唐胄大约生活在明代成化至嘉庆年间，其间经历成化（1465~1487）、弘治（1488~1505）、正德（1506~1521）以及嘉靖（1522~1566）四朝。他主要任职于弘治、正德和嘉靖三代，前后多次罢官。尤其是正德时期，他借侍奉母亲的名义辞官返乡，在家闲居竟至20年之久。直到1522年，嘉靖做了皇帝之后，他才再次复职被授官。

在这20年中，虽然他编著了《琼台志》（后称正德《琼台志》）——这本重要的历史著作至今仍然为明代海南研究提供重要参考，但是，对于一个30多岁、正值人生巅峰的政治家而言，还乡这一选择几乎断送了他的前程。这20年的返乡经历就像是一段传奇，是唐胄人生中最值得探讨的一段重要经历。

即便是在政治劲敌已经被摧垮、仕途一片光明的时候，他仍然选择了隐居于家、避世修史，通过史传资料恐怕很难解释这些行为。但是，他却将真实的想法隐藏在诗歌中，通过理解这些诗歌便可以很好地解释他能够忍受这20年的寂寞，独善其身的缘由。

在乡土情怀的表达上，唐胄喜欢以怀念父母家人的方式来呈现怀乡之意。在一些诗歌中，他明写孝悌之意，实则暗喻思乡之情。例如，在一首赞美他人的诗中，唐胄借机表达了自己内心真实所想。

> 南安赵别驾璧以父母俱上寿，同以十一月七日为生辰，绘上寿杯图驰献，予同年太守李彦文属予作诗美之
>
> 八秩齐眉健，人间盛事稀。
> 一阳开七日，初度庆双依。
> 情极传佳绘，天长恨远飞。
> 瑶池今岁会，只把梦魂归。[①]

[①]（明）唐胄：《传芳集》，第193页。

唐胄曾以母亲年迈为由辞官还乡，从他后来的身世和当时的政治环境来看，他做出这样的选择是有深层原因的。一方面是为了避祸，尤其是在正德年间，唐胄目睹官场昏聩，为求自保便以回乡照顾母亲为由辞去官职。在此之前，他在初入仕途时便因父亲亡故回家守孝。王弘海曾在《通议大夫户部左侍郎赠督察院右都御史西州唐公神道碑》这篇祭文中赞唐胄"天性至孝"①，认为他是一个难得的孝子。实际上，唐胄为母亲尽孝只是他辞官的一个原因，并不是主要的原因，更重要的还是政治上的担忧。

　　另一方面是乡土情结的影响，这也是很重要的方面。唐胄虽然受到儒家正统的影响，背负治国、平天下的责任，但是，他并没有贪恋官位，而能够保持洒脱的情怀，淡泊名利。唐胄先后在广西、云南以及山东等多地为官，无论是在初出茅庐之时，还是在年过不惑之后，都不曾为官爵所困。唐胄并不像大多数官员那样对官位恋恋不舍，他对社会的政治形势有比较清晰的认识，即使在嘉靖时期，他再次得到重用，也并没有被所谓的"皇恩"困惑，往往直言进谏，也并不担心因此丢官罢职，他并不介怀为官。他的内心深处有比较浓郁的乡土情结，只是因为在其位而不得不谋其政，如果可以选择，他显然更愿意魂归乡野，而不是落于尘网之中。"瑶池今岁会，只把梦魂归"这样的诗句恰恰表达出唐胄本人对家乡的情意，以他人自况，其中既包括对家人的眷顾，更体现了他的乡土情结。在做官与归隐之间，他更愿意沉醉于乡土之间。

　　还有一些诗歌则直接抒写了唐胄的乡土情怀，并且暗含洞彻世事的智慧，如《鸦小岗》一诗就表现出耿直之外的情愫。

<blockquote>
鹏鸟何年去，南溟尚此墟。
海胰新拓发，劫远旧灰嘘。
水润性从下，坤容德本虚。
不须山上泽，已悟画前书。②
</blockquote>

---

① （明）唐胄：《传芳集》，第224页。
② （明）唐胄：《传芳集》，第194页。

这首诗所写的鸦小岗如今即海南永兴镇的鸦卜洞，仅是一火山形成的山洞。唐胄在诗中既表达了对家乡山野景观的兴趣，更是借此反思人生与社会。从他的个人经历来看，他对人世变换保持着较清醒的认识，虽然他在政治上多有挫败，但是他并不因此改变自己的初心，而是始终保持着内在的执着与从容，当他在政治上遭遇不公时，能够很好地维持内心的平衡。

依照史传的记载，唐胄在性格和行事作风上都是一个典型儒家传统文人，在朝直言上疏，在地方则励精图治、造化百姓，而从他的诗歌来看，在儒家正统忠君、为民思想之外，他还具有另一种品格特征，即道家的思想。尤其是在面对自然风物时，他更是表现出道家顺应自然的精神追求，在经历诸多波折之后，他对人生的认识已格外深邃，几乎达到参悟人生的境界。这一思想境界在他的传记中是很难看到的，反而在他的诗歌中可以找到很多证据。

总之，从诗文来看，唐胄的性格是复杂的，在耿介刚正之外，他还保持着另一种精神气度，即乡土情怀基础上的潇洒从容。这也能够解释缘何他在面对政治抉择时总是做出"错误"的选择，以至于断送自己的前程。他为自己留了一条"后路"，因此可以在离开官场后仍旧保持恬淡的心态，甚至达到从心所欲的理想状态。这既是一种"别样"的品质，更是一种人生的智慧，结合其诗歌，似乎可以勾勒出一个比史传中更为复杂的历史人物。

二　寄情山水时的洒脱

从晚年的人生经历来看，唐胄为官长达十余年，从西南到山东，走遍大江南北，人生阅历十分丰富，诗歌眼界也较为宽广。在他的诗歌中，一些描绘山川景象的诗歌极富驰骋洒脱之情，这在很大程度上反映了他本人的性情。

例如，在唐胄的诗歌里有很多关于云南的诗篇，他曾任职于云南、广西等西南地区，对当地风土人情和政治状况有比较深入的了解。而唐胄在这些诗篇中却描绘了社会政治观念以外的其他情愫。在《关索岭》一诗中，他借云南当地的自然景象展示了潇洒气度。

> 万里滇南道，驱驰当此危。
> 榆瞻栽汉近，鸟俯落云迟。
> 自怪乘风疾，旁惊叱驭痴。
> 嗟来还独笑，莫遣鬈毛知。①

从唐胄的经历来看，他任职云南时已年过半百，嘉靖即位后他才再次得到重用。只不过这时的唐胄已经阅历人间繁华，他经历过被排挤的辛酸，也目睹过官场的黑暗，在家乡潜心著书20年后，他的品性中除了坚守耿介的品质以外，还多了几分从容和旷达。

在任职云南时期，唐胄写了很多诗歌——在云南任职占据了唐胄为官生涯的大部分时间，关于云南的诗歌也占据了唐胄诗文的很大一部分篇章。这些诗歌不乏对云南风土和景致的描绘，尤其是对一些秀丽山川的关注。例如，在《题同年戴宪长苍山赋别卷》中，就有很多描绘云南山水的佳句。

> 滇东一望无烟烽，鲁溪（戴号）镇节歌儿童。一帘如水溦底冽，百炼似铁空炉红。闻道点苍西特起，灵飘秀枝耸海宇。策马不惮骋十里，云蒸石骨干窍奇。雪积朱炎万野洗，坚不磷兮自不淳。地为河岳人之理，天涯相伴真尔汝。朝摘山巅天上星，暮濯山麓海之洱。景高足称两止止，凌虚气岸实相倚。忽来山势高巃嵷，凭高亦任云荡胸。八荒四海来双瞳，烟消云散清太空。作文赠者谁宗工？文气清劲山争雄。石纹耿耿雪荧荧，读之海内惊高风。天书忽报来九重，滇泯怃驾离匆匆。食祝不用图翁容，日日见山如见翁。②

从内容来看，该诗应是一首题画诗，画的内容则是以描绘云南山水景观为主。唐胄借画赋诗，既赞作者之才华，又表达出寄情山水的热切。唐胄在云南有很多政绩，尤其是在教育等方面，他要求当地士绅土酋及其子弟入学，以实现中原正统文化对边远地区的归化，这在一定程度上

---

① （明）唐胄：《传芳集》，第192页。
② （明）唐胄：《传芳集》，第189页。

提升了当地人们的文化水平,并使他们在文化上臣服于中原王朝,促进了地方的长治久安。但是,他的注意力似乎并不完全在政事上,反而写了很多有关当地山水风貌的诗,而且都是长篇古诗。可见,唐胄在其仕途之外仍保持着一颗"赤子"之心,面对自然山水时总能够表现出某种洒脱情怀。

在《送范金宪西巡洱海》一诗中,唐胄借送别情怀表达了他在云南的某种秘而不宣的情愫:

> 秋霜艳菊春肥芝,我将归歌江海湄。寒梅引风吹岁暮,今君别吾将何之。相望万里得一见,闲愁洗向天之涯。所见英雄大抵合,盛名清世谁能虚。清风几夜生榻外,残编十载嗟灯余。水天瘴海环岳渎,太微张翼朝辰枢。溺饥天不生禹稷,苍生百万皆虫鱼。况今昌期值五百,瞳已重目彩生眉。精华四海功梦卜,迸空泣血还谁欷。生平所学欲何用,安敢糟粕轻轲尼。骊驹明朝驾何处,碧鸡节使临清漪。有怀万斛那能吐,百壶未尽黄金卮。踢翻太华作垒䴀,离杯倒尽昆明池。紫芝眉宇见在眼,那知地下纷卧伊。济川天边既有楫,洗耳山畔亦无溪。由来或去或不去,青山一笑休相疑。①

唐胄早年因刘瑾等的排挤,被迫离开官场,在家赋闲几十年,曾经的进士刚入世即遭此难,难免有失落情绪,但对唐胄而言,这却是一次重新审视人生的机会。在复出之后,他的行事作风虽然并没有因经历挫折有所转变,仍然以济世救民为宗旨,但是在从政之外,更多地流露出某种隐匿于内心的情感。在描绘云南景象的诗文中,他开始表达一些超脱于凡尘俗世的愿望,"由来或去或不去,青山一笑休相疑"一句更是将人生困境化于无形。

中国传统文人对自然山水有着别样的热切,无论是处在蒸蒸日上的阶段还是陷在低谷时期,都能表现得乐观洒脱,唐胄对山水的情感也符合这一特征。唐胄虽然历经坎坷,但是并没有在诗文中表现出悲愤或不满的情绪来,甚至没有一丝消沉,反而以超然物外的姿态来消解失落,通过寄情山水来排遣内心的压抑。在群山之间,他甚至达到忘我的境界,最终实现

---

① (明)唐胄:《传芳集》,第 189~190 页。

对人生磨砺的超越。

总之，唐胄在云南前后度过十余年，这段经历占据了他官宦生涯的一多半时间，他对云南有比较深的体会和感受，云南的山川几乎成为他所有诗文中自然景观的主角，这些自然山水的背后流露出的洒脱情怀则是对其一生曲折生涯的写照。唐胄之所以敢于对朝廷的政策提出非议，在一定程度上也同他的洒脱情怀有关。他在知天命的年纪才受重用，对人生已经有了比较深的领悟，并不在意官爵利禄，正因如此，他才能直言不讳，既不怕得罪朝廷，更不怕丢官罢职，在他耿介品格的背后有更深一层的情怀。

三　田园景观下的闲逸

陶渊明式的闲逸情怀始终是中国传统文人的理想之一，这一情感几乎成了历代文人"治国、平天下"思想之外最重要的精神支柱。唐胄亦不例外，无论是在官场中被排挤，还是因耿直而被贬逐，都不能阻止他对田园生活特殊的憧憬和亲近。

在唐胄的诗集中，记述乡村田园生活的诗篇占据不少的篇幅。无论是任职期间还是在家赋闲时期，他都对乡间田园有着极大的兴趣。在还乡的20年间，田园生活成了他生活的主要内容，这段生活对他此后的人生经历产生了极大的影响，甚至决定了他对官宦生涯的看法。在这一时期，他不仅沉醉于乡村的美景之中，而且在乡村生活中体验到了官场中不可多得的闲逸之情。

从唐胄的诗文来看，田园情怀贯穿其一生，即使在云南等地任职期间，他也不忘赴乡间探寻骋怀。例如，在名为《闲中漫兴》的组诗中，唐胄便描绘了云南乡村生活的惬意与舒心。

> 迢递川原瘦早霜，菊黄槐绿送秋忙。
> 碧鸡金马看人淡，白鹤瑶琴伴意长。
> 敢忘恩波天与阔，自伤痴拙老添狂。
> 朔风也重衾安卧，夜夜追寻到枕凉。
>
> 静里风情觉道真，天空海阔尽宜人。

> 云闲不厌交庭影，风懒无心扫径尘。
> 万里宦游鸿爪印，两年旧识燕归前。
> 鹿车未遂梅花路，慰得高邻载酒频。①

在知天命的年纪重新任职，对于唐胄而言并不是一件幸事，相反，却阻断了他的乡村生活，但是，他并没有因此转变寻归自然的愿望。在这两首诗中，他不介意自己的老迈，反而对乡间生活表达了浓郁的热情。所谓功名利禄于他而言还不如对菊浅酌来得痛快，无论在何时何处，他都并不以官宦生涯为意，视其如云淡风轻。

在《新春咏》一诗中，唐胄更是写出了孟浩然式的田园风情。

> 太平触处麦连歧，吹鬓东风又此期。
> 深喜轮台丹诏早，不妨渭水钓竿迟。
> 漏梅泄柳窥天意，问舍求田敢自遗。
> 把镜朝来还独笑，一春花鸟瘦添诗。②

中国传统文人在进入仕途之后即无选择的自由，他必须要听凭朝廷的调度，无论是到江南富庶之地高就，还是到偏远地区为官，都必须心悦诚服地接受。同中原相比，云南显然是比较偏远的，在这样偏远的地方仍旧能够保持平和、洒脱的心境是极为困难的，田园生活刚好为唐胄实现内心的平衡提供了绝佳去处。

但是，唐胄的田园生活并不如陶渊明那样恬静，在闲逸之外，仍有一些复杂的情感。例如，在《红鸡冠花》这首诗里，唐胄将红鸡冠花同菊花、梅花相比，同其他描绘田园生活的诗相比，这首诗在田园生活之外平添一笔浓愁。

> 花名不解作花妍，花似鸡冠像可怜。
> 文帻偏妆丹点蜜，斗鍪再接血痕鲜。
> 甘陪菊淡阶梅瘦，不惹蜂狂与蝶颠。
> 岁晚朱颜谁更在，寒盟如此共年年。③

---

① （明）唐胄：《传芳集》，第 194~195 页。
② （明）唐胄：《传芳集》，第 195 页。
③ （明）唐胄：《传芳集》，第 194~195 页。

菊花和梅花同是历代文人争相吟咏的对象，而鸡冠花则鲜有人问津。但是，鸡冠花也拥有同菊花与梅花一样的品格。唐胄将鸡冠花这一田园景象拿来自况，其中既有说不出的甘苦，亦具某种特立独行的精神。唐胄在这些诗歌里灌注了他对自身理想的追求，以及对仕宦生涯的理解。于他而言，田园生活似更符合他理想的生活状态，亦是其精神追求所在。

总之，回归田园可能并非唐胄的本意，但是在经历世事之后，他对政治和社会问题有了比较深刻的认识，在唐胄辅佐的三任皇帝中，嘉靖算是最为重用他的，但是在直言进谏之后仍被免职，他更对朝政失去信心。唐胄的诗文符合中国传统士人在仕途遭遇坎坷时置身事外、不问政事、醉心乡土的人生选择。从儒家与道家精神分野来看，唐胄在其诗歌里隐匿着一些同儒家正统治世观念有所区别的观念，唐胄诗文中的品格和思想似乎更符合道家的精神旨趣。

小　结

唐胄是儒家传统士人的践行者，当他在政治上有所作为时，秉持儒家"达则兼济天下"的使命，无论是在中央还是在地方，都能做到殚精竭虑、励精图治；在他不得志时，则表现出"穷则独善其身"的涵养，转而投身自然山水之间，在他的诗歌中隐匿着截然不同的别样品格。

唐胄的一生可谓时代之镜，正如王国宪所说："盛世荣直臣，放归隐躬耕。余事为诗歌，遣兴写性情。"（《敬题唐西洲公三父子诗集》）[①] 从唐胄的生平而言，这句评价并不十分准确，明代至嘉靖一代算不上是"盛世"，唐胄的政治生涯也比较曲折，他最终得以放归躬耕实出于无奈，唐胄被解职表明政治的昏聩。而遣兴诗歌这一评价却比较贴切，因为这正是唐胄的真实性情。

如果从唐胄一生的际遇来解读他的诗歌，某些描写自然景观的诗篇背后也蕴藏着他对时政的不满，抑或是表达了他对个人政治生涯的哀叹，他在赋诗时虽然尽可能避开这些问题，也难免会流露出某种遗憾。从唐胄诗歌创作的历史背景来说，封建专制时代对文人的监控一般是比较严密的，

---

① （明）唐胄：《传芳集》，第225页。

即使在个人的诗歌中，也很难表达内心真实所想。而且，对于这样一个能认清形势、急流勇退的成熟官员而言，在诗歌创作时必定会做周全的考虑，以免给自己带来灾祸。

因此，唐胄的诗歌无论在抒写政治观念方面，还是在表达情感上都是比较有分寸的，他很少表露出某种激烈的情感，或表达一些激进的看法。洒脱与闲逸等表现手法便顺理成章地成为唐胄疏解内心情愫的主要方式，在这些诗歌中，唐胄似乎全然忘却个人的荣辱得失。从这个角度来说，唐胄的诗歌更多地反映了他的处世智慧以及超脱的精神追求和醉心田园的自然情怀。

（责任编辑：佟英磊）

唐胄诗歌对儒家"仁"思想的诠释

吴超华[*]

明代的海南英杰辈出，唐胄就是琼崖为数不多的璀璨明珠之一。屈大均在《广东新语》中曾感叹："广于天下为远藩，仕籍华秩已少，况琼于广又边郡乎。成化二年秋，进薛公远户部尚书，邢公宥都御使，丘公濬翰林学士，皆在一月。岁天下望郡亦希觏，询海外衣冠盛事也！"《明史·唐胄传》卷203为唐胄立传，盛赞"胄耿介孝友，好学多著述，立朝有执持，为岭南人士之冠。"

唐胄，字平侯，号西洲，琼山县人。祖上皆书香门第之家。明王弘海在《唐公神道碑》中记载："祖寿生逊，本州学训。逊生乾昪，太学生。乾昪生正，处士。太学生、处士则公之王父、父也。"唐胄从小便接受正统儒学熏陶，博览儒家经典，明孝宗弘治十一年，28岁的唐胄中举得"礼经魁"，获乡试第二名。32岁中进士得礼经魁，授户部广西司主事。因丁父在家守制未赴任，在《送范金宪西巡洱海》一诗中唐胄曾以"生平所学欲何用，安敢糟粕轻轲尼"明志，但是期满后时值宦官刘瑾擅权，唐胄不愿出世。儒家学说中也有"行""藏"之说，所谓"沧浪之水清兮，可以濯吾缨；沧浪之水浊兮，可以濯吾足"，"达则兼济，穷则独善"。明武宗正德七年，刘瑾遭诛后42岁的唐胄应召起用，却以母老乞终养，辞官归故

---

[*] 吴超华，海南热带海洋学院。

里。当了 20 年的白衣进士后，明世宗嘉靖元年，52 岁的唐胄正式步入仕途。之后的 17 年中，经历了 11 次升迁，官至户部左侍郎，25 年后追谥封荫。纵观唐胄这一生，服膺儒家，奉儒家经典为圭臬，其立身处世，接人待物无不以儒家的思想为典范。唐胄的著述颇丰，无一不贯穿着儒家思想。在诗文集《传芳集》中，"文以载道""托物言志"的儒家文学思想使得唐胄诗文充实饱满，折射出创作者的主体精神，即唐胄作为一名儒生对儒家思想内核"仁"的外在演绎和表达。唐胄一生中的重要选择和取得的成就无不在诠释着"仁"的具体含义，斯人已去，在其留给后人的诗文中也形成了自己诗化的"仁学"思想。

一　从"亲亲"到"推己及人"的仁爱之心

"仁"是孔子关于人的学说中最重要的概念，孔子的学生樊迟问什么是"仁"，孔子回答说："爱人"，这是儒家处理人际关系的最高原则。《中庸》引孔子的话："仁者，人也，亲亲为大。"这里的"亲亲"指的是爱父母，爱人必须由爱自己的父母开始。《论语·学而》进一步阐释："弟子，入则孝，出则悌，谨而信"，"爱人"的第一步从纵向上看要做到"亲亲"即爱父母，从横向上看要做到"孝悌"即爱兄弟。王弘诲《唐公神道碑》载："公天性至孝，事处士公敬养备至。疏归侍养时，会陈淑人有疾，公手调药，朝夕不解带。舍傍忽产麻菰，取以供母，人以为孝感。"唐胄一生中能驰骋官场的最好年华都用来为父亲守丧，为母亲尽孝，孔子曾说："父母在，不远游，游必有方。"唐胄为尽孝道当了 20 年白衣进士，正如《孟子·离娄上》所说："事，孰为大？事亲为大……事亲，事之本也。"儒家的"爱"不是狭义的"亲亲"，而是"人不独亲其亲，不独子其子。使老有所终，壮有所用，幼有所长"。这是推己及人，由亲及疏，由近及远，由家庭到社会，从而达到"泛爱众，而亲仁"的普遍的爱。唐胄的诗歌中对友人孝道极尽赞美，对友人父母长寿极尽讴歌。《送蒋郎中南使便归全州省祖母》一诗中蒋郎中将回乡归省祖母，诗人赞扬他此举为敬老之美德，"前年少子贵，霞帔驰皇封。今年长孙归，负弩惊村翁"。蒋氏父子受皇帝器重，官场得意，却不忘回乡对长辈尽孝道，下层官吏夹道迎接，真是衣锦还乡，光耀门楣。"淑履本大笃，阅世真青松。灵筹纪鲐背,绿玉遗鸠筇",唐胄歌颂祖母美好的品行,如青松般的长寿,并为老人家添寿祈福。《赠许节妇》写一位守节的许氏老妇,"桑榆头白迈,门祚口黄痴",这个老妇已近垂老之年,口齿不清,令唐胄顿生怜悯,"人心真不死,世道自纲维","得慰而今后,天怜圣主知",诗人呼吁世人能对其救济,使得老妇人无后顾之忧。唐胄关心民生,胸怀博大,对陌生老妇人流露出的体恤之情正是儒者"仁心"之表现。

二 "爱民"的仁政

儒家的理想目标是维护和谐的社会秩序,最终实现大同世界的理想,实现"家国同构"的社会结构,不仅在家庭,在政治上也要实行"仁政",即所谓"亲亲而仁民,仁民而爱物"。孟子在孔子德治、礼治思想的基础上,又提出了"民为贵,社稷次之,君为轻"的理念,将人民的地位提高,要求统治者能以"仁"治人,"仁政"思想首先表现在爱民上。唐胄晚年步入仕途,在下层生活中的历练,使得他了解人民生活艰辛,他敢于揭露腐朽的政治现象。明世宗嘉靖元年,唐胄应召入京,授户部河南司主事,唐公刚进官场,就为民请命,向明世宗疏请停遣宦官监督苏杭织造局,言辞恳切,令在朝官员为之侧目。

唐代中后期,反映社会现实和阶级矛盾的乐府体裁诗歌流行,以元稹、白居易为代表元白诗派诗人强调要继承儒家诗教传统,以诗歌干预现实,为政治服务,元白诗派创作的讽喻诗深刻揭露社会黑暗。士大夫深谙底层百姓辛苦,为了充分发挥政治讽谏的作用,除了描述事件的始末还要卒章显志。唐胄名篇七言叙事诗《藤作并序》中对"藤贡殃民"这一历史事实所进行的揭露和批判,正是继承了元白乐府诗歌的叙事批判传统。诗歌开篇写道:"剑门藤丝如发细,纤巧争先出新意。万安土瘠民多贫,家家藉业为生计。纤纤闺指称绝奇,牡丹茬染凤交嬉。官工家派多精致,细迟过限爹遭笞。十八嫁裙无一幅,朝朝暮暮劳官役。岂知生业反为魔,遂甘自尽家难息。满城感泣增悲悯,祸州尤物何时穷。"诗歌先叙述事件的源起,为满足统治者奢侈享乐,海南岛的昌江、万宁等地藤丝女工日夜赶工,其中有位王姓姑娘,因不能按时纳贡,遭父亲鞭笞,不堪受辱的姑娘自缢身亡。对此人间惨剧,唐胄发出"英灵胡不上诉帝,条蔓枯尽山为童"的愤慨，诗人并未戛然而止，他目光如炬，由此联想到朝贡的历史根源，汉唐时期交州的荔枝、福州的名茶、珠崖的玳瑁皆给百姓带来"惊尘溅血"的灾难。历史是一面镜子，诗歌由历史的悲剧再到关照当朝统治者应革除进贡的时弊，诗人忧虑民生疾苦为民大声疾呼，"前朝旧事数百载，至今青史扬清风。福星监司贤太守，民瘼至是公知否"。唐胄不畏当朝权贵，直言相谏，其拳拳爱民之心令人动容。

唐胄的爱民还体现在他对不义战争给百姓造成的伤亡的哀痛和批判。《哀百姓》这首诗写南宋末年，大陆沦陷后，琼管安抚使赵与珞率领琼山军民英勇抗击元兵，死守白沙，兵败后，三千军民全部战死，赵与珞被俘虏后壮烈殉国。对于赵与珞被裂杀惨死，唐胄心不能平，他认为："宋室守臣死节虽多，岂有后于与珞者哉？然以远土孤臣，史氏不为立传，续纲目者，不为大书，可惜也夫！"唐胄对赵与珞的气节十分佩服，然而他更为感慨的是与赵与珞同心抗敌、至死不屈的海南百姓，这些人不食官禄，面对国家存亡能赴死抵抗，这是何等壮烈。唐胄虽奏请为赵与珞树碑立传，其实也是为表彰战死百姓，让后人能记住这些民族英雄。"忠魂几许随波恨，孤旅三千特地投。那道深仁炎赵录，无端气脉向兹收。"虽然历史的大洪流不可逆转，那三千忠魂葬身于残酷的战争中却不得不让人唏嘘感慨。

三 "仁乐"的人生境界

孔子"仁"的儒学核心思想纲领所要达到的目标是"成己"，即通过"修身"达到圣贤之人的境界，以及"成物"即维护社会秩序达到"平天下"，其中"修身"是"平天下"的基本前提，《礼记·大学》讲道："自天子以至于庶人，壹是皆以修身为本"，要想达到"齐家治国平天下"的目标，就必须要修养好自身的品德。而"格物致知""诚意正心"又是"修身"的根本所在，"诚意"是不自欺，能做到慎独，"正心"是祛除偏执的感情和分心不专注的羁绊，在此过程中要处理好主观与客观世界，即天人关系，并认知宇宙事物，使主观目的符合宇宙运行规律，从而达到主体精神与宇宙本体合一的道德境界和审美境界。这是历代文人孜孜以求的最高境界，具体落实到士大夫生活中即达到宋代理学家所推崇的"孔颜乐处"的精神状态。《论语·述而》载：子曰："饭疏食，饮水，曲肱而枕之，乐亦在其中矣。不义而富且贵，于我如浮云。"《论语·雍也》载：孔子说："贤哉，回也！一箪食，一瓢饮，在陋巷。人不堪其忧，回也不改其乐。贤哉，回也！"孔子与弟子颜回虽处陋室，饭疏食，却能安贫乐道，追求精神富足而感到快乐，这"乐"是心灵自由的一种特征，是摆脱了对声色货利的占有欲和自我的局限性，而达到超限制、牵挂、束缚的，精神上的解放。

唐胄一生中有一半时间赋闲在琼崖，其间他创建"西洲书院"，为诸学校做儒学记，对明代海南的文化教育发展以及英才培养倾尽心血。唐胄作为白衣进士20年，不贪恋功名利禄，不纵欲享乐，兢兢业业为家乡文教事业贡献；在朝期间，为政清廉，生活简朴，《唐公神道碑》记载"己丑，表贺如京，诸郡邑例馈夫廪，皆却不受。既至，见京贵，一无所遗"。唐胄不接受属下按惯例给予的馈赠，也不以物贿赂权贵。一身正气，两袖清风。书中又载"素性俭，衣履不择敝好，处滇中数年，珍宝之物一无所携，所至解任之日，廨中恭帐器皿，悉署籍以俟来者"。综观世间多少豪杰为物所役，最后落得个身败名裂。唐胄的淡泊正是他时刻秉承着士大夫"修身"的执着信念达到的至高境界。在《送周清溪先生福州司训》一诗中写道："广文官冷未为贫，木铎声高道自尊。二载烟尘辞九陌，一襟风月占三山。久甘苜蓿寒牙嚼，肯厌虫鱼白首刚。济济英才星斗望，古风远矣看追还。"唐胄的好友周清溪将前往福州任司训学官，因掌教职务是个贫职苦差，唐胄特地作诗一首勉励他。唐胄认为教官职务虽然清贫，但授业解惑自有师道尊严。友人为人胸怀磊落，能安贫乐道，战乱后任职福州，以苜蓿为蔬的日子也会甘之如饴，"虫鱼之学"的枯燥和艰辛会使他的意志精神更加坚强。待来年，培养出如星斗般的济济英才，友人真的把孔孟之道，即传道授业的古老学风拾捡起来。"久甘苜蓿，肯厌虫鱼"不就是对"孔颜乐处"核心内涵的最好诠释吗？晚年的唐胄归隐海南琼山田园之后，生活较为贫困，别说锦衣玉食，就连吃得都不如普通百姓。他的好友陈秉钧给他送来腌好的田蟹，唐胄欣然写下《谢陈秉钧送腌蟹并序》，"酥螯破玉津先溢，膏腹开金酒自醺"，寒微生活中的诗人有时候连菜也吃不上，见到美味的平民食物田蟹不禁诗兴大发。"韭瓮久能酸措大，羔盘空自饱将军"，唐胄自嘲贫寒的读书人为柴米油盐生活所折磨，一扫而空田蟹的场景却又令人笑中带泪。唐胄晚年虽落魄，却不改初衷，在《新春咏》中他写道："漏梅泄柳窥天意，问舍求田敢自遗。把镜朝来还独笑，一春花鸟瘦添诗"，世间人忙碌着给后世子孙置办家产，我呢，却趁着大好的春光添一首新诗，晚年的唐胄并没有被生活拖垮，他仍笑着抖擞精神投入文学创作中去。

唐胄流传下来的诗歌数量不多，仅40首，但是作为一名有着强烈道德感和正义感的政治家，其在文学上自始至终践行着"文章合为时而著，歌诗合为事而作"的诗文创作理念。诗歌从整体上反映了明代的社会现实，表达了诗人的所思所感。诗歌体式多样，反映了诗人敢于尝试，多才多艺。诗歌表现手法多样，记叙文夹叙夹议富有感染力，议论文观点新颖，言语精辟，酬唱赠答、咏物抒怀之作无不因事而作，因情而发。同时唐胄的诗歌善于用典，典故涉及的历史人物无一不是圣贤君子，事典所引用的故事情节无一不是儒家所推崇赞赏的行为。唐胄将儒家"仁"的思想灌注到诗歌的语言和内蕴中，真正做到"文如其人"。而唐胄用诗歌阐释待人之"仁"，治人之"仁"，以及儒家最高境界的"乐"之"仁"，这正为后世悼念唐胄、感念其精神的人提供了"文史互证"的方式。

（责任编辑：胡亮）

满纸高风说到今

邹 严[*]

唐胄,字平侯,号西洲,明代琼山府城人,于弘治十五年(1502)会试夺魁,中进士。《明史》称"胄耿介孝友,好学多著述,立朝有执持,为岭南人士之冠"。

纵观唐胄的一生,其为人,孝顺父母,性情平和;其为学,孜孜不倦,敏而善悟;其为官,清廉耿介,刚直不阿,充分地体现出一位儒者的大家风貌。作为传情、达意、言志的载体,他的诗歌亦是韵致清奇,深刻地传达出他的人生志趣。

一 忧国忧民之情

唐胄在海南当时的政治文化中心琼山县受过良好的教育,这使他得以考中进士,从此走上仕途,历任户部主事、户部员外郎、广西提学佥事、云南按察司兵备副使、云南提学副使、云南右参政、云南右布政使、广西左布政使、山东巡抚、南京户部右侍郎、北京户部右侍郎、北京户部左侍郎等职务。他一生耿介正直,在政坛上多有建树,其忠于社稷,犯颜直谏的态度,堪称名臣典范。在他的诗歌创作中,也有颇多政治上的抒怀,或

---

[*] 邹严,海南大学人文传播学院。

失意或逸兴遣飞，都抒写得淋漓尽致。但朝廷的腐朽堕落又不可避免地和唐胄本人的思想操守有着激烈的碰撞，这种冲突体现在唐胄的诗歌中，就是报效国家的热情和面对腐败现实的无奈所交织而成的情感。

在《赠许节妇》一诗中，唐胄表述了一种忠君的思想，但这只是表面上的，他考虑更多的是社稷黎民。

> 人心真不死，世道自纲维。薄分应偿凤，浮生敢更疑。桑榆头白迈，门祚口黄痴。得慰而今后，天怜圣主知。

这首诗写一位少寡守节的许姓妇女，而今白发苍苍、生活艰辛。诗歌表面上是赞誉节妇许氏坚守封建社会的妇德，实际上暗以节妇自喻，倾诉自己对帝王和社稷的忠诚，是以诗人在最后流露心曲："得慰而今后，天怜圣主知。"字里行间，无不是自诉一腔忠直之情，这是一种中国古代传统士子的爱国之思，言辞恳切，拳拳之心令人动容。

但唐胄所忠于的，又非封建纲常所认定的君王，是以他抗言直谏，冒死上疏，以至于遭受数次迫害。他始终怀着一种忧怀之情，对百姓们的生活投以关注的目光。《藤作》一诗里就充分地反映出他的这种心思。

> 万安土瘠民多贫，家家藉业为生计。
> 君不见女苦吉贝男苦藤，停车请免崔相公。前朝旧事数百载，至今青史扬清风。

从这里可以看出，唐胄对百姓们的处境始终怀着同情之心，这使得他在忠君思想之外，又常常对君主的昏庸抱以指责和不满的态度。

身为秉持儒家思想的知识分子，唐胄拥戴"君君，臣臣，父父，子子"的社会秩序，尽管当时的政治状况十分混乱，皇帝昏庸，奸臣当道，但唐胄始终怀着一种儒家士大夫的理想，时刻关注国家的命运和时局的变化，以身作则践行着儒家的传统伦理道德，对于儒家的"仁"他感悟颇深，为此勇于为百姓而抗声帝王。

但面对腐朽破败的朝廷，唐胄忧心忡忡，却又无力从根源上解决问题，这对于坚守传统士人思想的唐胄而言，无疑是一种精神上的莫大煎熬。在无力改变现状的情况下，他多次辞官归田，不肯与腐败的朝廷同流合污，其诗歌中也不时流露出厌世的消极情绪："白发今如此，浮生只是

过。"(《题程孺人贞一》)

他以"白发""浮生"之句,感叹现实之多舛、浮生之若梦,字里行间充满了颓废、消沉的悲观之意,其忧怀现状又无法改变的颓然心态可见一斑。

面对朝廷腐败帝王昏庸之境,唐胄的诗歌鲜明地反映了他的立场。《阻风》一诗托物言志道:

  荡桨顺随流,柁楼高妒风。去来同一意,那敢怨天公。

这是一首含义深刻的反时政的讽喻诗。唐胄写这首诗针砭时弊,反对宦官的嫉贤妒能、排斥忠良,埋怨忠奸不分的皇帝,并表示自己绝不随波逐流的志向。[①]

阻风,就是行船遭风阻,尤喻阻止妒忌之风,诗人虽自言不曾怨诽天公,但对风的阻力显然颇有微词,更无认同之意,由此而阐发自己的忧思,言不怨而实则深怨之。身逢没落之世,唐胄虽有心为国振作,但难为政坛所用,其苦闷难以纾解,虽时时表露出归隐田庄的渴望,但亦是政治上不得意之时的选择。

全诗采用反义的手法,这是特定的时代和险恶的政治环境以及诗人独特的遭遇所造成的,但字里行间仍体现出此诗的讽喻色彩,并体现出诗人不同于流俗的志向和耿介的人格特征。[②]

二 隐逸士人之风

尽管身为一代名臣,清廉忠直,政声颇著,但从某种意义上说,唐胄更是一位悠逸的隐士,而非在朝堂上争雄的大臣。在他的诗歌中,多从容朴淡之语,意象的运用和情境的设置,都充分折射出他这种隐逸田园、与世无争的心态。

在《次方伯东桥诗·其一》中,唐胄就通过多种意象的运用,展露出

[①] 韩林元编注《唐胄诗文集注》,政协琼山市委员会,第81页。
[②] 甘奇、马群:《论唐胄诗文体现出的人格特征》,海口市地方史志办公室编《唐胄及其攀丹村唐氏名人研究文集》,南海出版公司,第183页。

对隐逸生活的无限向往。

兀坐方呼酒，诗筒忽到门。剧怜春兴满，更见古音存。风月笼麟阁，烟霞尽兔园。惟愁劳梦卜，猿鹤怨山樊。

与在朝廷上的忠于社稷、犯颜直谏不同，回归自然生活的唐胄是陶然自乐的。他以诗酒为友，字里行间流露出怡然自得的情态。"春兴""古音""麟阁""兔园"意象相叠、气韵悠长，更是处处传达出诗人的悠逸情思。他又假托猿鹤两种动物以言明己志，其归隐之思写得分外明晰感人。

在《次方伯东桥诗·其二》里，唐胄写道：

啼鸟惊春去，柴车特地来。固知逢不易，未尽兴空回。海内思安石，阶前舞老莱。自从诗有约，夜夜菊花开。

该诗以清婉的景物开头，营造出田园牧歌式的风致，诗人自身的情趣暗含其中，颇有天成之趣。"啼鸟"是春之象征，其欢鸣点染勃勃生机，柴车则是农家特有之物，仅此两个意象，诗人便勾勒出质朴而充满活力的农家风光，笔力不凡。

"固知逢不易，未尽兴空回"一方面是说旧友相逢不易；另一方面，又何尝不是诗人的慨叹？他久处朝堂之高，难约江湖之远，言语中流露出无限的萧索和遗憾。紧接着他又以谢安和老莱子两个著名的历史人物自喻，表明自己寄情山水，清静无为的玄妙思想，诗人不曾言说自身，但满腔情绪都从两位古人身上得以巧妙地折射出来，不言而自明。诗的结尾又从思古之幽情转为现实中的场景，以邀约作诗，菊花相陪收梢，将自身情感的寄托和眼前象征高洁隐士的菊花完美地结合起来，可谓言有尽而意无穷。

无独有偶，在另一首五言律诗《余自南赣赴抚山东陈都宪原习来代以年谊之厚操舟送至储潭席间赋诗见赠步韵酬之》里，唐胄同样地传达出相约江湖的情致。

淡云清晓塞，细草绿春洲。名已三朝旧，心应四海周。咸扬新闻钥，别重远山舟。白首分携意，公乎莫亦犹。

"淡云清晓塞，细草绿春洲"所用意象之清丽，和孟浩然之"微云淡河汉，疏雨滴梧桐"差相仿佛，而"细草绿洲"之句，生动地写出了春日里碧草连绵、满目皆春的景象，又焕发出孟诗所没有的盎然勃发之生机。尽管身为朝廷的名臣，但对于那种尔虞我诈、你死我活的朝堂争斗，唐胄是孤独而厌倦的，所以他接着便感叹说"名已三朝旧，心应四海周"，尽管久居庙堂，但此处并非他所追慕之地。唐胄虽为天下抗言力争，革除弊政，表现出一位良臣的风采，但他的骨子里所渴求的却是隐逸逍遥的生活。

对于隐士生活的追寻，几乎贯穿唐胄的一生。他向往世外桃源式的生活，这不单是他想要享受闲逸的人生，更是他精神上的寄托。

在《哭黄处士东皋惟坚》这首诗里，唐胄的隐逸思想更是表现得淋漓尽致。

> 心安随处隐，何必鹿门深。马瘦囊诗骨，榕清生客阴。曾携巢谷杖，不见披裘金。惟有东皋卷，灵魂不了寻。

"鹿门"即今湖北襄阳市鹿门山，后汉时庞德公登鹿门山，采药不返，后世便以"鹿门"代指隐士隐居之地，著名诗人孟浩然亦曾隐居于此，杜甫亦在《冬日有怀李白》一诗里写道："未因乘兴去，空有鹿门期"。古人对"鹿门"之追寻，即是对隐逸生活的一种向往。

唐胄此诗是为了悼念黄惟坚处士而作，言其平生贫苦，却安贫自乐，品格高洁，不染俗世之尘，字里行间传达出钦敬和向往之情。唐胄提及"鹿门"，流露隐居的情怀，言明心所安处，无处不是隐居之所，不必一定要躲藏在深山老林里，避世不出才算真正的隐士，这和陶渊明的"结庐在人境，而无车马喧。问君何能尔，心远地自偏"有着异曲同工之妙。

尽管这首诗是为了怀想他的朋友黄处士而写，但诗中展露的情韵，却是唐胄对自身思想的一次解剖和言说，其悠逸之思跃然纸上，将这位明代名臣的归隐思想深刻地揭示了出来。

同样的，唐胄的另一首诗《闲中漫兴二首·其二》也将隐逸之乐描绘得分外动人。

> 静里风情觉道真，天空海阔尽宜人。云闲不厌交庭影，风懒无心

扫径尘。万里宦游鸿爪印，两年旧识燕归前。鹿车未遂梅花路，慰得高邻载酒频。

"鹿车"句表示怀乡之情。鹿车是古代的一种小车。宋武帝寿阳公主日卧檐下，梅花落于额上，被称为"梅花妆"。"慰得"句，借用苏东坡被贬儋州居屋命名"载酒堂"，黎子云经常载酒慰问先生之事。唐胄说归故乡之后，将和邻翁共饮。①

这两首诗均写于唐胄在云南为官期间，从诗中我们不难看出，这时的唐胄产生了弃官归田之意，这是典型的中国古代读书人的两难境地：一方面，饱读儒家经典，要经世济民；另一方面，受道家思想影响，想逍遥自在，这是一个悖论，因此，"穷则独善其身，达则兼济天下"成为中国古代读书人的理想人格。唐胄做到了"兼济天下"与"独善其身"的统一：他既抱着儒家治国平天下之理想，又视功名、富贵如浮云，这正是唐胄的高蹈之处。②

诗人沉浸于归田之乐，笔下意象摇曳生情、婉转多姿，写来但见风物之美，与唐胄怡然自乐的心情相映生辉，诗人回归自然的喜悦和悠闲跃然纸上。梅花满路，高洁芬芳，所居之处固然是世外仙境，而高邻往频，又流露出淳朴善良的乡风。这是古往今来中国文人们所共同追求的乐境，自陶渊明而滥觞，千载之后，复得见于这位明代名臣的笔下。

三 抒怀传情之作

在唐胄流传至今的诗歌中，有一类诗歌无论从数量还是质量上，都值得深味，那便是他的抒怀传情之作，唐胄创作这类作品颇多，风格清新婉约，意蕴动人，在他的诗歌之中，占有相当重要的地位。

《忆朱南冈少参》里道：

曲靖欢看候火红，疏帘孤馆自生风。已呼厨急开清圣，可奈天留

---

① 韩林元编注《唐胄诗文集注》，政协琼山市委员会，第64页。
② 王科州：《菊淡梅瘦，一纸传芳——唐胄诗歌赏析》，海口市地方史志办公室编《唐胄及其攀丹村唐氏名人研究文集》，南海出版公司，第172页。

忆戴公。万里越燕初夜永，几时江海更秋空。想应鲍叔心如月，处处还随照短蓬。

从眼前之景延展出去，述及和友人相交的情状，毫不掩饰对友人的怀念。"鲍叔"即鲍叔牙，春秋时齐国大夫，以知人并笃于友谊闻名，他和管仲的深厚友情传于后世，千年之下犹有余芳。唐胄明用鲍叔的典故来表明自己与友人之间的友谊之笃，其用意可谓鲜明。

颈联对情景互映的运用达至炉火纯青之境，万里迁徙的燕子、阑珊的夜色、秋水明净的江海，种种意象交织成明丽清洁的秋景，诗人身处其中，幽微之情油然而阐，其思怀之念自也亟待倾诉，秋思与怀情就在这清净澄澈的秋景里得到了最婉转深刻的阐发。

《和黄芳景贤祠诗韵》一诗写道：

鸿名今古并风翔，过化生身一地芳。经纬文章星斗丽，主宾英爽海山光。四朝俞咈尧还舜，九死荒遐惠更黄。此日瓣香祠下拜，渊珠冈玉共难量。

这是一首典型的唱和诗作，但唐胄写来清爽俊丽，诗中琳琅之语比比皆是，其音节铿锵朗润，也颇有珠玉之感。唐胄之诗虽然清婉俊丽者居多，但言及恢宏磅礴，亦是不遑多让。"经纬文章星斗丽，主宾英爽海山光"等句气势磅礴，眼界极为壮阔，传达出诗人的高朗之致。

景贤祠在琼州府城西北的奇甸书院内，专祀苏轼、丘濬二人，仰止祠中，亦有二人的牌位。且二人学识渊博、著述丰富、誉满天下，故又设专祠以祀之。

苏轼、丘濬，一古一今，一宾一主，都曾经在海南文化史上谱写亮丽的篇章。唐胄在诗中回顾了他们各自不平凡的一生和百折不挠的精神，希望在他们的影响下，海南能够涌现出更多的人才，为国家社稷做出更丰伟的贡献。

此外，唐胄的咏史怀古诗写得也颇俊爽飘逸，韵致天成。《拜扫唐颐庵墓补松》一诗虽是扫墓之作，但起笔不凡、气势恢宏，于清丽景致中寓古今之感慨，历史感扑面而来。

细雨宜松不恶侵，要看参汉长春阴。千年骨肉寒烟陇，百叶云仍秋露心。白日乾坤人事换，青山今古世情深。翠涛声惨愁云鹤，岁岁群悲酹远林。

细雨寒烟之中，松柏森森，秋露圆转，入目之景清雅冷丽，令人油然而生思古之幽情。"白日乾坤""青山今古"之句互映生辉，诗人的慷慨情怀被抒发得豪迈而不失含蓄之致，收转自如，气韵绵长不尽。

《苟夫人墓》中，唐胄亦是气韵不凡。

绕水环山拜此坟，孝思今见大将军。地灵自会埋香骨，天巧今还说旧闻。卵咽神凭玄鸟降，喙残劳有义乌分。人生那尽空桑是，翘首漫东望白云。

他将眼前所见与心中所感结合在笔下，景能达情，情亦呼应眼前之景，达到了情景交融，尽述诗人怀想的效果。收梢之句写人生空桑，变幻若白云苍狗，瞬息万变，难以捉摸，诗人对人生的感悟尽都熔炼于此句之中，后人读之，亦生心有戚戚之叹。但千古兴衰、生老病死，种种难以解释无法逃脱的困惑，却又都化作凝望白云、淡然相对，诗人解悟人世无常而能脱出感叹自伤的桎梏，其洒脱淡泊的胸怀令人神往。

在《和少参陈龙山金张白山游冰井寺诗》里，唐胄亦表现出了清婉的风韵。

冰井消尘尽日清，山林灯火映星明。乾坤窘我三生梦，烟月添人一种情。杯付江湖思旧侣，诗愁鱼鸟结新盟。白山节钺龙山印，管到风花次第生。

虽是偕游应和之作，但诗人从眼前冰井寺之景延伸开来，将诗的境界提升到面对宇宙，思考人世轮回的高度，诸般愁绪萦绕胸中，诗人却于惆怅之后，重又勾勒风花次第绽放之景，无名的怅惘由此得到了一个完美的纾解，足见其心境之高远潇洒。

纵观唐胄一生的诗歌创作、传情抒怀，佳作颇多，其诗歌所传达的心意和情怀，对后世之人了解这位明代名臣，有着重要的意义。

尽管身为一代名臣，但唐胄诗歌中所表露的心境，说明他并不为身居高位而沾沾自喜，反而因为关注到太多的生民不幸而悲伤扼腕。一方面，他坚信入仕之人应当为国为帝尽忠；另一方面，他所坚守的诚于社稷子民又与忠于腐朽的朝廷有着难以调和的矛盾。

同时，隐与仕也是唐胄诗歌中表现的一对主要矛盾。入仕几乎是中国古代所有的知识分子共同的人生追求，唐胄亦不例外，但他所面对的朝堂黑暗堕落，又远非他所期待之所。唐胄选择归隐，固然是因为他淡泊自足的天性，而更重要的，则是他既不为腐朽朝廷所容，自身也耻于与趋炎附势、结党营私之辈为伍。

唐胄的诗歌创作，鲜明地显露着士大夫的情怀，也较深刻地反映了一些矛盾。第一，他对国家、社稷和百姓的命运始终投以关切的目光。可以说，唐胄并不为升官发财而登第，却能为了黎民百姓而触怒天颜，他的诗歌中有"圣主"之语，但更多的还是为了黎民而抗言，他并不是封建社会所认可的"忠臣"，但一定是一位高风亮节的良臣。第二，他对归隐有着相当浓厚的歆慕之情。他现存的诗歌中描写风物之佳、隐居之乐之作占了很大篇幅，字里行间流露出对陶潜等隐士们的追慕，也流露出自己不同于前辈隐士的情趣。第三，他寓古于今、咏史抒情之作颇多。面临旧时风物，唐胄往往能站在历史的高度来予以评价，抒发感想。一方面，面对历史兴衰、时代更迭，他也有着深重的叹惋和无奈；另一方面，他能摒弃这种无力的叹息，用一种超越古今的眼光来看待历史风云。这是他的超脱之处。

所谓借诗言志，唐胄自身的抱负和追求在很大层面上融入其诗歌，读来仿佛读尽这位名臣的一生，令人掩卷之余，神驰不已。

（责任编辑：隋嘉滨）

生平家世

唐胄研究文献考辨与拾遗

——《"岭南人士之冠"唐胄》写作札记

郭皓政[*]

明代,伴随着海南文教事业的蓬勃发展,涌现出一批在岭南乃至全国都颇具影响力的文化名人,唐胄便是其中之一。《明史》给予唐胄以高度评价,称其为"岭南人士之冠"。然而,长期以来,唐胄研究的进展一直比较缓慢,没有能够形成像丘浚研究、海瑞研究那样的学术热点,这与唐胄的历史地位和文化影响是很不相称的,成为海南历史文化研究的一大缺憾。

可喜的是,近年来,这一情形开始有所改观,越来越多关心海南文化事业发展的学者将目光投向唐胄研究。2014 年,海南省政协组织岛内一批学者共同编纂了"海南历史文化名人"丛书,该丛书将唐胄传记列入首批出版计划,这套大型丛书突出史料性、思想性、可读性,作为宣传海南、弘扬海南历史文化的地方名片,对唐胄研究起到了一定的促进作用。笔者有幸承担了该丛书唐胄传记的撰写任务,写成《岭海精英 青史传芳——"岭南人士之冠"唐胄》一书。在写作过程中,笔者深感唐胄研究的文献基础依然十分薄弱,重视相关文献的考辨与发掘,是目前唐胄研究的当务之急。笔者对相关文献资料进行了一些考订工作,并

---

[*] 郭皓政,海南师范大学文学院。

发掘出一些新的资料，现择要呈现于此，权充野人献芹，一方面就正于大方之家，另一方面也希望唤起更多学者对文献问题的重视，共同将唐胄研究深入推进。

唐胄研究文献范围广泛，主要包括唐胄本人的著述、唐胄与同时代人的交游资料以及唐胄去世后的各类传记资料、其他研究文献等。下面分而论之。

一 《传芳集》考释与拾遗

诗文别集是打开古人内心世界的一扇窗。现存的《传芳集》是如何编纂而成？对唐胄的诗文是否搜罗得比较完备？这是我们在研究唐胄时，首先关注的一个问题。

唐胄一生笔耕不辍，著述丰富。他在居乡 20 年间，主持修纂了正德《琼台志》；在各地游宦期间，又修纂过《广西通志》《江闽湖岭都台志》（又称《虔台志》）等。唐胄的奏疏非常著名，《名臣经济录》《御选明臣奏议》《岭南文献》等都收录了他的文章。唐胄交游广阔，与友朋之间多有诗文唱和。此外，唐胄还整理刊行过白玉蟾、余靖、崔与之、王佐等岭南先贤的诗文别集。然而，唐胄临终时却留下遗命，不将自己的诗文别集刊行于世。

据钟芳《〈西洲文集〉序》（钟芳《钟筼溪集》卷七）记载："故少司徒西洲唐公归老琼东，维嘉靖戊戌。明年寝疾，有诗文若干卷，戒其子曰：'毋灾木也。'"①"毋灾木"，就是不要刻版刊行的意思。明代，包括地处偏远的海南在内，刊行诗文别集已经成为一种风气，但凡有点文化、有点地位的士人，几乎都有别集，而且在条件允许的情况下，大多数人都会千方百计地刊刻自己的别集，以求流芳百世。在这样一种社会文化背景下，唐胄能够做出不刊行别集的决定，实属难能可贵。唐胄的诗歌其实写得很好，具有较高的艺术性和思想价值，但唐胄并未打算借此扬名后世，所以他生前尽管刊刻过不少前贤的诗文集，却从未想过刊行自己的诗文

---

① 钟芳：《钟筼溪集》卷七《〈西洲文集〉序》，载洪寿祥、周伟民主编《海南先贤诗文丛刊》，周济夫点校，海南出版社，2006，第 127 页。

集，临终前还留下遗言，不刻文集。由于唐胄生前没有刊行别集的打算，没有亲自收集整理自己的诗文，所以他的诗文保存下来的只有很少的一部分。

唐胄去世之后，过了很久，其长子唐穆无法抑制内心的思念，最终决定将父亲留下来的诗文遗稿刊行于世。待别集初步整理成形后，唐穆找到父亲的老友钟芳，请他为别集作序。钟芳为唐胄别集所作的序言，题为《〈西洲文集〉序》。钟芳在这篇序文中称唐胄有"诗文若干卷"传世，则唐穆所刻之别集，当诗文皆备。钟芳自谦"予吟思故涩，于诗未知所评"，在序中未评其诗，只评其文，因此题为《〈西洲文集〉序》。唐胄诗文集最初刊行时，别集的名字不一定就是《西洲文集》，也许是《西洲存稿》，或者另有其名。明代嘉靖《广东通志》、清代康熙《广东通志》、雍正《广东通志》中的唐胄传，均称唐胄有《西洲存稿》行于世。道光《广东通志》的《艺文略》部分，在《西洲存稿》之后，已注明"未见"。可知，唐胄的别集在清末已很难见到了。明代万历《广东通志》卷六十三"书目"部分，著录有"《虚庵集》，唐胄撰"。《虚庵集》是唐胄同年进士琼山人陈实的别集，此处著录明显有误。又，作于清光绪十九年（1893）的徐琪《西洲侍郎像赞》，有"泽留南海，集著西湖"之语，其中的"西湖"，当为"西洲"之误。

民国时期，海南文人王国宪在为其家遗集《扬斋集》作序时曾感叹："海南风雅盛于有明，其时人文蔚起，出而驰誉中原，垂声海内。自邱文庄、王桐乡、唐西洲、钟筠溪、海忠介、王忠铭而后，有专集者数十家。海外风雅之盛，莫盛于是时。不仅理学经济、文章气节，震动一世也。乃不数传，而专集之存于今者，文庄、桐乡、忠介、忠铭诸集外，皆不传于世。是岂文字之不能历劫不磨耶，抑当时专集有刊有不刊耶，后嗣子孙不能保存弗失耶，吁可慨矣。"[①] 从这段文字看，王国宪知道唐胄曾经有别集行世，但他本人只见到了"文庄（丘浚）、桐乡（王佐）、忠介（海瑞）、忠铭（王弘诲）诸集"，并没有见到唐胄的别集。

王国宪（1853～1938），又名王国栋，字用五，又字圣轩，号尧云，

---

① 王承烈：《扬斋集》序二，见邢宥等著《北泉草堂遗稿等七种》，载洪寿祥、周伟民主编《海南先贤诗文丛刊》，第170页。

晚年自称更生老人。他是海南琼山人，出生于文化世家，与王梦云、唐品三等创办海南书局，一生致力于发掘海南文献。

王国宪对整理发掘海南文献居功至伟，他曾搜辑、出版过一套"海南丛书"，内有一部唐胄的诗文集，封面题为《邢湄丘唐西洲集》，正文的页眉处则标为《传芳集》，收录了唐胄的文章14篇，各体诗歌43首。王国宪编辑的《传芳集》所收唐胄之文，虽开列了疏、序、记、论、墓碑等名目，但每种文体只有寥寥数篇，聊备一格而已。

王国宪生活的时代距唐胄有将近四百年的时间，其间经历了明清易代和清朝覆灭，世变沧桑，文献流失严重。王国宪本人没有见过唐穆所编的唐胄别集，《传芳集》是王国宪仅凭一己之力辑佚而成，疏漏在所难免，从中只能略窥唐胄诗文面貌之一斑。如果用心搜求的话，在《传芳集》之外，还可以发现大量散佚的唐胄诗文。

例如，唐胄主持修纂的正德《琼台志》，附有他本人的不少诗文，其中有些作品被收入《传芳集》，有些则未被收入。如正德《琼台志》卷五"山川上"有唐胄所作《竹根井铭》一文，卷十二"桥梁"有唐胄所作《青云桥路记》一文，卷十五"学校上"有唐胄所作《重修琼州府学记》一文，卷二十五"坊表"有唐胄所作《吴氏贞节坊记》一文，卷二十六"坛庙"之"景贤祠"条下附有唐胄所作七言律诗一首，卷二十七"寺观"有唐胄所作《老佛庙记》一文，卷二十七"冢墓"之"唐颐庵舟墓"条与"苟夫人墓"条下各附有唐胄的七言律诗一首，等等，这些诗文均未被收入《传芳集》。

在明人张邦翼所编的《岭南文献》中，也保存了唐胄的不少作品。除去与《传芳集》重复者外，计有11篇文章为《传芳集》所未收。《岭南文献》卷六"奏疏"收有唐胄的5篇文章，分别是《宥言官以答天眷疏》《崇圣德以延国祚无疆疏》《出内象疏》《靖江王府补支疏》《止差苏杭织造疏》。卷十"序"收有唐胄的3篇文章，分别是《平蛮录序》《赠云南黄少参允吉进表序》《杖策壮游卷序》。此外，卷十九有唐胄所作《青云桥路记》一文，卷二十二有唐胄所作《复珠崖论》（或《论复珠崖地》）一文，卷二十三有唐胄所作《愚窝说》一文。

唐胄在云南为官期间，作有《楚雄府新迁儒学记》一文，见于今人张方玉主编的《楚雄历代碑刻》。唐胄在南赣为官期间，作有《崔清献公全录叙》一文，附于《崔清献公全录》卷首。此外，唐胄还有一些诗文散见于《广西通志》《粤西诗载》等文献中。如《广西通志》卷一百二十《艺文》收有唐胄的一首五言古诗《劝古田诸生归学诗》，此诗亦见于《粤西诗载》。以上《传芳集》皆未收入。

世人往往将《传芳集》视作唐胄的别集。事实上，《传芳集》应当是唐氏家族的诗文合集。《唐氏族谱》称唐秩"存诗三十首，载《艺文谱传芳集》"，以及唐濂伯有"自咏诗二首，载《传芳集》"。则《传芳集》最初应当是《唐氏族谱》的一个有机组成部分，其作者本不限于唐胄父子，还包括唐氏家族中其他以文学见长者（如唐濂伯等）。

今天我们见到的《传芳集》，是王国宪重新搜辑的，其中除收录唐胄本人的诗文外，还收录了唐胄的两个儿子唐穆、唐秩的诗歌各有数十首。王国宪在《传芳集》的最后，附有自己创作的一首长诗，题为《敬题唐西洲公三父子诗集》，也说明此书具有合集的性质。

《传芳集》编成后，影响甚大，一直被世人视为唐胄别集。1996年，政协琼山市委员会出版了《唐胄诗文集注》，这本书是广东民族学院韩林元先生10年前编注的，10年后始得出版。韩林元先生是海南文昌人，对弘扬海南文化也是情有独钟。《唐胄诗文集注》所收篇目，基本上是出自《传芳集》。

《唐胄诗文集注》的注释部分存在不少瑕疵，有些注释过于随意，有牵强附会之嫌。如唐胄《传芳集》中有《谒同乡王汝学先生》一诗，诗中有"汲古修绠深，董马在伯季"[1]之句，《唐胄诗文集注》作"绣口一加精，董马杜伯季"。虽然不同的版本，字句略有不同，但此处"董马"的解释应该是一致的，"董"即汉代大儒董仲舒，"马"指汉代文学家司马迁或司马相如，唐胄用董仲舒、司马迁（或司马相如）来比喻王佐的学问和才华，以此表达自己对王佐的仰慕之情。韩林元先生却在注释中认为，"董马，即董允（？—246），三国南郡枝江人，初任蜀汉太子洗马"[2]。因为董允曾经当过太子洗马，就简称为"董马"，过于牵强。

《唐胄诗文集注》还有一个不足，即对唐胄诗文中涉及的人名缺乏考

---

[1] 唐胄：《谒同乡王汝学先生》，见邢宥等著《湄丘集等六种》，载洪寿祥、周伟民主编《海南先贤诗文丛刊》，第185页。
[2] 韩林元编《唐胄诗文集注》，政协琼山市委员会出版，1996，第21页。

证。例如，唐胄有《逢绍之侄》一诗，唐胄在题目后面注明"讳繗"，说明这首诗是写给一位名繗、字绍之的人，这个人是唐胄的子侄辈。韩林元先生却将题目改为《逢绍之侄讳（繗）》，误认为"此诗为悼念同乡陈繗而作"。① 陈繗，字克绍，琼山人，成化二十二年（1486）乡试中举，弘治六年（1493）登进士第。曾任翰林院检讨，50 多岁时回乡葬亲，途经广东时病卒。陈繗才华横溢，著有《唾余稿》。陈繗的字是克绍，不是绍之。陈繗长期生活在北京，其《唾余稿》中并无一字提到唐胄，两人应该没有太多交往。其实，唐胄的这首诗是写给唐繗的，而不是陈繗。唐繗，字绍之，琼山东厢人。唐繗的父亲唐卿，和唐胄一样同属于攀丹唐氏第九代子孙，属于三房支。唐卿是成化四年（1468）举人，曾任江西吉安府永宁县训导，后改为建昌府南城训导。唐繗随父在外地读书，曾拜明代中期著名学者罗玘（世称"圭峰先生"）为师。唐繗奉亲至孝，父亲生病后，他日夜在床头侍奉，勤苦备至。父亲去世后，唐繗在坟墓旁边搭建了一个草棚，住在里面守孝三年。唐繗是岁贡生，后曾担任处州（今浙江省丽水市）府学训导。唐繗的事迹，在《唐氏族谱》和地方志中均有记载。韩林元先生此处犯了"张冠李戴"之病。

《唐胄诗文集注》成书甚早，书中难免存在一些瑕疵，但该书毕竟扩大了唐胄诗文的影响，对推动当代的唐胄研究，可谓功不可没。

2006 年，海南出版社出版了洪寿祥、周伟民主编的《海南先贤诗文丛刊》，其中收录了由刘美新点校的唐胄《传芳集》，该书以 1935 年海南书局出版的《海南丛书》所载为底本，保存了《传芳集》的原貌，而没有在辑佚方面另下功夫。

综上，今人研究唐胄诗文，大多倚助于《传芳集》。《传芳集》只是一个辑佚本，其中保存的唐胄诗文数量其实是微不足道的。在深化《传芳集》研究的同时，还应注意对《传芳集》之外作品的拾遗补阙。

二 唐胄生平交游与传记资料考订与拾遗

唐胄的传记资料比较丰富，散见于正史、地方志、家谱、文集等各类

---

① 韩林元编《唐胄诗文集注》，第 56 页。

文献之中。但这些传记资料大多是转相抄引，重复较多。因此，有必要将这些传记材料按照年代先后排订顺序，然后将其文字加以比较，去其重复。这样做，一来可以披沙拣金，有助于发现新材料，二来也可以发现许多新问题。

由于王国宪编辑的《传芳集》的影响比较大，今人在搜集唐胄传记资料时，视野也往往受到《传芳集》的局限。《传芳集》附录部分，有清人黄表衷的《西洲先生像赞并引》、清人徐琪《西洲侍郎像赞》、王国宪自编的唐胄《本传》、明代夏道南的《谕祭文》、明代王弘海的《通议大夫户部左侍郎赠都察院右都御史西洲唐公神道碑》（简称《唐公神道碑》）等资料，其中年代比较早的是《谕祭文》和《唐公神道碑》，两文均作于隆庆元年（1567）朝廷为唐胄平反之时。曾见有学者将《谕祭文》和《唐公神道碑》视为最早的唐胄传记资料，这大概是受到了王国宪的影响，明显是不对的。

如果我们考察一下唐胄的交游，那么从与唐胄有交游的同时代人的文集中，会发现许多有价值的资料。例如，在唐胄友人钟芳的别集《钟筠溪集》中，除了上文提到的《〈西洲文集〉序》外，还有两篇非常重要的文章，分别是作于嘉靖十八年（1539）唐胄去世时的《祭唐西洲文》[1]和作于嘉靖十九年（1540）唐胄下葬之时的《故户部左侍郎唐公墓志铭》（以下简称《唐公墓志铭》）[2]。这两篇文章比起《谕祭文》和《唐公神道碑》要早将近30年。

钟芳早年生活在崖州（今三亚），与唐胄曾深受广东提学宋端仪的赏识。和唐胄相比，钟芳科第稍晚，但步入仕途较早。钟芳于弘治十四年（1501）中广东乡试亚元，正德三年（1508）中进士。嘉靖二年（1523）至嘉靖九年（1530），钟芳担任广西布政司右参政，后晋任江西右布政使。而唐胄在家乡隐居了20年之后复出，于嘉靖三年（1524）至嘉靖五年（1526）任广西提学佥事。两位琼州才俊就这样意外地在广西相逢，从此一见如故，结为知己。

---

[1] 钟芳：《钟筠溪集》卷十六《祭唐西洲文》，载洪寿祥、周伟民主编《海南先贤诗文丛刊》，第345页。
[2] 钟芳：《钟筠溪集》卷十七《故户部左侍郎唐公墓志铭》，载洪寿祥、周伟民主编《海南先贤诗文丛刊》，第367~371页。

钟芳自从嘉靖九年（1530）离开广西，升任江西右布政使后，与唐胄见面的机会就很少了。此后，钟芳先后在南京、北京等地为官，官至户部右侍郎，于嘉靖十三年（1534）疏乞致仕还乡。而唐胄于嘉靖十四年（1535）起才先后在南京、北京户部任职。钟芳致仕后，迁居琼州府城达士巷，家居十年。在唐胄生命的最后一年中，两人应该有较多来往。唐胄临终之际，还特意叮嘱儿子唐穆，要请钟芳为自己作墓志铭。

在唐胄去世后，钟芳根据唐胄弟子周世昭撰写的《行状》，作《故户部左侍郎唐公墓志铭》一文，不仅完整地记述了唐胄的一生，还对唐胄的思想和为人做出了精当的点评。铭文末写道："公事亲孝，冠婚丧祭一遵家礼，周贫恤患，诱后进如弗及，服食澹泊，足振靡俗。"[1] 在外为官时，"每去任，供账什器纤毫皆案委籍记，事事不苟如此"。在这些日常生活的细枝末节方面，唐胄都能够为身边的人做出表率。关键时刻，唐胄又总是能够挺身而出，"大事则身任之"。[2] 从这些方面，可以看出唐胄是践行儒家思想的典型。

钟芳在文中提到了周世昭撰写的《行状》。周世昭，原名纂，琼山东洋（今海南省琼山区）人。明嘉靖十四年乙未进士，曾任户部主事。周世昭撰写的《行状》，笔者未见。《行状》之外，钟芳《唐公墓志铭》可以说是最早、最完整的唐胄生平传记资料了。后来的《唐公神道碑》以及见诸史志的各种唐胄传记，大多以此为底本。而《传芳集》附录中王国宪为唐胄所作的《本传》，注明了引用的史料，主要是采自《明史》本传、《献征录》和一些地方志，并未提及钟芳《唐公墓志铭》，可见王国宪本人并没有留意到《唐公墓志铭》的存在。这就使后人误以为《唐公神道碑》就是最早的唐胄传记资料了。

以上文字，除意在强调钟芳《唐公墓志铭》的重要性外，同时还想说明唐胄交游研究的重要性。关于唐胄生平的交游情况，也是目前唐胄研究的一个薄弱环节。笔者在这方面曾做过一些考证工作，限于篇幅，本文不再展开论述，有兴趣的读者，可参阅拙著《岭海精英 青史传芳——"岭

---

[1] 钟芳：《钟筠溪集》卷十七《故户部左侍郎唐公墓志铭》，载洪寿祥、周伟民主编《海南先贤诗文丛刊》，第370页。
[2] 钟芳：《钟筠溪集》卷十七《故户部左侍郎唐公墓志铭》，载洪寿祥、周伟民主编《海南先贤诗文丛刊》，第370页。

南人士之冠"唐胄》。

现存唐胄的传记资料，除了内容重复外，形式也比较单一，多为小传。例如，在明人雷礼的《国朝列卿记》、焦竑的《国朝献征录》、张萱的《西园见闻录》、何乔远的《名山藏列传》、邓球的《皇明泳化类编列传》、清人徐开任的《明名臣言行录》，明清时期的大量方志文献，以及《粤西文载》卷六十五、《滇南诗选》、《岭南文献》等地方文献中，都可以查到唐胄的小传。值得一提的是，明人焦竑的《国朝献征录》中，全文收录了王弘诲《通议大夫户部左侍郎赠都察院右都御史西洲唐公神道碑》和黄佐《户部左侍郎唐公胄传》卷三十，但没有收录钟芳《唐公墓志铭》。王国宪《传芳集》附录中为唐胄所作的《本传》，参考了《国朝献征录》，所以留意到了王弘诲的《唐公神道碑》，但同样忽略了钟芳的《唐公墓志铭》。

年谱是研究人物生平事迹的重要文献形式。民国《琼山县志》卷十九著录有"《唐西洲侍郎年谱》一卷，王国栋辑"，王国栋即王国宪。王谱只有一卷，较为简单。当代学者中，海南师范大学的李勃教授曾为唐胄编定年谱（海口市地方史志办公室编，《唐胄及其攀丹村唐氏名人研究文集》，南海出版公司，2012），对唐胄生平多有考证。相信随着对钟芳《唐公墓志铭》以及更多文献资料的发掘利用，有关唐胄生平事迹的研究将进一步深化、细化。

从目前文献资料来看，唐胄年轻时代特别是未中举之前，保存下来的事迹较少。唐氏族谱虽然保存得比较完整，但在这方面的记载也不多。在利用家谱、地方志等资料时，还应注意的一点就是这些文献往往每隔若干年要重修一次，重修的过程中，内容会有细微变化，早期的文献也容易散佚。而对研究者而言，越早产生的文献才越宝贵、越可信。例如，在早期的海南唐氏族谱中，据说有文天祥所作的序言，但后来重修的时候序言的作者却变成了元代文学家范梈。拙著《岭海精英 青史传芳——"岭南人士之冠"唐胄》对这篇序言做过初步考证。这篇序言对海南攀丹唐氏家族文化的影响十分深远，值得深入研究。

通过对唐胄不同传记资料的文字比较，还可以发现一些问题。例如，《明史》称唐胄为"岭南人士之冠"，评价非常高。那么，这句话究竟是《明史》自己做出的评价，还是另有所本？笔者翻阅了《明史》之前的一些早期文献资料，并未发现有称唐胄为"岭南人士之冠"这样的说法，故而基本可以认定,这是《明史》修纂者对唐胄做出的评价。现存最早的唐胄传记资料,出自唐胄生前故交钟芳之手。钟芳《祭唐西洲文》(见《钟筠溪集》卷十六)有一句"岭海精英,公评端在",① 这大概就是《明史》所本。而此后钟芳为唐胄所作《墓志铭》、王弘诲所作《神道碑》,均无类似评语。自明代万历至清代康熙年间修纂的《广东通志》《琼州府志》《琼山县志》等各类地方志中,对唐胄的评价一般是"耿介有器识,尤孝于亲。服食澹泊,足振靡俗。为文尚理,不事浮华",② 也没有"为岭南人士之冠"这句话。《明史》的修纂,始于清初,历经康熙、雍正、乾隆三朝,方告竣工。康熙年间编纂的徐乾学《明史》、王鸿绪《明史稿》(实为万斯同修纂)和乾隆年间作为最终定稿的张廷玉《明史》对唐胄的评价是一致的,均有"耿介孝友,好学多著述,立朝有执持,为岭南人士之冠"③ 这一句话。值得注意的是,雍正初修《大清一统志·琼州府》中对唐胄的评价是"胄耿介有器识,立朝执义不挠,海南推为冠冕"。④ 这与《明史》的论断已经比较接近了,应当是受到了《明史》稿本的影响。而乾隆之后重修的地方志中,在评价唐胄时,有的就直接援引《明史》的论断了。

我们注意到,《明史》在得出唐胄"为岭南人士之冠"的判断之前,有三句话作为前提,即"耿介孝友,好学多著述,立朝有执持"。这三句话是一个不可分割的整体。其中,"耿介孝友"是立德,"好学多著述"是立言,"立朝有执持"是立功。儒家有"立德、立功、立言"的"三不朽"之说。如果单就某一方面而言,唐胄也许不是最突出的。但如果将上述三个方面结合在一起来看,则很少有人能够超过唐胄,他是一个各方面实力都比较均衡的"全能冠军"。万历《广东通志》引何乔新语,称"唐张九龄,宋余靖、崔与之,及濬四人,为岭南人物之首"。⑤ 在何乔新眼

---

① 钟芳:《钟筠溪集》卷十六《祭唐西洲文》,载洪寿祥、周伟民主编《海南先贤诗文丛刊》,第345页。
② 郭棐:《万历广东通志·琼州府》之《郡县志·乡贤·唐胄》,载周伟民主编《海南地方志丛刊》,第172页。
③ 张廷玉:《明史》卷203《列传第九十一·唐胄列传》,参见周小华辑录《二十五史中的海南》,载周伟民主编《海南地方志丛刊》,第417页。
④ 蒋廷锡等:《雍正初修大清一统志·琼州府》之《人物·明·唐胄》,载周伟民主编《海南地方志丛刊》,第83页。
⑤ 郭棐:《万历广东通志·琼州府》之《郡县志·乡贤·丘濬》,载周伟民主编《海南地方志丛刊》,第169页。

中，明代只有邱濬才是真正的"岭南人物之首"。何乔新之语曾被广为引用，然而《明史》却没有转述，这颇耐人寻味。《明史》中邱濬的传记近千字，赞美之余，也不无微词，称其"议论好矫激，闻者骇愕"。[1] "耿介"可以说是海南人在外为官者的一个共性，至海瑞而造乎其极。但《明史》称海瑞"意主于利民，而行事不能无偏云"，[2] 对海瑞也并非完全肯定。《明史》称唐胄为"岭南人士之冠"，背后隐藏着极为丰富的文化意义。《明史》是站在反思宋明理学和心学的立场上，将唐胄视为弘扬中国传统文化的楷模，因此才对唐胄做出如此之高的评价。

通过资料对比，不仅可以厘清唐胄的生平事迹，还可以看出不同时代人们对唐胄的评价发生了哪些变化。我们研究唐胄思想，弘扬传统文化，也要注意不同时代给唐胄研究留下的思想烙印。

综上所述，唐胄研究目前依然处于起步阶段。在这一起步阶段，文献研究显得特别重要。我们应重视资料的发掘、整理和利用，注意考辨真伪，为唐胄研究奠定一个坚实的基础。在此基础上，唐胄研究的思想价值和文化意义会逐步呈现。笔者相信，唐胄研究具有广阔的发展空间，有望成为海南历史文化研究的新热点。

（责任编辑：孙瑜）

---

[1] 张廷玉：《明史》卷181《列传第六九·丘濬列传》，参见周小华辑录《二十五史中的海南》，载周伟民主编《海南地方志丛刊》，第408页。

[2] 张廷玉：《明史》卷226《列传第一一四·海瑞列传》，参见周小华辑录《二十五史中的海南》，载周伟民主编《海南地方志丛刊》，第436页。

海口市攀丹村唐氏入琼始祖唐震的生平事迹考略

李 勃[*]

海口市攀丹村历代人才辈出，是海南古代著名的文化村。发掘该村的传统文化资源和研究该村的历史名人事迹，对于宣传海南的古代文明和建设海南国际旅游岛等，无疑都很有必要。据说该村唐氏居民的入琼始祖为宋代唐震，但唐震的生平事迹如何？由于该村唐氏族谱记载混乱，现在几乎无人能够说清楚。因而，本文拟对唐震的生平事迹进行探讨。

一 海南唐氏族谱和旧志对宋代唐震生平事迹的记载

现存海南唐氏族谱记载其入琼始祖——宋代唐震的生平事迹极为混乱，不仅现存史志与该村唐氏族谱的记载大相径庭，而且该村不同时期编写的唐氏族谱也说法不一，使该村唐氏后人和其他读者无所适从。现根据其记载内容观点的差异情况，将唐氏族谱划分为三种类型，分别简称为"族谱唐震一""族谱唐震二""族谱唐震三"。

1. 关于"族谱唐震一"

据明王弘诲《通议大夫户部左侍郎赠都察院右都御史西洲唐公神道

---

[*] 李勃，海南师范大学文学院。

碑》(下简称《唐公神道碑》)载:"……公嗣孙恪走书京师,以碑铭请。……按《状》:公讳胄,字平侯,姓唐氏,西洲其号也。先世桂林之兴安人。宋淳祐间,始祖震刺琼州,卒于琼。子叔建荫琼山县尉,遂卜城东番蛋里,家焉。……"碑文末铭曰:"于烁唐氏,实始兴安。"①

按:从上述可知,王弘海所记唐胄家世,主要根据唐胄之孙唐恪所提供的《状》(唐胄的生平传略),而《状》显然来自攀丹村唐氏族谱或唐氏家谱,故将之归属于"族谱唐震"。文中的所谓"桂林",在明代为桂林府,在元代为静江路,在南宋为静江府,在北宋为桂州,其治所都在今广西桂林市。所谓"兴安",指兴安县,北宋太平兴国二年(977)以全义县改名,一直沿用至今,治所即今广西兴安县(见《大明一统志》卷83桂林府)。

按上所载,可得其事迹是:唐震,原籍南宋广南西路静江府之兴安县,宋理宗淳祐(1241~1252)年间,刺琼州(意为知琼州),卒于琼。其子叔建荫补琼山县尉,遂卜居宋琼州城东的"番蛋里"(今海口市攀丹村,意为该处原是番人和蛋民聚居之地)。此简称"族谱唐震一"。

2. 关于"族谱唐震二"

据民国海南《唐氏大宗谱》第一册载:"宋:一世。入琼始祖,标其姓,尊始也。唐震,特奏名出身。历任台阁,晋太傅,诰授光禄大夫。出为琼州帅守,总理琼州路等处军务,抗元卒于官。"②所谓"卒于官",意谓卒于琼州帅守任上,即卒于琼。

同书第二册《宗支谱纪略》载:"入琼始祖:唐二公讳震,字景声,原籍广西桂林府兴安县之南乡人。南宋时由特奏名科出身,历任台阁,诰授光禄大夫,晋太傅。淳祐初年,出为琼州帅守,管理本州路等处军务,卒于任。淳祐九年,卜葬于坟亭山,土名狮子球,坐丁向癸。妣夫人孙氏,景定三年卜葬于考坟之右。两坟并坐,石筑形方而长。石坟前一镌特奏公坟,一镌孙夫人坟。男一:叔建。女二。""二世祖,震公男,叔建,字宗立。宋举文学,荫叙承信郎,任琼山县尉。时适僬扰,遂占籍郡城东门外蕃诞村居焉。卒葬特奏公墓右。……"③

---

① (明)唐胄:《传芳集》附录,《湄丘集(等六种)》,海南出版社,2006,第222页;
(明)王弘海:《天池草》下册,海南出版社,2004,第413页。
② 民国海南《唐氏大宗谱》第一册,复印本,海南师范大学图书馆收藏。
③ 民国海南《唐氏族谱》第二册,复印本,海南师范大学图书馆收藏。

同书第二册收录清万宁县《夏欢唐氏族谱序》载："若我唐族则不然，自震公以特奏名出身，历任台阁。宋淳祐间出知琼州事，卒于官，葬于琼山云亭地，为入琼始祖。""宋：一世，入琼始祖：唐震，由乡举入特奏名科，进士及第。"

按上所载，可得其事迹是：唐震，字景声，南宋广南西路静江府（明桂林府）兴安县之南乡人。由特奏名科出身，历任台阁，诰授光禄大夫，晋太傅。南宋理宗淳祐初年，出为琼州帅守，抗元卒于琼。淳祐九年（1249），卜葬于坟亭山（今海口市琼山区之狮子岭）。子叔建，南宋举文学，荫叙承信郎，任琼山县尉。时适形势开始动乱，遂占籍琼州城东门外之蕃诞村。此简称"族谱唐震二"。

3. 关于"族谱唐震三"

据新编《南宋入琼始祖唐震家史集》之《家史前言》载："家史是由我们唐姓南宋入琼始祖唐震公所传，而子孙世世代代传下去。""南宋入琼始祖：唐震，字景声，登进士。任大理司直、临安府通判、信州知州、知府、三江提督。入柱国保和殿台阁、特奏，晋太傅，诰授光禄大夫。以直言敢谏，谪出帅守广东南路、西路、海南琼州等地军务，兼琼州府知事。《宋史》记：震：少居乡，介然不苟交，有言过者辄喜。……"并在末尾注明："载《续资治通鉴》，宋纪，一百八十一卷，一〇一四页。载《宋史》，二百零九页《忠义传之五》。"[①]

> 按：笔者在这里所省略的部分，几乎全部照抄《宋史》卷450《忠义五·唐震传》的内容。详见下文。该《家史集》不记唐震籍贯。

按上所载，可得其事迹是：唐震，字景声，登进士。历任大理司直、临安府通判、信州知州、知府、三江提督。入柱国保和殿台阁、特奏，晋太傅，诰授光禄大夫。以直言敢谏，谪出帅守广东南路、西路、海南琼州等地军务，兼琼州府知事。此外，还有《宋史·忠义五·唐震传》的全部内容。此简称"族谱唐震三"。

4. 关于海南及两广诸旧志对宋代唐震的记载

现存海南和广东、广西诸旧志记载宋代唐震的事迹都较为简略，兹胪

[①] 今人唐辉、唐甸康编《南宋入琼始祖唐震家史集》，2005，第81~88页。按：这是唐胄的后代给笔者提供的家谱资料。

列如下。

正德《琼台志》卷24《楼阁上·琼山县》"榕座"条载:"在郡城东一里蕃诞村,训道唐公谊方游憩之所。先公始祖震在宋守琼日,占籍此,手植二榕于门,历数百年愈硕茂。"意谓明代蕃诞村的两棵榕树为入琼始祖唐震所植。

正德《琼台志》卷29《秩官上·府·宋》载:"唐震,字景声,兴安人。淳祐初,自台阁出守琼。"

嘉靖《广东通志初稿》卷7《秩官上·琼州府·宋郡守》载:"唐震,兴安人。淳祐初。"①

万历《琼州府志》卷9《秩官志·官师·府·宋》载:"知琼州军事:……淳祐:唐震,字景声,兴安人。淳祐初,自台阁出官。"

万历《广东通志》卷60《郡县志四十七·琼州府·职官·宋知琼州》载:"唐震,兴安人。淳祐初。"②

康熙《琼州府志》卷6《秩官志·官师表·府·宋》载:"知琼州军事:……唐震,兴安人。淳祐初,自台阁出守琼州。"

雍正《广东通志》卷26《职官志一·宋》载:"唐震,兴安人。淳祐初任。……以上知琼州事。"(文渊阁《四库全书》本)

雍正《广西通志》卷70《选举·宋·荐辟诸科》载:"唐震,兴安人。举人材特科,守琼州,年次无考。"(文渊阁《四库全书》本)

乾隆《琼州府志》卷5《官秩上·宋》载:"知琼州事:……唐震,兴安人。淳祐初任。"此又见道光《琼州府志》卷23《职官志·文职上·宋·知琼州事》等。

民国《琼山县志》卷18《金石志·清》著录清丘对欣《唐鹭洲先生墓志铭》载:"君讳声振,字玉堂,号鹭洲,琼山攀丹村人。宋景声公由广西兴安县官于琼,因而家焉,科甲蝉联,世称巨族。"所谓"景声公",即唐震。

---

① 嘉靖《广东通志初稿》,(明)戴璟、张岳等纂修,《四库全书存目丛书·史部一八九》,齐鲁书社,1996,第180页。
② 万历《广东通志》,(明)郭棐纂修,《四库全书存目丛书·史部一九七》,齐鲁书社,1996,第494页。

按上所载，可得其事迹是：唐震，字景声，南宋广南西路之兴安县人，举人材特科。宋理宗淳祐初，自台阁出守琼州（知琼州事），占籍琼州城东之蕃诞村，曾手植二榕于门。此简称"旧志唐震"。

鉴于"族谱唐震一"与"旧志唐震"所记其籍贯和事迹基本相同，故可合称为"兴安唐震"。

二　全国性史籍对宋代会稽唐震的记载

在中国历史上，同时代姓名相同者虽然很多，但其生平事迹必定有所差异。由于"族谱唐震三"的事迹几乎全文照抄宋代"会稽唐震"的内容，故有必要来考察两者是否同为一人。关于宋代"会稽唐震"的生平事迹，全国性史籍记载很多，为彻底弄清情况，兹择要胪列如下。

据《宋史》卷450《忠义五·唐震传》载："唐震，字景实，会稽人。少居乡，介然不苟交，有言其过者辄喜。既登第为小官，有权贵以牒荐之者，震内牒箧中，已而干政，震取牒还之，封题未启，其人大愧。后为他官，所至以公廉称。杨栋、叶梦鼎居政府，交荐其贤。咸淳中，由大理司直通判临安府。时潜说友尹京，恃贾似道势，甚骄蹇，政事一切无所顾让。会府有具狱将置辟，震力辨其非，说友争之不得，上其事刑部，卒是震议。六年，江东大旱，擢知信州。震奏减纲运米，蠲其租赋，令坊置一吏，籍其户，劝富人分粟，使坊吏主给之。吏有劳者，辄为具奏复其身，吏感其诚，事为尽力，所活无算。州有民庸童牧牛，童逸而牧舍火，其父讼庸者杀其子投火中，民不胜掠，自诬服。震视牍疑之，密物色之，得童傍郡，以诘其父，对如初，震出其子示之，狱遂直。擢浙西提刑。过阙陛辞，似道以类田属震，震谢不能行，至部，又以疏力争之。赵氏有守阡僧甚暴横，震遣吏捕治，似道以书营救，震不省，卒按以法。似道怒，使侍御史陈坚劾去之。咸淳十年，起震知饶州。时兴国、南康、江州诸郡皆已归附，大兵略饶。饶兵止千八百人，震发州民城守，昧爽出治兵，至夜中始寐，上书求援，不报。大兵使人入饶取降款，通判万道同阴使于所部敛白金、牛酒备降礼，饶寓士皆从之。道同讽震降，震叱之曰：

'我忍偷生负国邪？'城中少年感震言，杀使者。民有李希圣者谋出降，械置狱中。明年二月，兵大至，都大提举邓益遁去，震尽出府中金钱，书官资揭于城，募有能出战者赏之。众惧不能战，北兵登陴，众遂溃。震入府中玉芝堂，其仆前请曰：'事急矣，番江门兵未合，亟出犹可免。'震骂曰：'城中民命皆系于我，我若从尔言得不死，城中民死，我何面目生邪？'左右不复敢言，皆出。有顷，兵入，执牍铺案上，使震署降，震掷笔于地，不屈，遂死之。兄椿与家人俱死。张世杰寻复饶州，判官邹宗节求震尸葬之。赠华文阁待制，谥忠介，庙号褒忠。官其二子。震客冯骥、何新之，骥后守独松关，新之守闽之新垒，皆战死。"[1] 这是"会稽唐震"较为完整的传记资料。

此外，还有以下史籍零散记载其事迹。

宋张淏《会稽续志》卷6《进士》载："宝祐元年癸丑姚勉牓：……唐震。"（文渊阁《四库全书》本，下简称《全书》）此又见清《浙江通志》卷128《选举六·宋·进士》载："宝祐元年癸丑姚勉榜：……唐震，会稽人。"（《全书》）

《宋史》卷46《度宗纪》：咸淳八年六月乙巳，"以唐震为浙西提点刑狱"。（《全书》）

《宋史》卷47《瀛国公二王附》：德祐元年二月"壬戌，大元兵徇饶州，知州唐震死之。故相江万里赴水死。通判万道同以城降"。"丙子，下诏罪己。以陈宜中为特进、右丞相兼枢密使。……庚申，赠唐震华文阁待制。削万道同三官，罢之。"（《全书》）

宋王应麟《四明文献集》卷5《诰·唐震特赠华文阁待制诰》载："勅事君能致身，封疆之寄为重。自古皆有死，忠义之名长存。……伯颜兵顺流而东，唐震度兵力不支，死于州治之玉芝堂。通判万道同以城降。"（《全书》）

宋无名氏《昭忠录》之《唐震（饶州守臣）》载："元兵至饶州，通判纵妓女迎焉，将佐聚饮野寺止妓宿。诘旦，妓归言曰：'昨所迎非真北人，其言语举止皆南人也，岂奸黠作饰为盗邪？'郡守唐震谋剿之，兵遂

---

[1] 《宋史》卷450《忠义五·唐震传》第38册，中华书局，1977，第13260~13261页。

出。元兵亦冲入城，城内乱，震避于州治之后圃，为元兵所执，命之降，不屈遇害，有以酱缸瓦覆其尸州治之庑下者。元兵据城后，戒毋掳掠，唯敷派撒花银输官。江东提刑黄大任言：'敌势鸱张，如鄂如江州南康则卖降，如宁国府守臣赵与则弃城远遁，独饶州守臣唐震誓死不去，昨得判官邬崇节报，知为北兵所害，已下本州，如法官敛安葬，乞行褒赠。通判万道同轻徇迎降，乞行追勒。'于是赠震华文阁待制，赐谥，立庙，二子与京官恩泽。道同追三官勒停。有司具衣冠敛震，于其时得州印云。"（《全书》）

元无名氏《宋季三朝政要》卷5《少帝》载：德祐元年春二月，"大元国兵破饶州，守臣唐震为兵所害，死于州治之玉芝堂前。丞相江万里寄居饶州，州人皆遁，万里坐守以为民望，兵入其第，赴水而死。万顷自南康来省兄，遇兵不屈，遂以碟死"。（《全书》）

元刘一清《钱塘遗事》卷7《下饶州》载：德祐乙亥（1275）正月，"大兵至饶州，守臣唐震竭力守御，城破，震为北兵所害，死于州治之玉芝堂。二十一日城破，二十七日邬判官始得其遗体，温然如生，遂具衣冠而葬之。前丞相江万里寄居饶州，州人皆遁，万里坐守以为民望，兵入其第，赴水而死。万顷自南康来省兄，遇兵不屈，遂以碟死。至死，骂声不绝口。……"（《全书》）

元陈桱《通鉴续编》卷24载：宋孝恭懿圣皇帝德祐元年二月，"大元徇饶州，知州唐震、故相江万里死之。通判万道同以城降"。（《全书》）

《元史》卷127《巴延传》载：至元十二年二月三月癸酉，"（宋）知镇江府洪起畏遁，总管石祖忠以城降，知宁国府赵与可遁，知饶州唐震死。而江东诸郡皆下，淮西滁州诸郡亦相继降"。（《全书》）

明王鏊《姑苏志》卷42《宦迹六》载："唐震，字景实，会稽人。少居乡，介然不苟交。既登第居官以公廉称。咸淳六年，自知信州擢浙西提刑。过阙陛辞，贾似道以公田属震，震谢不能行。至部，又以疏力争之。赵氏有守阡僧甚暴横，震遣吏捕治，似道以书营救，震卒按以法。似道怒，使侍御史陈坚劾去之。后知饶州，元兵入府治，执牍张案上，使震署降。震不屈，投笔于地，遂死之。赠华文阁待制，谥忠介，庙号褒忠。官其二子。"（《全书》）

《明一统志》卷45绍兴府《人物·宋》载："唐震，会稽人。少居乡，介然不苟交。有言其过者辄喜。登第为小官,所至以公廉称。咸淳中,通判临安府。历知信饶州。元兵略饶,震城守,通判万道同风震降,震呎之曰:'我忍偷生负国邪?'城破,不屈而死。"(《全书》)

《明一统志》卷50饶州府《名宦·宋》载:"唐震,咸淳间知饶州。元兵至,不屈自经死。"(《全书》)

明陈邦瞻《宋史纪事本末》卷27《贾似道要君》载:宋恭宗德祐元年二月,"壬戌,元军略饶州,知州唐震发州民城守。时元遣使来取降欵,通判万道同阴使所部敛白金、牛、酒备降礼,微讽震降,震叱之曰:'我忍偷生负国耶?'城中少年感震言,杀元使者。已而元军登陴,众皆散。震入坐府中,元军执牍使署降,震掷笔于地,不屈,遂死之。郴州守赵崇榞寓居城中,亦死之。万道同以城降。初,江万里闻□樊破,凿池芝山后圃,扁其亭曰'止水'。人莫喻其意。及闻警,执门人陈伟器手曰:'大势不可支,余虽不在位,当与国为存亡。'至是元军执其弟知南剑州江万顷,索金银不得,支解之。万里赴止水死,左右及子镐相继投池中,积尸如迭。翌日,万里尸独浮出水上,从者殓葬之"。(《全书》)

雍正《江西通志》卷63《名宦七·宋》载:"唐震,字景贤,会稽人。通判临安府,江东大旱,擢知信州。震奏减运米,蠲其租赋。令坊置一吏,籍其户,劝富人分粟,使防吏给之。吏有劳者,辄为具奏复其身,吏感其诚,全活无算。州有民佣童牧牛,牛逸而牧舍火,其父讼佣者杀其子投火中,民不胜掠自诬服。震视牍疑之,密物色之,得童傍郡,以诘其父,对如初,震出其子示之,狱遂直。咸淳十年,知饶州。时兴国、南康、江州诸郡皆已归附,大兵略饶,饶兵止千八百人,震发州民城守。昧爽出治兵至夜中始寐,上书求援,不报。明年二月,兵大至,震尽出府中金钱,募有能出战者赏之。众惧不能战。北兵登陴,众遂溃。震入府中,玉芝堂。其仆前请曰:'事亟矣,鄱江门兵未合,亟出犹可免。'震曰:'民命皆系于我,城中民死,我何面目生邪!'有顷兵入,执牍铺案上,使震署降。震掷笔于地,不屈,遂死之。兄椿与家人俱死。赠华文阁待制,谥忠介。"(《全书》)

清傅恒等《御批历代通鉴辑览》卷94《宋·度宗皇帝》载:德祐元年(元至元十二年)二月,"元克饶州,知州事唐震(字景实,会稽人)、故相江万里死之。元军略饶州,知州唐震发州民城守,时元遣使来取降欸，通判万道同讽震降，震叱之曰：'我忍偷生负国邪？'城中少年感震言，杀元使者。已而元军登陴，众皆散。震入坐府中，元军执牍使署降，震掷笔于地，不屈，遂死之。其兄与家人俱死。初江万里罢相后，闻襄樊破，凿池芝山（在饶州府鄱阳县北，唐刺史薛振常采芝于此，因名）后圃，扁其亭曰'止水'。人莫喻其意。至是谓门人陈伟器曰：'大势不可为，余虽不在位，当与国为存亡。'遂赴止水死。左右及子镐（本蜀人，王槲子为万里后）相继投沼中，积尸如迭。翌日，万里尸独浮出水上，从者殓葬之。事闻，赠震华文阁待制，谥忠介；万里太傅、益国公，谥文忠"。(《全书》)

清徐乾学《资治通鉴后编》卷150《宋纪一百五十·孝恭懿圣皇帝》载：德祐元年二月"壬戌，元军犯饶州，知州会稽唐震发州民城守。时元遣使来取降欸，通判万道同阴使于所部数白金、牛酒、备降礼，微讽震降。震叱之曰：'我忍偷生负国耶？'城中少年感震言，杀元使者。已而元军登陴，众皆散。震入坐府中，元军执牍使署降，震掷笔于地，不屈，遂死之。郴州守赵崇榞寓居城中，亦死之。万道同以城降。震始以忤贾似道，罢官家居。久之，起知饶州，至是死节，谥忠介。初，特进奉祠江万里闻襄樊破，凿池芝山后圃，扁其亭曰'止水'。人莫喻其意。及闻警，执门人陈伟器手曰：'大势不可支，余虽不在位，当与国为存亡。'至是元军执其弟知南剑州万顷，索金银不得，支解之。万里赴止水死，左右及子镐相继投池中，积尸如迭。翌日，万里尸独浮出，从者殓葬之，谥文忠。"(《全书》)

清嵇璜臣等《钦定续通志》卷514《忠义传·宋四·唐震》载："唐震，字景实，会稽人。既登第为小官，权贵有以牒荐之者，震内牒箧中，既而还之，封题未启。咸淳中，由大理司直通判临安府。六年，知信州，擢浙西提刑，忤贾似道去。十年，起知饶州。时兴国、南康、江州诸郡并降元，元兵署饶，饶兵止千八百人，震发州民守城，上书求援，不报。元使人入饶取降欸，通判万道同阴敛白金、牛、酒备降礼，风震降，震叱之曰：'我忍偷生负国邪？'城中少年感震言，杀使者。明年二月，兵大至，都大提举邓益遁去。震尽出府中金钱书官资揭于城，募有能出战者赏之。众惧不能战，元兵登陴，众遂溃。震入府中玉芝堂，其仆前请曰：'番江门兵未合，出犹可免。'震骂曰：'城中民命系于我，民死我何面目独生邪!'有顷兵入，执牍铺案上，使震署降。震掷笔于地，遂死之。兄椿与家人俱死。赠华文阁待制，谥忠介。官其二子。震客冯骥后守独松关，何新之守闽之新垒，皆战死。"(《全书》)

清毕沅《续资治通鉴》卷181《宋纪一百八十一》载：宋恭宗德祐元年（元至元十二年，1275）二月，"壬戌，元军攻饶州，知州唐震发州民城守。时元遣使来取降款，通判万道同阴使于所部敛白金、牛、酒，备阵礼，微讽震降，震叱之曰：'我忍偷生负国耶！'城中少年感震言，杀元使者。已而元军登陴，众皆散。震入坐府中，元军执牍使署降，震掷笔于地，不屈，遂死之。郴州守赵崇榞寓居城中，亦死之。道同以城降。震始以忤贾似道罢官，家居，久之，起知饶州，至是死节。赠华文阁待制，谥忠介"。[1]

《大清一统志》卷218杭州府三《名宦·宋》载："唐震，会稽人。咸淳中，通判临安府。时潜说友尹京，恃贾似道势，甚骄蹇。会府有具狱将置辟，震力辨其非，说友争之不得，上其事刑部，卒是震议。"(《全书》)

《大清一统志》卷227绍兴府二《人物·宋》载："唐震，字景实，会稽人。少有介节，既登第，历官所至以公廉称，擢浙西提刑，忤贾似道免官。咸淳十年，起知饶州。元兵畧饶，坚守不下。明年元兵大至，城破被执不屈，与其兄椿及家人皆死之。赠华文阁待制，谥忠介。"(《全书》)

《大清一统志》卷241饶州府二《名宦·宋》载："唐震，会稽人。咸淳十年，知饶州。时兴国、南康、江州诸郡皆已归元。元兵畧饶，饶兵止千八百人。震发州民城守，上书求援，不报。元兵使人入饶取降欵，通判万道同讽震降，震叱之。城中少年感震言，杀使者。明年二月，兵大至，泉遂溃。震入府中玉芝堂，兵入执牍，使震署降。震掷笔于地，不屈，逐死之。兄椿与家人俱死。赠华文阁待制，谥忠介。"(《全书》)

《大清一统志》卷242广信府《名宦·宋》载："唐震，会稽人。咸淳中，江东大旱，擢知信州，奏减纲运米，蠲其租赋；令坊置一吏，籍其户，劝富人分粟，使坊吏主给之。吏有劳者，辄为具奏复其身，所活无算。

---

[1] （清）毕沅：《续资治通鉴》，上海古籍出版社，1987，第1015页。

州有民庸童牧牛，童逸而牧舍火，其父讼庸者杀其子投火中，民自诬服。震密物色之，得童旁郡，狱遂直。"（《全书》）

按上所载，可得其事迹是：唐震，字景实，南宋会稽（今浙江省绍兴市）人。少居乡，介然不苟交。宋理宗宝祐元年（1253）登进士第，历官以公廉称。宋度宗咸淳中，由大理司直通判临安府。咸淳六年（1270），擢知信州。奏减纲运米，蠲其租赋。咸淳八年（1272）六月，迁浙西提点刑狱。以执法严正，忤宰相贾似道，为侍御史陈坚所劾，罢官家居。咸淳十年（1274），起知饶州（治所在今江西鄱阳县）。时江东诸郡皆已归元，震独治兵为守御计。宋恭宗德祐元年（1275）二月，元兵围饶州，城破，不屈被杀，死于州治之玉芝堂。其兄椿与家人俱死。后宋廷赠其华文阁待制，谥忠介，庙号褒忠，并官其二子。此简称"会稽唐震"。

三 攀丹村唐氏入琼始祖唐震生平事迹的质疑

1. "族谱唐震二"及"族谱唐震三"事迹的质疑

从上述可见，"族谱唐震三"的生平事迹，明显是将"会稽唐震"与"兴安唐震"的生平事迹凑合而成。其漏洞和可疑之处甚多。

一是"族谱唐震三"的生平事迹既然全文照抄《宋史·唐震传》的内容，则说明其人只是"会稽唐震"，而不是"兴安唐震"。这就完全否定了"兴安唐震"的事迹。

二是所谓"入柱国保和殿台阁、特奏"，这些是什么官职？在《宋史·唐震传》也并没有记载这些官职。

三是所谓"晋太傅，诰授光禄大夫"，究竟在何时晋、授？为何史书只字不提？

四是宋代的地方行政区划既没有"琼州路"，也没有"广东南路"名称。

五是"族谱唐震二"说"抗元卒于官"，但究竟在何地"抗元卒于官"？现存众多的史志都明确记载：南宋末年琼州安抚使赵与珞与部下谢明、谢富、冉安国、黄之杰等率兵坚守于琼州白沙口（今海口市海甸岛），防御元军的进攻。后因元将购内应，赵与珞等人被执，宁死不屈，皆被元军杀害。如果"为琼州帅守"的唐震也曾在琼州进行抗元斗争,为何史志只字不提?又,《唐氏族谱》第二册《宗支谱纪略》明确记载:入琼始祖唐震,"淳祐九年,卜葬于坟亭山"。而淳祐九年(1249)元朝军队尚未南下两广地区,海南安能已进行"抗元"?

总之,"族谱唐震三"虽全文照抄"会稽唐震"的生平事迹,但破绽百出,不仅不能证明他就是抗元被杀的"会稽唐震",甚至连"兴安唐震"也难以成立。因为"会稽唐震"与"兴安唐震"的生平事迹迥异,尤其是"兴安唐震"并没有任何抗元事迹。由此可见,所谓"晋太傅,诰授光禄大夫"、"子孙世世代代传下去"的入琼始祖唐震事迹,实在难以令人置信。

2. "会稽唐震"与"兴安唐震"事迹的差异

从以上记载可知,"会稽唐震"与"兴安唐震"的生平事迹差异很大,其显著差异至少有七。

一是籍贯不同。一为宋代浙江会稽(今浙江绍兴)人,一为宋代广西兴安(今广西兴安)人。

二是履历事迹不同。很明显,现存"会稽唐震"的传记资料内容丰富,任职时间和职务名称具体、清楚,都只字不提曾来两广和海南任职情况。而"兴安唐震"的任职时间和职务名称既含混不清,又根本没有任何抗元事迹,尤其是其所任职务与"会稽唐震"完全不同。

三是死年不同。"兴安唐震"死于宋理宗淳祐九年(1249),而"会稽唐震"死于宋恭宗德祐元年(1275)二月,两者之卒年相距26年。

四是死因不同。"会稽唐震"是由于坚决抗元,不屈被杀。而"兴安唐震"仅知其"卒于琼",但死因不明。

五是死地和葬地不同。"会稽唐震"是死于饶州(治所在今江西鄱阳县),也葬于饶州。而"兴安唐震"则死于琼州,也葬于琼州。①

六是出身不同。"会稽唐震"是名副其实的"进士"出身,而"兴安唐震"是"举人材特科"出身。

七是儿子人数不同。"会稽唐震"抗元被杀后,宋廷曾"官其二子"。

---

① 按:唐震墓在今海口市琼山区之狮子岭,1998年11月被琼山市政府定为"琼山市重点文物保护单位"。

而"兴安唐震"只记其"男一：叔建"。

由此可见，"会稽唐震"不是"兴安唐震"，两者只是姓名相同而已。

总之，攀丹村唐氏入琼始祖唐震的生平事迹，存在的疑点很多。现经考察所得结论是："兴安唐震"（"旧志唐震"与"族谱唐震一"的合称）的事迹大致可信，"族谱唐震二"及"族谱唐震三"的事迹有悖史实，至于"会稽唐震"的事迹则与之无涉。

（责任编辑：谢蕊芬）

唐胄与王佐渊源浅探

陈 虹[*]

唐胄（1471~1539），字平侯，号西洲，海南琼山（今海南省海口市琼山区攀丹村）人。明孝宗弘治十五年（1502）壬戌科进士（三甲四十一名），授户部主事。历任员外郎、广西提学佥事、云南金腾副使、广西左布政使、都察院右副都御史、南京户部右侍郎、北京户部左侍郎。因上疏反对献皇帝明堂飨礼，遭削籍归乡，后遇赦，终因病去世。隆平初年，追赠右都御史。《明史》载"胄耿介孝友，好学多著述，立朝有执持，为岭南人士之冠"。[①] 唐胄著有《江闽湖岭都台志》《西湖存稿》《传芳集》等。正德五年（1510），唐胄以母老请求归家终养，居家近20年。唐胄归乡之后，致力于搜集各种地方史料，专心撰写《琼台志》，并与早他出生43年的王佐结下不解之缘。

王佐（1428~1512），生于明宣德三年（1428），字汝学，号桐乡，临高县蚕村都透滩村人。父亲王原恺，为世袭抚黎士舍官。母亲唐朝选，是琼山唐舟（监察御史）的侄女，生二女一男。王佐七岁时，父亲去世，母亲知书识礼，担当起教养子女的重任。稍长，母亲带他回娘家，拜叔父唐舟及大他八岁的丘濬为师。王佐学有所成，与丘濬、海瑞、张

---

[*] 陈虹，海南大学周伟民、唐玲玲工作室。
[①] （清）张廷玉等撰《明史》卷二百三，第十八册，中华书局，1974，第5357~5359页。

岳崧一起被誉为"海南四大才子"。王佐著有《鸡肋集》、《经籍目略》、《琼台外纪》（以下简称《外纪》）、《庚申录》、《金川玉屑集》、《家塾原教》、《琼崖录》，可惜今只存《鸡肋集》以及正德《琼台志》中保留《琼台外纪》的若干内容。

学术的传承，历史的因缘际会，在唐胄与王佐之间碰撞，延展出一段段令人称羡的佳话。

一 志承王佐，编纂《琼台志》

1. 唐胄师从王佐，以《琼台外纪》为底本编纂《琼台志》

从唐胄回琼的时间来看，王佐与唐胄应该有两年左右的时间交集，但纵观史书，未见有明确的记载，不过可以肯定的是，两人在修志治史上关联密切。

民国时期的文化先达王国宪为王佐《鸡肋集》写的《后序》中云："其后，传其学于唐西洲，为一代名臣。本先生《琼台外纪》《珠崖录》等编，著为《琼台志》，海南累朝掌故，藉此以传"。[1] 王国宪在此已经明确指出是王佐传其学于唐胄，唐胄的正德《琼台志》正是依据王佐的《琼台外纪》和《珠崖录》编纂并刊行的。

唐胄自己也很清楚地说明了《琼台志》是以《外纪》备旧志。他于正德辛巳年（1521）在《琼台志序》中云："余惟志史事也，例以史而事必尽乎郡，故以《外纪》备旧志，以史传备《外纪》，以诸类书备史传，以碑刻、小说备类书，以父老刍荛备文籍。"[2] 另外他还在《琼台志》的"凡例"第十条中注明："《外纪》一书，王桐乡先生平生精力所在，故凡有录入者，逐一明著，不敢窃为己有以掩其善。惟所纪原出旧志者不著。"[3] 纵观全书，唐胄在《琼台志》中一共注明了所引用《外纪》达160余处之多。

2. 对于编撰志书内容及范围的认识

王佐曾在《东岳行祠会修志序》中谈道："自郡县建置沿革至于山川、

---

[1] （明）王佐：《鸡肋集·后序》，海南出版社，2004，第269~270页。
[2] （明）唐胄纂：正德《琼台志》，海南出版社，2006，第4页。
[3] （明）唐胄纂：正德《琼台志》，第7页。

形胜、军卫、城池、学校、人物、户口、贡赋等事，与凡事有关涉风化、利益军民者，一一修举，俱要事无遗漏，人无遗憾，为一代全书，以副郡守朝夕忧勤报国之心。"① 据唐胄的"凡例"最后一条可得知，王佐当年编的《琼台外纪》大约有十二卷。

唐胄的《琼台志》则达到了四十四卷，内容非常齐全而且丰富，包括郡州邑疆域图、郡州邑沿革表、沿革考、郡名、分野、疆域、形胜、气候、山川、土产、户口、田赋、乡都、桥梁、公署、仓场、盐场、驿递、铺舍、学校、社学、书院、兵防、平乱、黎情、楼阁、坊表、坛庙、寺观、古迹、冢墓、职役、秩官、破荒启土、按部、名宦、流寓、人物、纪异、杂事、文类、诗类等。

明显可以看出唐胄的《琼台志》在王佐的《琼台外纪》的基础上增加了更多的内容。

3. 修志的方法

王佐是"缘唐宋古志无征，而国朝旧志亦多蠹落，乃广搜博采国初谪宦，诸老儒之家，存有残篇遗集，而滥及不禄。自昧寡陋，著为《琼台外纪》一书，亦得侧于诸家遗集，以补郡志之缺略。"② 王佐编撰时，多是以所能搜集到的各种旧志及各家遗集来补充郡志的缺失。

唐胄则是"如地切倭、岐而述海道、黎情之详，急讨御而具平乱、兵防之备。隐逸附以耆旧，不遗善而且以诱善；罪放别于流寓，不混恶且因以惩恶。田赋及于杂需，额役以书民隐；纪异及于灾异、祯祥，以显天心。首表以括邦纲，殿杂以尽乡细。非徒例史以备事，而且欲微仿史以寓义。"③ 从中可以看出唐胄编撰时不仅采用旧志遗集，而且还尽量用到各种所能搜集到的资料，如碑刻、小说之类的充分加以利用。他甚至还深入各地进行实地考察，并详细记录所见所闻，对有过错的地方还及时加以改正，对于不能肯定的内容，则一并录之，以俟后人考证。如在《土产》中的"面"条："面，出琼山，于岭南特佳。又南椰面，产黎山，尤美。树类桄榔，唐诗'清斋静溲桄榔面'是也。"④

---

① （明）唐胄纂正德《琼台志》，第 2 页。
② （明）唐胄纂正德《琼台志》，第 1~2 页。
③ （明）唐胄纂正德《琼台志》，第 4 页。
④ （明）唐胄纂正德《琼台志》卷九《土产·下》，第 212 页。

"南椰面"条:"南椰面,黎村多。色淡红,煮食类蕨粉。(按:本土桄榔木,形亦类此,但坚硬无粉。)《后汉书》'句町有桄榔木,可以为面',《蜀都赋》'面如桄榔',故皮日休寄杨琼州诗有'清斋静溲桄榔面'之句。《外纪》遂注'桄榔可面',不知何据。或夜郎、西蜀亦呼南椰为桄榔欤?"①

可以看出唐胄在看到史书有关南椰面的记载后,是经过了实地考察,对桄榔木有所了解的,但不知为何却没有完全知晓。其实本土桄榔木确实是可以食用的。张岳崧纂的道光《琼州府志》里就写得很清楚:"木性如竹,紫黑色,有文理而坚,工人解之,以制博弈局。此树皮中有屑如面,可为饼食之"。②

唐胄用两卷的篇幅来记载海南本地的土产,总共有759种之多,其中谷之属10种、杂食11种、菜之属42种、瓜类11种、花之属61种、果之属47种、杂植属20种、草之属38种、竹之属25种、木之属72种、畜之属10种、禽之属51种、兽之属17种、蛇虫属56种、鱼之属51种、石之属12种、药之属114种、货之属38种、布帛属18种、饮馔属17种、油之属10种、器用属17种、工作属11种。

对于有些土产,他还特意标注出本地人的使用或食用方法。如:

楮,土人取其皮造纸,取实入药。③
乌梢,最毒。土人取酿酒,去疮疥。④
蚁,有黄黑数种。小黄极多,易嗅沾饮馔。其小黑者,土人取其蛋为醓酱,诸治食之。⑤
沙摊,形类蚖蛇而扁,有杂五色者。穴草野间,土人取炙,以治腹痛。⑥

有些土产,他还罗列出其捕捉方式,如:

---

① (明)唐胄纂正德《琼台志》卷八《土产·上》,第160页。
② (清)明谊修、张岳崧纂道光《琼州府志》卷五《舆地志·木类》,海南出版社,2006,第235页。
③ (明)唐胄纂正德《琼台志》卷八《土产·上》,第181页。
④ (明)唐胄纂正德《琼台志》卷九《土产·下》,第189页。
⑤ (明)唐胄纂正德《琼台志》卷九《土产·下》,第192页。
⑥ (明)唐胄纂正德《琼台志》卷九《土产·下》,第189页。

穿山甲，一名鲮鲤，似鲤而有四足，能陆能水，又曰鳞鲤。又一种形相类而小，名山獭，土人亦以狗捕之。①

蜂，土人取之时皆以火熏之，以服蔽身防螫。②

其资料之翔实，为明之最，即使是在今天，也依然是名列土产品种齐全、介绍详细的志书之前列，极具研究和参考价值。

在文章《正德〈琼台志〉：一部杰出的方舆之作》中，司徒尚纪和李燕也指出了此志具有"丰富的自然资源资料、珍贵的人口地理资料"。

二　王、唐二人在治史精神上的一致性

唐胄所纂修的正德《琼台志》，不仅在内容上依据王佐的《琼台外纪》，更重要的是在治史精神及对待历史人物的评价上也与王佐基本保持一致。

比如王佐曾有二首，唐胄有一首诗评论宋代的抗战民族英雄。

其一《哀使君》："末路谁当国步艰，琼州节概重常山。心悬北极天应远，血洒南荒地尽斑。上帝亦哀麟凤死，中原长照尾箕寒。使君高义言难尽，只把哀词滴泪弹。"③

其二《哀四义士》（谢明、谢富、冉安国、黄之杰）："五更风雨晦乾坤，守信鸡鸣自不昏。万户千门皆已死，汗青今见四人存。"④

其三《哀百姓》："舆图二百尽皇州，宋室遗民尚有不。松柏谁扪共客腹，弦歌未散鲁公头。忠魂几许随波恨，孤旅三千特地投。那道深仁炎赵录，无端气厥向兹收。"⑤

这里所指的是宋末时的琼管安抚使张应科、赵与珞，以及谢明、谢富、冉安国、黄之杰四义勇的感人故事。

宋祥兴戊寅（1278）夏，朝廷派遣王用与张应科攻打雷州。苦战三战，未能攻下。王用向元军投降，虽然宋之气脉将尽，但面对外族的入

---

① （明）唐胄纂正德《琼台志》卷九《土产·下》，第188页。
② （明）唐胄纂正德《琼台志》卷九《土产·下》，第191页。
③ （明）王佐：《鸡肋集》，第251页。
④ （明）王佐：《鸡肋集》，第101页。
⑤ （明）唐胄：《传芳集》，第197页。

侵，张应科依然誓死报国。他再次兵临城下，与元军决一死战，最终战死。

同一年的秋天，元将阿里海牙略地海外，派遣宣慰旧帅马旺来琼招降，时任管琼安抚使的赵與珞不听，率领义勇谢明、谢富、冉安国、黄之杰等兵在白沙口英勇抵御。元军久久不能登岸。直至冬十一月壬辰，元军买通内应，赵與珞等被俘，但他们依然不肯轻易屈服，执义大骂元军，元将领大怒，将他们全部裂杀。

对于此事，唐胄《传芳集》中的《补白沙口哀百姓有序》有专门的评议。他先是回顾当时的历史："赵與珞死后三阅月，而宋亡矣。自阿里海涯戍鄂以来，数年之间，荆南江广望风迎降。间有如高世杰、李芾、马墍之苦节拒敌，亦不过斩首自尽而已，岂有若此裂杀之惨哉！"①点明了当时的社会背景是中原地区因宋朝的大势已去，大多数人都是自动投降，即使是坚持抵抗的将士，最终也不过是斩首自尽而已，还从未有过如此被残酷裂杀的。

"且当此时，西来迎刃之大军隔海矣，同心之应科已死矣，宋之土宇垂尽矣，岂不知大势之去，螳臂之不可御。然所以泄其愤，坚守以固其节者，心焉而已。宋室守臣，死节虽多，岂有后于與珞者哉！"明知是螳臂当车，但在民族大义与苟且偷生之间，他们毫不犹豫地做出了可以说是惊天地泣鬼神的壮举，琼崖郡士之刚烈精神由此可见一斑。"人生自古谁无死，留取丹心照汗青"的英雄气概被这些琼崖志士的壮举演绎得淋漓尽致。但他们的悲壮，却受到"以远土孤臣，史氏不为立传，续纲目者不为大书"的不公平待遇，唐胄为此大呼可惜。王佐认为"万户千门皆已死，汗青今见四人存"，充分肯定了他们的大义之举动及民族之精神，虽经历史长河的大浪淘沙，四壮士的英名却永垂青史。尽管正史不载，但唐胄与王佐都不约而同地选择将这些英勇义士悲壮地载入郡志，以志纪念及激励后人。

不同于王佐的哀叹，唐胄对这几人做出了极高的评价："噫！琼去中原万里，朝廷政泽之沾独运，及国之亡也，人心固结，独后于天下，岂三百年恩养之所致欤？抑张、赵二使君当日之义气激欤，或人情土俗之美，

---

① （明）唐胄：《传芳集》，第196页。

而自不能已欤？故论宋三百年之天下，其先人心之归也，始于陈桥；其后人心之不忘也，终于琼海。所谓后死之睢将，不啻秦之齐士，闭城之鲁民，皆兼而有之矣，孰谓南荒之外，而有此地也哉！"①

唐胄在正德《琼台志》的"名宦·张应科"条中评道："吾郡二使君，应科死于夏，赵舆珞死于冬，自是合川降没，天下守臣无复有拒敌者，岂不为凛凛后凋之松柏哉！"②

因宋改元是外族入侵汉地最终统一中原，故在对宋代抗元英雄的表述及评价上，正史书往往较为谨慎及含糊。对于这样的民族英雄，王佐也只能是哀叹，"言难尽，只把哀词滴泪弹"，唐胄却是直抒情怀，说他们是"兼而有之"的义士、勇士，是后凋的松柏。

对于历史人物的记录及评价，唐胄还是尽量按照已有史书的记载进行撰写，但他同时又用按语的形式表述自己的见解。如"名宦·赵舆珞"条按："此乃《外纪》据《行朝录》如此，称购应者乃旺购旧部党卒以应，非尽州人意也。盖琼民当是年，虽与广右诸郡同饷厓山，而尤加造舟楫，制器械，经夏末冬初，犹困竭不辞，况自海中称制以来，尽心勤王，至郡已亡，尚奋旧兴乱，岂有叛志者哉！《厓山志》乃损益本录，称州民作乱，执舆珞；又引《元史续编》，谓民不堪，遂有叛。《志》与《郡志》不合，皆传闻附会之说也。"③

三 唐胄对王佐的肯定及欣赏

唐胄不仅继承编纂府志，还参与了王佐文章的编辑工作。

他在《鸡肋集·原集序》中直言："吾乡王桐乡先生弃世二十余年矣，余久得藏其遗稿，近于学政之暇，始出而编次之。"④

对于王佐的才情，唐胄也是深为钦佩及赞赏，称其词"平易温雅"，气"光明隽伟"。他说："读之（王佐遗稿）若寻常无可惊异，而大方家每服其词之平易温雅、气之光明隽伟，当比拟于古诸大家。"

---

① （明）唐胄：《传芳集》，第 196～197 页。
② （明）唐胄纂正德《琼台志》卷三十三《名宦》，第 697 页。
③ （明）唐胄纂正德《琼台志》卷三十三《名宦》，第 698 页。
④ （明）王佐：《鸡肋集》，第 2 页。

他甚至说王佐之成就可与韩、欧相媲美："余尝叹后世文章,自汉司马子长至唐始有韩昌黎,可谓难矣。逮宋,文人嗜韩文莫善于穆伯,莫醇于欧阳。先生生乎其后,师法有年,其内已闳深,而外则无一字相袭也。有续我皇明文衡之作者,谅不能遗此,而独具只眼者,必能辨其家数之所自。谓非一时拔出之杰,岂公论乎?"①

王佐生平嗜书如命,无论行到何处,皆书不离身,即使是到了晚年,因视力衰退,也依然坚持读书。邢祚昌曾撰文曰:"闻其行部时,惟以书卷自随,不及他物;即晚艰于视,犹令人诵之,而公潜玩焉。"②

唐胄于嘉靖四年(1525)撰写的《王桐乡摘稿序》中也对王佐的这种嗜好极为赞赏:"公余手不释卷,或行部所至,物无一嗜,独携书自随,舟车满载,文雅德誉藉甚。""及耄,悼艰丧明,独令人咕哔听之,则其所以得此者,岂偶然哉!"③

唐胄还在五言古诗《谒桐乡王汝学先生》篇中这样抒写:"平生五车书,一策用未既。语剩何须多,盈箱酱瓿隶。对此鸡肋盘,佳味天然酴。"④

四 结语

王佐与唐胄,是海南历史上可书可赞之文人、诗人。唐胄对王佐不仅倍加尊重,还身体力行,亲自参与整理、编辑王佐的诗文遗稿,充分表达了唐胄对自己恩师的感恩与纪念之情,同时也为后人留下了可歌的师生情谊佳话。后人在颂读《鸡肋集》、《传芳集》、正德《琼台志》时,不仅可以得到诱善惩恶、显天心及寓意的教化,同时还可以体会人与人之间、学人之间的感人情怀。

他们俩还因为南宗五祖自玉蟾而有一份趣缘。白玉蟾是海南省琼山五原乡人。

唐胄生前,因笃嗜白玉蟾诗文,特地精选白玉蟾诗文成集,名《海琼摘稿》。

---

① (明)王佐:《鸡肋集》,第2~3页。
② (明)王佐:《鸡肋集》,第4页。
③ (明)唐胄:《传芳集》,第173页。
④ (明)唐胄:《传芳集》,第185~186页。

王佐则是有明文记载的海南第一位拜访远在福建省武夷山白玉蟾像及止庵的名人,还为此留下了《夜宿武夷山止庵并序》。其中一首写道:

诗赋留山间,手泽犹精造。永与九曲歌,并作镇山宝。
仙集响琅琅,我心明皭皭。持集归故乡,为报五原保。

(责任编辑:隋嘉滨)

明代户部左侍郎唐胄年谱

李 勃[*]

唐胄（1471～1539），字平侯，号西洲。明琼山县（今属海口市）治东一里番蛋里（即今攀丹村）人。明孝宗弘治十一年（1498）举人，弘治十五年（1502）进士，累官至户部左侍郎（正三品），卒赠右都御史（正二品）。他是明代全国著名的人物之一，其为人行事值得称许者甚多，获得后人的高度评价，被称"为岭南人士之冠"。其精神和美德为后来著名的清官海瑞树立了光辉的榜样。当前，研究和宣传唐胄很有必要：有利于弘扬海南优秀的传统文化，有利于宣传海南的古代文明，有利于对海南的大中小学生进行立志和思想品德教育，有利于海南国际旅游岛建设等。其生平事迹在《明史》本传及《唐公神道碑》里虽有记载，但过于简略，且有遗漏，有鉴于此，故本文拟对此进行全面探讨。

一 家世和诞生

关于唐胄的家世情况，据明王弘诲《通议大夫户部左侍郎赠都察院右都御史西洲唐公神道碑》（下简称《唐公神道碑》）载："按《状》：公讳胄，字平侯，姓唐氏，西洲其号也。先世桂林之兴安人。宋淳祐间，始祖

---

[*] 李勃，海南师范大学文学院。

震刺琼州，卒于琼。子叔建荫琼山县尉，遂卜城东番疍里，家焉。叔建生次道，迪功郎，琼州户录。次道生闿，琼州学教授。闿生祖寿。祖寿生逊，本州学训。逊生乾畀，太学生。乾畀生正，处士。太学生、处士则公之王父、父也，俱以公贵赠通议大夫、都察院右都御史、户部左侍郎；王母吴，母陈，皆赠淑人。"① 由此知：其先世为明代桂林府之兴安县（今广西兴安县）人；唐胄乃入琼始祖唐震的第九世孙；其祖父乾畀，太学生（即监生）。父正，处士（即有才德而未做过官的士人），曾著有《榕冈集》四卷。② 祖母吴氏，母陈氏；攀丹村在明代被称为"番疍里"，意为该处原是番人（外国回民）和疍民（即水上居民）聚居之地。

明宪宗成化七年（1471）农历二月廿二日，唐胄公生于攀丹上村本家。③

按：明王弘诲《唐公神道碑》虽是现存有关唐胄生平事迹较为完备的原始资料，但也有误。如其所说："公卒为嘉靖己亥四月十三日，距其生天顺辛卯十月二十二日，享年六十有九。"这里所记唐胄生年明显有误。因为："天顺"是明英宗年号（1427~1464），此距嘉靖己亥（即嘉靖十八年，1539）有70多年，与唐胄享年不符；明英宗"天顺"没有"辛卯年"；明宪宗"成化"有"辛卯年"（即成化七年，1471），距嘉靖己亥（1539）有68年。加上1年虚岁，与"享年六十有九"相符。由此知，所谓"天顺辛卯"，显为"成化辛卯"之误。

关于唐公少年和青年时代的求学等情况，因现存文献皆无记载，故无从谈起。

二 科举入仕和归家守制

明孝宗弘治十一年（1498）：唐公二十八岁。

唐公赴省城广州应乡试，中礼经魁、亚元。

---

① （明）王弘诲：《通议大夫户部左侍郎赠都察院右都御史西洲唐公神道碑》，见明唐胄《传芳集》附录。《湄丘集》，海南出版社，2006，第222页；（明）王弘诲：《天池草》下册，海南出版社，2004，第413页。
② 正德《琼台志》卷24《楼阁上·琼山县》"榕冈"条。
③ 唐辉、唐甸康编《南宋入琼始祖唐震家史集》之《唐胄传》，2005年8月。按：这是唐胄的后代给笔者提供的家谱资料。

胄幼敏颖，于书无所不读，博通经史百家。是年乡试，中礼经魁。见《唐公神道碑》、正德《琼台志》卷38《人物三·乡举》（下简称《琼台志·乡举》）、《嘉靖广东通志·琼州府》之《列传·人物·唐胄》①（下简称《嘉靖广东通志·唐胄》）、明郭棐《粤大记》卷17《献征类·部院风猷·唐胄》（下简称《粤大记·唐胄》）②、万历《琼州府志》卷10《人物志·乡贤·皇朝·唐胄》（下简称万历《琼州府志·唐胄》）、康熙《琼州府志》卷7《人物志·乡贤·明·唐胄》（下简称康熙《琼州府志·唐胄》）、道光《琼州府志》卷34《人物志二·名贤下·明·唐胄》（下简称道光《琼州府志·唐胄》）等。

按：所谓"乡试"，指明清两代每三年一次在省城举行的科举考试，考中者称举人。所谓"经魁"，指明清科举考试分五经取士，每科乡试及会试的前五名即分别于五经中各取其第一名，称为经魁。"礼经魁"即礼经第一名。所谓"亚元"，指乡试中试（即举人）的第二名。

孝宗弘治十五年（1502）：唐公三十二岁。

（1）春，唐公赴京师应会试，中会魁（礼经魁），登康海榜进士。授户部广西司主事（正六品）。

以上参见《唐公神道碑》、正德《琼台志》卷38《人物三·进士》、《粤大记·唐胄》、万历《琼州府志·唐胄》、康熙《琼州府志·唐胄》、乾隆《琼州府志》卷7《人物志·列传·明·唐胄》（下简称乾隆《琼州府志·唐胄》）、道光《琼州府志·唐胄》等。

按：所谓"会魁"，即会试中试之五经魁。明清科举制度，考生于五经试题里各认考一经，录取时，取各经之第一名合为前五名，称五经魁。明王世贞《弇山堂别集》卷2《盛事述二·一门高第》载："谢文正迁以解元、会魁中状元，而子丕复以解元、会魁及第。"③

又，《唐公神道碑》《粤大记·唐胄》俱载："授户部山西司主事。"但《琼台志·进士·唐胄》载："壬戌会魁康海榜，授户部广西司主事，今改山西司。"鉴于此乃唐胄自记之文，真实性最高，故从之。

（2）是年，丁父忧（遭逢父亲丧事），归家守制。后官府在其故里蕃

---

① 《嘉靖广东通志·琼州府》，明黄佐纂修，蒋志华点校，海南出版社，2006。
② （明）郭棐：《粤大记》，黄国声、邓贵忠点校，中山大学出版社，1998，第476页。
③ （明）王世贞：《弇山堂别集》，文渊阁《四库全书》本，史部，杂史类。

诞村特为其建立"省魁坊""会魁坊"和"进士坊",给予表彰。

以上参见《唐公神道碑》、正德《琼台志》卷 25《楼阁下·坊表·府》、《粤大记·唐胄》、万历《琼州府志·唐胄》及《建置志·坊表·本府》卷 4、康熙《琼州府志·唐胄》、乾隆《琼州府志·唐胄》、道光《琼州府志·唐胄》等。

按:关于唐公"丁父忧"之时间,现存文献说法不一。

一说在弘治十五年。如《唐公神道碑》、《明史》卷 203《唐胄传》、《粤大记·唐胄》、万历《琼州府志·唐胄》、康熙《琼州府志·唐胄》、乾隆《琼州府志·唐胄》、道光《琼州府志·唐胄》等皆谓:弘治十五年登进士,授户部主事,"以忧归"或"丁外艰"。新编《南宋入琼始祖唐震家史集》之《唐胄传》也记:"授官户部山西司主事。不久,因父丧,归家守孝。至弘治十七年丧服期满。"

二说在"弘治末"之前。据《琼台志》卷 24《楼阁上·琼山县》"像池"条载:"在城东一里。弘治末,主事唐胄凿。"唐胄在此附有与其同年进士、户部主事信阳何景明的《像池记》,《像池记》载:"琼城之东,有村曰蕃诞,唐子世家焉。门有像池者,唐子像其先人之池也。名之者,示无忘也。始唐子之先君榕庵公博史耽诗,情高意适,尝池于所居门外,潴水畜鱼。中为小丘,四畔树柏列竹,以时游玩,求乐其志。时命唐子曰:'池近于门甚隘,然予乐之弗能易,以终吾身。汝后当夷之,以浃吾志可也。'榕庵公既终,唐子从治命夷池,而门其上以继志。复门外为池,广深像之,艺柏竹,复像之。"按其所载,既然唐胄于"弘治末"凿"像池",既然唐胄在其父"榕庵公既终"之后才夷旧池和凿新池,则其父显然卒于"弘治末"(弘治十八年,即 1505)之前。鉴于守制为三年,在守制期内不任官、不应酬,不应考,不婚嫁,但可以兴建土木工程。如明王锜《寓圃杂记》卷 7 载:"成化初,缉熙守制于家,大兴土木,建第甚雅丽。"更何况,唐胄凿"像池"也是继承父志的一种孝举。由此观之,"弘治末"唐胄凿"像池",其时当在守孝期内或守孝期已满。这两种情况都有可能。若在守孝期内,则其父当卒于"弘治末"之前一至二年即弘治十六年或十七年。若守孝期已满,则其父当卒于"弘治末"之前三年即弘治十五年。可见"二说"与"一说"大致相同。

三说在正德元年（1506）。据明正德七年姑苏都穆①应唐胄之请而作的《榕冈记》说："处士既没之六年，其子户部主事胄乞予记。"其落款时间是"正德壬申二月庚子"②。"正德壬申"即正德七年（1512）。按此所载，则"处士"（即唐胄之父）当卒于正德七年之前的六年，即正德元年。

以上说法孰是孰非？笔者认为，都穆的《榕冈记》虽是应唐胄之请而作，其资料由唐胄提供，但所记恐有错误，况且此说乃孤证，难从。而"二说"不仅证据确凿，而且符合事理，可信度最高，惟难以确定"丁父忧"在"弘治末"之前何年。鉴于"二说"与"一说"大致相同，故现暂从"一说"。

孝宗弘治十六年至十八年（1503~1505）：唐公三十三至三十五岁。

唐公在家守制。

服阕（守丧期满除服），时值宦官刘瑾擅权，胄称病谢绝返京任职。刘瑾斥诸服除久不赴官者，坐夺职。见《唐公神道碑》、《明史·唐胄传》、《粤大记·唐胄》、万历《琼州府志·唐胄》、康熙《琼州府志·唐胄》、道光《琼州府志·唐胄》等。

明武宗正德元年至六年（1506~1511）：唐公三十六至四十一岁。

唐公赋闲在家，致力于家乡文教建设。

一是参与纂修《琼州府志》。据唐胄《琼台志序》说："丘文庄公晚年尝言己有三恨，郡堞未修一也。桐乡王公载笔数十年，录郡事警官志，前后擅易之陋，乃命所集为《外纪》，以自成一家之书。孙户部九峰先生，尝托前守方公为梓而不果。后守王公取阅其书，谓独详于人物、土产，而他目仍旧，乃迎公于东岳祠，礼郡隽秀充分纂，而余与焉。及首启沿革，而公于建武复县，执旧疑史，与众不合，阁笔延月，仅授《序》答守以归。适逆瑾败，召起使催余就道，守亦离位，而事寝矣。余乃藏采稿于知友唐鹏翼氏，候异日重修。"③

---

① 按：都穆，字符敬，明代大臣、金石学家、藏书家。姑苏（即吴县，今苏州市）人。弘治己未（1499）进士，授工部主事。历礼部郎中。乞休，加太仆少卿致仕。见（清）朱彝尊编《明诗综》卷32《都穆一首》。
② 正德《琼台志》卷24《楼阁上·琼山县》"榕冈"条引自姑苏都穆《榕冈记》。
③ （明）唐胄：《传芳集》，见《湄丘集》，海南出版社，2006，第168页。

所谓"桐乡王公"，即明代临高县王佐。其所"授《序》"，即《东岳行祠会修志序》。该序作于"正德六年辛未季春"。① 又，"逆瑾败"于正德五年八月。如《明史》卷16《武宗纪》载：正德五年八月甲午，"刘瑾以谋反下狱。诏自正德二年后所更政令悉如旧。戊戌，治刘瑾党，吏部尚书张彩下狱……戊申，刘瑾伏诛"。由此知，正德元年至六年，唐胄在家乡主要从事修纂府志工作。

二是创建书院。据正德《琼台志》卷17《书院》"西洲书院"条载："在郡城东一里许。正德间，主事唐胄建为读书所。清河张少参简以胄弃官归养而学，扁曰'养优书院'。后宪副王巴山先生叔义按琼，就号易今名，为记之。"

三是为学校作记。正德初，应琼山县学教谕之请，作《重修琼山县学记》。正德《琼台志》卷15《学校上·琼山县学》载："正德初，增立号房二十间。主事唐胄记：……"（注：该记没有收入唐胄的《传芳集》）

三 应召起用和归家侍养

明武宗正德七年（1512）：唐公四十二岁。

（1）春，唐公应召起用，授户部山西司主事。

据正德《琼台志》卷24《楼阁上·琼山县》"像池"条引明何景明《像池记》载："唐子名胄，字平侯，余同年进士，为户部主事。逆瑾时废官家居，今年召起，予亦同召，凡八年而复见于京师，同时者握手欢甚……正德七年春。"这说明唐胄在当年春应召赴京复原职不疑。

又，唐胄《琼台志序》说："适逆瑾败，召起使催余就道，守亦离位，而事寝矣。余乃藏采稿于知友唐鹏翼氏，候异日重修。"此外，乾隆《琼州府志·唐胄》也载："瑾诛，复原职。"

按：《明史·唐胄传》、道光《琼州府志·唐胄》俱载："瑾诛召用，以母老不出。"这与《像池记》所记不同，显误。又，《粤大记·唐胄》、

---

① （明）王佐：《东岳行祠会修志序》，见正德《琼台志》卷首，海南出版社，2006，第1~3页。

万历《琼州府志·唐胄》、康熙《琼州府志·唐胄》俱载："瑾诛,起授户部河南司主事。"考唐胄任户部河南司主事,是在明世宗嘉靖元年（1522）。① 以上三志所记年代错误。

（2）在京师请友好同僚姑苏都穆、信阳何景明分别作《榕冈记》《像池记》。②

（3）是年,唐公以母老乞终养,辞官归里。

《唐公神道碑》载："瑾诛,起公。复以母老乞终养,益肆力于学,盖家食者几廿年。"

所谓"乞终养",指请求辞官归家以奉养年老父母,以终其天年。

唐胄《琼台志序》载："适逆瑾败,召起,使催余就道……后自淮漕得告归。"

正德七年春何景明应唐胄之请所写的《像池记》也引唐胄的话说："唐子乃曰：'吾母老病,而无兄弟。其来勉副重恩尔,安能恝然而久居于此?'"③ 由此可知,正德七年春,唐胄虽应召赴京任职,但因母亲老病在家,在当年就疏请归家奉养。这既是作为儿子应尽的孝道,而且也符合明朝的规定。如《明史》卷72《志第四十八·职官》载："凡父母年七十,无兄弟,得归养。"

明武宗正德八年至正德十六年（1513~1521）：唐公四十三至五十一岁。

在这段时间里,唐公在家主要从事两项工作。

（1）尽心奉养母亲。

据《唐公神道碑》载："公天性至孝,事处士公敬养备至。疏归侍养时,会陈淑人有疾,公手调药,朝夕不解带。舍傍忽产麻菰,取以供母,人以为孝感。"

（2）继续致力于家乡文化建设。主要成绩有三。

一是完成正德《琼台志》卷44的写作任务,并于正德十六年刊行。④

正德《琼台志》是海南现存最早的一部全岛性的地方志,记录了大量

---

① 《唐公神道碑》、《南宋入琼始祖唐震家史集》之《唐胄传》。
② 正德《琼台志》卷24《楼阁上·琼山县》"榕冈"条、"像池"条。
③ 正德《琼台志》卷24《楼阁上·琼山县》"像池"条。
④ （明）唐胄：《琼台志序》及《凡例》。

的海南古代历史资料，其体例完善，征引文献丰富，资料价值高，在方志编纂学、方志文献学、方志史上都有重要价值，备受后人推重，是研究海南古代历史文化的一部重要参考书。

二是为海南诸学校作记。计有四篇。

其一，正德九年（1514），应万州儒学教官之请，作《重建万州儒学记》。正德《琼台志》卷16《学校下·万州学》载："正德元年，复葺及置祭器。九年，知州余忠再修，及建儒林坊于学门外。唐胄记：'……正德壬申，无锡余侯来守是邦……修葺大成殿、明伦堂……落成，校官卢臣、周隆辈来乞余记。'"此又见道光《万州志》卷4《学校》。所谓"正德壬申"，即正德七年。这是余忠来万州任知州之年，而非其再修州学的"落成"时间。

其二，正德十二年（1517）春，应儋州儒学教官之请，作《重修儋州儒学记》。正德《琼台志》卷16《学校下·儋州学》载："正德七年，知州陈衮迁入城内东南隅，即今学。创建殿堂、圣像。以应朝去，未完。十年，署州事推官蒋缨继修大备云。唐胄记：'……正德乙亥冬，湘源蒋侯以郡节推摄州事，感俗之旧与士之良，可大造也。以学宫虽前守陈侯衮内迁之便，然于殿堂尚未就，何以所教事？乃肆力缮完，且次举庑、斋、门号诸建，以备其制。越再明年春，即告就。命其庠吴寿椿、李一夔二士来请记。'"此又见万历《儋州志·人集·艺文志·记》、康熙《〈儋州志〉卷3艺文志·记》、道光《琼州府志》卷39《艺文志·记》等。

所谓"正德乙亥"即正德十年。所谓"越再明年"，意即正德十二年。因"越再"二字在其文集《传芳集》里记作"迨至"，以致后人将其《重修儋州儒学记》误记为"正德十一年"作。

其三，正德十六年（1521）二月，为琼州府学作《三祠录序》。正德《琼台志》卷15《学校上·府学》载：正德十六年，"二月，生员钟远、张文甫等以旧祀名贤有遗，而王肱学流术数，乃呈革脓，而进王义方等十人，乞迎回王伯贞、徐鉴二神牌于旧祠，以慰民思。汪金宪克章评允，乃拓祠基宏建，增新牌位，共祀四十人，专主学行，以风励后进……附唐胄《录序》：'《三祠录》者，录三祠所祀事也。仰止祠在郡学……先贤祠在道右……景贤祠在郡西北……'"按：后世学者将其

《三祠录序》记为"嘉靖元年"①作,误。

其四,正德十六年三月,应琼州府学教授之请,作《重修琼州府学记》。正德《琼台志》卷 15《学校上·府学》载:正德十六年,"三月,汪克章复修建殿房、斋廡诸制,补祭器,给缮田,文教大振。唐胄记:'正德庚辰冬,姚江汪东泉先生以宪节按郡,百蠹禅祛,百度咸兴。而尤敦意学校……'"(注:该记没有收入唐胄的《传芳集》)

三是正德十五年(1520),为洪武间琼山县学教谕赵谦作《重修赵考古先生墓碑》。据正德《琼台志》卷 27《冢墓·琼山》载:"赵考古墓。唐胄《重修记》:'姚江赵考古先生谦,洪武末司教吾邑……正德庚辰冬……乃基石崇封而碑题之,补前地之侵垦者,甃以甓石,隧道券台,斩然以秩。'"

按:赵谦,字扬谦,余姚人,明初著名学者。博洽经史,尤精六书之学,时号为考古先生。洪武十二年(1379),召至京师修《正韵》,时年二十八,授中都国子监典簿。后谪任琼山县学教谕,造就后进,一时士类翕然从之,文风丕变。守令为之筑考古台于学右,为著述之所。洪武二十八年(1395)卒,年四十五。所著有《六书本义》《声音文字通》《造化经纶图》《学范》《历代谱赞》等书。祀于祠。参见《明史》卷 285《文苑传·赵扬谦》、正德《琼台志》卷 33《名宦·皇朝·赵谦》、万历《琼州府志》卷 9《秩官志·名宦·教职·赵谦》等。

四 仕宦生涯

明世宗嘉靖元年(1522):唐公五十二岁。

(1)唐公应召赴京,授户部河南司主事。

《唐公神道碑》载:"肃皇帝入嗣大统,始赴召为户部河南司主事。"所谓"肃皇帝",即明世宗(嘉靖皇帝)。见《明史》卷 17《世宗纪一》。《明史·唐胄传》也载:"嘉靖初,起故官。"

(2)是年,唐公先后三次上疏。

一是疏请停遣宦官监督织造扰民。《唐公神道碑》载:"肃皇帝入嗣大

---

① (明)唐胄:《传芳集》,见《湄丘集》,海南出版社,2006,第 169 页。

统,始赴召为户部河南司主事。时苏杭织造递遣中贵人往,大为民害,公上疏谏止,词甚剀切。"《明史·唐胄传》载:"嘉靖初,起故官。疏谏内官织造。"雍正《广东通志》卷46《人物志三·琼州府》也载:"复原职,屡疏请罢苏杭织造内臣。"所谓"中贵人""内官""内臣",都指侍从宦官。所谓"苏杭织造",指苏州织染局和杭州织染局,皆为明代官办的织造工场。初由地方官府督造,永乐后改遣宦官监督。据《明史》卷82《食货志六·织造》载:"明制两京织染内外皆置局,内局以应上供,外局以备公用。南京有神帛堂,供应机房。苏、杭等府亦各有织染局,岁织有定数。……天顺四年,遣中官往苏、松、杭、嘉、湖五府,于常额外增造彩缎七千疋。工部侍郎翁世宗请减之,下锦衣狱,谪衡州知府。增造坐派于此始……监督织造,威劫官吏。至世宗时,其祸未讫。即位未几,即令中官监织于南京、苏、杭、陕西。"

二是疏请出内象。见《唐公神道碑》。明代锦衣卫设驯象所,驯养大象,供朝会之用。据《明史》卷76《职官志五》载:"锦衣卫,掌侍卫、缉捕、刑狱之事,恒以勋戚、都督领之……驯象所,领象奴养象,以供朝会陈列、驾辇、驮宝之事。"所谓"象奴",指饲养象的奴隶。又《明会典》卷38《户部二十三》载:"锦衣卫驯象所内象房仓、锦衣卫驯象所外象房仓:东直门里牛房仓、东直门外牛房仓、吴家驼牛房仓、宣府在城草场、鸡鸣山草场、怀安等处草场、赤城等处草场、永宁等处草场、万全左等卫草场。南京草场四处……"[①] 由此可知,所谓"出内象",意谓建议舍弃锦衣卫驯象所内象房仓。唯未详具体原因。

三是疏请为宋死节臣赵与珞追谥立祠。见《唐公神道碑》。

按:关于赵与珞事迹,据雍正《广东通志》卷39《名宦志·省总》载:"赵与珞,宋宗室也。咸淳初,为琼管安抚使。祥兴元年秋,元将阿尔哈雅略地海外,遣旧帅马旺招降,不听。率义勇谢明、谢富、冉安国、黄之杰等兵御于白沙口,各殊死战,元兵不能登岸。冬,元兵愈益至,旺购其党内应,遂执与珞等以降。与珞不屈,元将并明等皆裂杀之。与珞有胆略,海外诸蛮小国皆倚为重。既死,由是州县及外蛮皆附于元。"

史称其上疏所谈问题都完全正确,深得舆论同情,即"其所论列皆有

[①] 《明会典》,文渊阁《四库全书》本,史部,政书类,通制之属。

关政体,时论韪之。"参见《唐公神道碑》、《粤大记·唐胄》、万历《琼州府志·唐胄》、《明史·唐胄传》等。

明世宗嘉靖二年（1523）：唐公五十三岁。

（1）春,唐公当会试考官。升本司员外郎（从五品）。

按：《唐公神道碑》载："癸未春,校会试,所得皆名士。升本司员外郎。"所谓"校",指考核、校改。

（2）是年,唐公升广西提学佥事（正五品）。见《唐公神道碑》。

所谓"提学",指明代主管一省教育的长官。又名提学道、提学官、提督学政、提督学校官等。明朝前期,地方各级儒学生员的招收和选送等各种考试,由巡按御史和各省的布政、按察两司及府、州、县官负责管理。正统元年（1436）,始置提学官。南北两京及十三省各置一员,两京以御史充任,十三省以按察司之副使或佥事任之。任期三年。提学之职,专督学校,不理刑名。所受词讼,重者送按察司,轻者发有司,直隶则转送巡按御史。督抚、巡按及布、按二司亦不许侵提学职事。提学官之主要职掌是：考核地方学校教官的工作情况；巡回考试所属各府、州、县儒学生员,主要有岁考（对生员进行督察和甄别升等的考试。三年中举行两次,以六等分优劣）和科考（对生员进行选拔考试。选拔贡入国子监的贡生和参加科举乡试的合格考生）两种；乡试时,负责考定各地教官等第,以便选聘至省城阅卷。提学官因辖区太广及地处僻远,有岁巡所不能及者,后乃酌其宜,委以地方分巡道员或巡按御史兼任提学职务。以上参见《明史》卷69《选举志一·提学》及卷75《职官志四·按察司、各道》。

至于唐胄升任广西提学佥事之时间,据清初桂林府通判汪森编《粤西文载》卷65《传·名宦·唐胄》（下简称清《粤西文载·唐胄》）载："嘉靖二年,升广西提学,遍鬻群书,启迪多士,文风丕变。"[1]

清《广西通志》卷67《名宦·明·唐胄》（下简称清《广西通志·唐胄》）载："嘉靖初,迁广西提学佥事,令土官及瑶、蛮悉遣子入学。"[2]此又见《广西通志辑要》卷1《省总·宦迹·明·唐胄》。[3]

---

[1] （清）汪森编《粤西文载》,文渊阁《四库全书》本,集部,总集类。
[2] 清《广西通志》,文渊阁《四库全书》本,史部,地理类,都会郡县之属。
[3] 《广西通志辑要》,《中国方志丛书》第七十号,台北：成文出版社印行,1967,第31页。

明世宗嘉靖三年至嘉靖四年（1524～1525）：唐公五十四至五十五岁。

唐公在广西提学佥事任上。

（1）大力推行教化。主要表现有四。

一是"遍鬻群书，启迪多士，文风丕变"。见《粤西文载·唐胄》《嘉靖广东通志·唐胄》《粤大记·唐胄》。二是"令土官及瑶、蛮悉遣子入学"。见《明史·唐胄传》、清《广西通志·唐胄》。

三是"以身范士，督诸生习冠射诸礼，即僻邑遐陬，巡历皆遍"。见《唐公神道碑》。

四是作《劝古田诸生归学诗》，规劝瑶、蛮子弟归学读书，以表其司教之诚。据清初桂林府通判汪森编《粤西诗载》卷5《五言古·唐胄〈劝古田诸生归学诗〉》载："依依古田县，丛莽万山麓。金甲初洗腥，疮痍嗟未复。菜圃学久鞠，省寄空廪禄。辔驭劳直指，骄顽聊蜷局。适有良师来，统归振新铎。怀居久便利，驱之鱼上竹。念险业宁弃，有怀痛欲哭。感予甚不忍，禁法难回曲。治理政教并，神圣贻猷画。趋避情可任，尹尉幸何独。劳戒助骑卫，穷乏假馆谷。且勉为一行，气壮心自豁。剑仗氛妖开，文光魍魎缩。趋丈趁经横，归告时休沐。嗟唐吉安丞，欢笑入夷落。清歌与钥吹，夷俗为变革。化予夷未几，遣子再入学。蓝衫舞春风，酉父侧笑跃。今去大弦歌，刁斗声应伏。绕垣摆岭平，取径都狼速。笑歌长去来，忠信无蛮貊。忧戚天汝成，居夷孔亦欲。"①此又见清《广西通志》卷120《艺文·五言古诗·明·唐胄〈劝古田诸生归学诗〉》②（注：该诗没有收入唐胄的《传芳集》）。

关于明代广西古田县，据《明史》卷45《地理志六·广西》桂林府载："永宁州，洪武十四年改为古田县。隆庆五年三月，升为永宁州。"古田县治所在今广西永福县西北寿城。

按：嘉靖二年，唐胄已升任广西提学佥事。但《明通鉴》卷51《世宗肃皇帝》载：嘉靖三年正月，"丁亥，户部主事唐胄上言：'织造之害，莫大于遣中官之提督……'御史王皋亦以为言，章并下所司"。这里所记唐胄的身份和上疏时间与诸书异，恐误。

---

① （清）汪森编《粤西诗载》，文渊阁《四库全书》本，集部，总集类。
② 清《广西通志》，文渊阁《四库全书》本。

(2) 唐公在学政之暇，选编明代海南名人王佐遗稿——《王桐乡摘稿》。①

(3) 嘉靖四年，唐公长子唐穆中举人。②

明世宗嘉靖五年（1526）：唐公五十六岁。

是年，唐公升云南按察司副使（正四品），充金腾兵备道。

在任上，严饬号令，治军旅，境内肃然。主要事例有三：一是计擒横虐的土酋莽信；二是严惩剥民贪官保山县令赵九皋；三是谕解木邦、孟养二宣慰司因争地构乱，使木邦感激献地，兵遂寝。以上详见《唐公神道碑》、《嘉靖广东通志·唐胄》、《明史·唐胄传》、《粤大记·唐胄》、万历《琼州府志·唐胄》、《大清一统志》卷368云南省《名宦·唐胄》等。

按：《唐公神道碑》所谓"备兵金胜"，乃"备兵金腾"之误。据《明史》卷227《李材传》载："迁云南洱海参政，进按察使，备兵金腾。金腾地接缅甸，而孟养蛮、莫两土司介其间。"

所谓"备兵金腾"，意为任金腾兵备道。如清《云南通志》卷16上《兵防》载："成化十二年设曲靖兵备道……金腾兵备道，驻永昌，督永昌、顺宁二府，卫所、土司兵。"《秩官》卷18上载："成化十二年置临元、澜沧、金腾、曲靖四兵备道，以按察司副使为之。"

所谓"兵备道"，全称为"整饬兵备道"，属于专职道。它既是明朝各省提刑按察司的分职机构，又是监督和管理卫所军事组织之地方军政机构。其长官也称兵备道，多以按察司副使或佥事一人充任，帮助境内武官整理文字，商榷机密，分理军务，监督武臣，操练卫所军队等。兵备道之设，始于洪熙元年（1425），至弘治（1488~1505）中，兵备之员盈天下。见《明史·职官志四·各道》。

明世宗嘉靖六年嘉靖至七年（1527~1528）：唐公五十七至五十八岁。

(1) 嘉靖六年，唐公改任云南提学副使（正四品）。

在任上，治教有方，并以身作则，维护师道尊严：迎接和参见总督长官皆不跪。

据清《云南通志》卷19《名宦·明·唐胄》载："嘉靖间，任金腾兵

---

① （明）唐胄：《王桐乡摘稿序》，载唐胄《传芳集》。
② 《嘉靖广东通志·琼州府》之《选举志·本朝·举人》、万历《琼州府志》卷10《人物志·乡举·国朝》、《万历广东通志·琼州府》之《郡县志·乡举·国朝》等。

备，改提督学校，教士有法，振拔孤寒。"① 又《唐公神道碑》载："丁亥，改本省提学副使。其所造士，一如西粤时。会有寻甸之变，总制提兵来者，柄臣私人也。瞩公以故人子，不听。时三司惮其威仪，迎参皆跪，公独不从。"

所谓"寻甸之变"，指云南寻甸军民府的土官叛乱。②

所谓"总制"，即总督，指明代朝廷临时委派总理一省或二省军政事务的地方高级军政长官。

所谓"柄臣私人也"，意谓该总制官是朝廷权臣的心腹。

所谓"三司"，此指云南省的都指挥司、布政司、按察司。明代各省均设都指挥司、布政司、按察司，分管军事、民政、司法，合称三司。如《明史》卷72《职官志一》载："外设都、布、按三司，分隶兵刑钱谷，其考核则听于府部。"又详见《明史》卷46《地理志一》、卷75《职官志四》。

所谓"公独不从"，意谓唐胄坚持提学教官的尊严，特立独行，不像云南省三司长官那样，迎接和参见总督大人皆行跪拜之礼。唐公此举，维护师道尊严，值得大力表彰。

（2）因得罪总制长官，唐公疏请致仕，但皇帝不允许。③

（3）约嘉靖七年，唐公升云南右参政（从三品）。④

按：参政是明代各省布政使司的官员，地位在布政使之下。有左、右之分，无定员，从三品。因事添设，各省不等。掌分守各道，及派管粮储、屯田、清军、驿传、水利、抚民等事。以上见《明史》卷75《职官四》"承宣布政使司"及"布政司"。

（4）作《楚雄府新迁儒学记》。⑤

明世宗嘉靖八年（1529）：唐公五十九岁。

（1）唐公在云南右参政任上。

为政清廉，上京办公事，拒收属下按惯例馈赠的物品。

---

① 清《云南通志》，文渊阁《四库全书》本，史部，地理类，都会郡县之属。
② 《明史》卷314《云南土司二·寻甸传》。
③ 《唐公神道碑》。
④ 《唐公神道碑》、清《云南通志》卷18上《秩官·右参政》。
⑤ 张方玉主编《楚雄历代碑刻》，云南民族出版社，2005，第51~52页。

《唐公神道碑》载:"己丑,表贺如京,诸郡邑例馈夫廪,皆却不受。既至,见京贵,一无所遗。"

所谓"己丑",即嘉靖八年。所谓"表贺如京",意谓到京师上表恭贺。所谓"例馈夫廪",即按惯例馈赠的物品。所谓"见京贵,一无所遗",意为参见京师权贵,皆无馈赠礼物。

(2)上疏请崇圣德,上嘉纳之。见《唐公神道碑》。

所谓"崇圣德",意谓尊崇至高无上的道德或古代圣人的美德。

(3)是年,唐公升云南右布政使(从二品)。

见《唐公神道碑》、清《云南通志》卷18上《秩官·右布政使》。

布政使乃明代各省承宣布政使司长官,设左、右布政使各一人,从二品。别称藩司,敬称藩台,为一省最高行政长官。初置,与六部均重,布政使入为尚书。朝廷侍郎、副都御史每出为布政使。以上见《明史》卷75《职官四》"承宣布政使司"。

明世宗嘉靖九年至嘉靖十年(1530~1531):唐公六十至六十一岁。

唐公在云南右布政使任上。①

其生活俭朴,不爱珍宝。《唐公神道碑》载:"素性俭,衣履不择敝好。处滇中数年,珍宝之物一无所携。"

明世宗嘉靖十一年(1532):唐公六十二岁。

唐公迁广西左布政使。②

在任上,其政绩之优异者有四。

一是计获桂林盗墓渠魁七人。《唐公神道碑》载:"壬辰,入觐。升广西左。其年至广西,时桂林盗发,喜掘富家冢,王府诸臣巨姓,惴惴旦夕。公计获渠魁七人诛之。"

二是遣使招抚古田叛民,境内大安。《唐公神道碑》载:"而古田凤凰寨韦贼,有大肆掠,时调土汉兵征之无功。公嘱其令刘朝辅曰:'往谕吾意,天兵不可再干,如急来,吾能生之。'朝辅如命往。贼曰:'是布政果前提学耶?'即解甲,与朝辅偕至,受质而还,辑其众,境内大安。盖公往提学时,尝谕诸瑶,送子入学授书,遗风犹有存者。"

---

① 《唐公神道碑》、清《云南通志》卷18上《秩官·右布政使》。
② 《唐公神道碑》、《明史·唐胄传》、清《广西通志》卷67《名宦·明·唐胄》、《粤西文载》卷65《传·名宦·唐胄》等。

《明史·唐胄传》也载:"屡迁广西左布政使。官军讨古田贼,久无功,胄遣使抚之,其魁曰:'是前唐使君,令吾子入学者。'即解甲。"此又见清《广西通志》卷67《名宦·明·唐胄》。

三是禁绝地方官贪冒之弊。《唐公神道碑》载:"先是,各镇守将银赏瑶,名盐杂银;军器局月支粮给军,名军匠口粮。公按掌故,谓:'洞首能戢诸瑶无掠乃赏。今各处警报,何赏为?只官吏冒耳。军器局造以年,今元年造未已,而支粮至十二年,何也?'悉禁绝之。"

四是纠正靖江王府宗人受封之非法补禄,并疏陈其弊于朝,得旨如议。《唐公神道碑》载:"靖江王府宗人受封,辄请补禄,自登名玉牒日始。公曰:'禄与爵偕,应始自拜封,从前误也。且以靖江一府月补禄米八千石,合天下诸藩费当何日者?'遂疏其弊于朝,宗室群龂龁之,公屹不动。寻得旨俞允,通行各藩,著为令。盖公在西粤,功绩殊尤类此。"

《嘉靖广东通志·唐胄》《粤大记·唐胄》俱载:"入觐。升广西左布政使。时宗室受封,贿官吏补支禄米,自出幼具题日为始,岁费几十万。乃奏革其弊,得旨如议,通行天下。"

《粤西文载》卷65《传·名宦·唐胄》也载:"及为广西左布政使,时宗室受封,贿官吏补支禄米,自出幼具题日为始,岁费几十万。胄奏乞停寝。"

所谓"靖江王",即朱守谦。原名炜,明太祖朱元璋兄孙。四岁时其父朱文正因怨言被谪,太祖命育于宫中。洪武三年(1370)改名,封靖江王。洪武九年就藩广西桂林,因作怨诗被废为庶人。七年后复爵,迁镇云南。复因横暴虐民,谪居凤阳。后锢于京师卒。见《明史》卷118《诸王三·靖江王守谦传》。

所谓"玉牒",指记载帝王谱系、历数及政令因革之书。所谓"俞允",即允许,同意。所谓"殊尤",意为特别优异。此外,还有许多可称道者,如:

一是不讨好藩王,不参与王府庆贺活动。《唐公神道碑》载:"疏请不随王府庆贺,不在王府叩头朝礼。"

二是严加管束驻守广西的非土著军队。《唐公神道碑》载:"及戢客兵不敢为暴,人闻之皆吐舌。"所谓"戢客兵",意为管束由外地调来的军队。所谓"吐舌",意为惊恐。如明都穆《都公谭纂》卷上载:"宁阳乃下令:'军士有夺人财物者斩。'三军皆吐舌。"

明世宗嘉靖十二年（1533）：唐公六十三岁。

（1）六月,唐公升右副都御史（正三品）,提督南赣汀漳等处军务（亦称"南赣巡抚"）。①

所谓"右副都御史",乃明朝中央都察院（全国最高监察机构）官员。洪武十五年（1382）始置都察院,设左、右都御史（正二品）为长官。下设左、右副都御史（正三品）,左、右佥都御史（正四品）,监察御史（110人,正七品）等。负责监察百官,为皇帝之耳目。明代朝廷临时派往各地的管理一方军政事务的总督、提督、巡抚、经略、总理等大员,也加都御史,或副都御史、佥都御史职衔,以便行事,但不理都察院事。以上见《明史》卷73《职官志二·都察院 附总督巡抚》。

至于"提督南赣汀漳等处军务",亦称"南赣巡抚"。② 所谓"巡抚",官名,明代指朝廷临时派遣巡视各地的军政、民政大臣（清代指掌管一省军政、民政的常设官员）。据《明史·职官志二·都察院》载:"巡抚南赣汀韶等处地方提督军务一员。弘治十年始设巡抚,正德十一年改提督军务。嘉靖四十五年定巡抚衔,所辖南安、赣州、南雄、韶、汀州并郴州地方,驻赣州。"这里不提"漳州",当为后来定制时裁减。该巡抚驻赣州（治今江西赣州市）。其辖境相当于今赣南、粤北、湘南、闽西四省交界地带。明代王守仁也曾任此职。如《明史》卷16《武宗纪》载:正德十四年七月"辛亥,提督南赣汀漳军务、副都御史王守仁,帅兵复南昌。"又《明史》卷198《王琼传》载:正德十四年宁王宸濠反。"南赣巡抚王守仁、湖广巡抚秦金各率所部趋南昌。"

唐公在南赣巡抚任上,主要业绩有二。

一是增筑赣州城楼城墙。《唐公神道碑》载:"公以开府四省重镇,而赣城卑小,何以示威?乃增筑城楼橹雉堞,拟诸都会。"清《江西通志》

---

① 参见《世宗实录》卷151 嘉靖十二年六月己亥,台湾地区"中央研究院"历史语言研究所校印,1962,第3453页;（明）谈迁《国榷》卷55 嘉靖十二年六月己亥,中华书局,1958,第3485页;《唐公神道碑》;《粤大记·唐胄》《明史·唐胄传》;清《江西通志》卷58《名宦二·统辖二·明·唐胄》等。

② 《明史》卷187《周南传》、卷198《王琼传》等。

卷58《名宦二·统辖二·明·唐胄》也载："嘉靖癸巳，以右副都御史提督南赣。赣墉堞库小，胄增筑楼橹。"

二是疏请增置江西省湖西道。《唐公神道碑》载："按两广军兴条例着赏格，置湖西道，檄守、巡分驻临江、吉安，令缓急可倚官军，远迩帖然。"清《江西通志》卷58《名宦二·统辖二·明·唐胄》也载："又疏请置湖西道，檄守、巡分驻临江、吉安，令缓急可恃。"所谓"赏格"，即悬赏所定的报酬条件。

所谓"湖西道"，系明代江西省道名，有二种：一属于分守道，驻临江府（治所在今江西省樟树市临江镇）；一属于分巡道，驻吉安府（治所在今江西省吉安市）。见《明史》卷75《职官志四·各道》。

所谓"守、巡"，指分守道和分巡道。明代"道"是在省、府之间设置的行政区和监察区。有分守道、分巡道二种。明初布政司和按察司各自划分若干小区，进行分区管理，便称为"道"。分守道是布政司的派出机构，属于行政区，长官由布政使的佐官左、右参政或左、右参议一人充任，掌道内的钱谷、民政等事务。分巡道是按察司的派出机构，属于监察区，长官由按察使的佐官副使或佥事一人充任，掌道内的司法、监察等事务。以上参见《明史·职官志四·各道》。

此外，在赣州政务之暇，编集南宋丞相崔与之遗稿——《崔清献公全录》。①

（2）九月，改任山东巡抚。

《世宗实录》卷154载：嘉靖十二年九月，"庚申，改提督南赣、右副都御史唐胄以原官巡抚山东"②。

明谈迁《国榷》卷55载：嘉靖十二年九月，"庚申，提督南赣、右副都御史唐胄，改巡抚山东"③。

按：上文资料的可信度最高。但清《江西通志》卷58《名宦二·统辖二·明·唐胄》载："半年，改抚山东。"《唐公神道碑》载："仅半载，改山东巡抚。"所记巡抚山东时间与上文相差约两个月，故不从之。

所谓"巡抚山东"，乃"巡抚山东等处地方督理营田兼管河道提督军

---

① （明）唐胄：《崔清献公全录序》，载唐胄《传芳集》。
② 《世宗实录》卷154 嘉靖十二年九月庚申，第3491页。
③ （明）谈迁：《国榷》卷55 嘉靖十二年九月庚申，中华书局，1958，第3488页。

务"的简称,亦简称"山东巡抚"。① 据《明史》卷73《职官志二·都察院附总督巡抚》载:"巡抚山东等处地方督理营田兼管河道提督军务一员。正统五年始设巡抚,十三年定遣都御史。嘉靖四十二年加督理营田。万历七年兼管河道。八年加提督军务。"

唐公履任后,关心生产和民瘼。

一是兴修水利:"是时公方寻黄河故道,以疏三郡水灾。"

二是招民垦荒:"核通省荒田,给民牛种垦之,为世世永利。"

三是祝天求雨和禳祭灭蝗:"改山东巡抚。再乞致仕,不允。时值旱,公焚香祝天,藩司分祷岳渎诸神,连日大雨。郡邑多蝗,公撰祭文,命长吏仿周礼春秋禳祭,是岁无蝗子生,尽为虾蟆蚁子食。百蝗飞自邳淮,来过沂州不下,岁则大熟。"② 所谓"祝天"和"祷岳渎",都是原始宗教的表现形式,属于大自然崇拜。从事这种宗教活动,在今日看来虽不足道,但其出发点显然也是为民禳灾祈福的。这是时代的局限,不能苛求古人。更何况祭祀天地、山川,既是古代重要的祭祀内容,也是明朝所提倡的吉礼活动。如《明史》卷48《礼志二·吉礼二》之"郊祀之制"载:"今当遵古制,分祭天地于南北郊。冬至则祀昊天上帝于圜丘,以大明、夜明、星辰、太岁从祀。夏至则祀皇地祇于方丘,以五岳、五镇、四渎从祀。太祖如其议,行之。"又"大雩"载:"明初,凡水旱灾伤及非常变异,或躬祷,或露告于宫中,或于奉天殿陛,或遣官祭告郊庙、陵寝及社稷、山川,无常仪。嘉靖八年,春祈雨,冬祈雪,皆御制祝文,躬祀南郊及山川坛。次日,祀社稷坛。冠服浅色,卤簿不陈,驰道不除,皆不设配,不奏乐。九年,帝欲于奉天殿丹陛上行大雩礼。"这里的"大雩礼",即明代祀天祷雨之礼。

(3)是年,唐公在政务之暇,选编南宋著名诗人白玉蟾的诗文集——《白玉蟾海琼摘稿》十卷(或作《海琼摘稿》)。③

明世宗嘉靖十三年(1534):唐公六十四岁。

---

① 《明史》卷11《景帝纪》景泰二年二月癸巳、卷18《世宗纪二》嘉靖三十一年七月壬寅;《唐公神道碑》等。
② 以上均见《唐公神道碑》。
③ 《白玉蟾海琼摘稿》十卷,国家图书馆公共目录查询中心,收藏在北京国家图书馆等。又见网上资料:张宝得等《白玉蟾著作的刊行及流传情况概述》、万历《琼州府志·唐胄》、道光《琼州府志·唐胄》等也记其选编《海琼摘稿》,唯不载时间。

（1）九月，唐公迁为南京户部右侍郎（正三品）。

《世宗实录》卷167载：嘉靖十三年九月己巳"巡抚山东右副都御史唐胄，为南京户部右侍郎"①。

明王世贞《弇山堂别集》卷55《卿贰表·南京户部左右侍郎》载："唐胄，广东琼山人。由进士十三年任右。"②

明谈迁《国榷》卷56载：嘉靖十三年九月己巳，"巡抚山东右副都御史唐胄，为南京户部右侍郎"③。

按：明朝中央有两套统治机构。所谓"南京户部"，乃明代南京中央官署名。明初定都南京，明成祖永乐十八年（1420）迁都北京时，朝廷六部等官属随迁北京。在南京仅留礼、刑、工三部，各设侍郎一人，加"南京"二字。明仁宗洪熙元年（1425），在南京补设各部官属，并去"南京"二字，恢复迁都前旧制。明英宗正统六年（1441），再于南京各部官属加"南京"二字，遂为定制。南京各部所置官属品秩等与北京各部相同，唯设官不及北京完备而已。南京户部掌南京官俸给、南京军卫屯田、南直隶府州及浙江、江西、福建、湖广布政使司应解南京诸仓粮米等事务。设尚书一人，右侍郎一人。所属十三清吏司郎中十三人，员外郎九人，主事十七人。所辖有宝钞提举司、广积库、承运库、赃罚库、甲乙丙丁戊五字库、宝钞广惠库、军储仓等。以上参见《明会典》卷2《吏部一·官制》及《明史》卷7《成祖纪三》、卷8《仁宗纪》、卷10《英宗前纪》、卷40《地理志一》、卷75《职官志四》等。

（2）是年，唐公重刊北宋余靖《武溪集》二十卷。

《钦定四库全书总目》卷152《集部五·别集类五》载："《武溪集》二十卷（浙江汪启淑家藏本），宋余靖撰。靖字安道，韶州曲江人。天圣二年进士，累除右正言、知制诰，出知古州经略广西南路安抚使。预平侬智高，迁工部侍郎。英宗时官至工部尚书，谥曰襄……是集乃其子屯田员外郎仲荀所编，有屯田郎中周源序，凡古律诗一百二十，碑志记五十，议论箴碣表五十三，制诰九十八，判五十五，表状启七十五，祭文六卷目，与欧阳修所撰墓志相合。其奏议五卷，别为一编，今已散佚，故集中阙此

---

① 《世宗实录》卷167嘉靖十三年九月己巳，第3658页。
② （明）王世贞：《弇山堂别集》，文渊阁《四库全书》本，史部，杂史类。
③ （明）谈迁：《国榷》卷56嘉靖十三年九月己巳，第3505页。

体焉。历元及明几希湮没。成化中，邱浚抄自内阁，始传于世。今所行本，为嘉靖甲午都御史唐胄所重刊云。"

明世宗嘉靖十四年（1535）：唐公六十五岁。

唐公在南京户部右侍郎任上。① 约在是年，作《淮安户部分司题名记》。②

明世宗嘉靖十五年（1536）：唐公六十六岁。

（1）春，唐公改户部右侍郎。③

（2）十一月，唐公转户部左侍郎。④

（3）闰十二月，唐公上《谏讨安南疏》。⑤

其时，嘉靖皇帝以安南久不贡，将致讨，武定侯郭勋复赞之。诏遣锦衣官问状，中外严兵待发。⑥唐公说："安南道路险阻，出师必无成功，且得其地不可郡县，永乐中事是也。"⑦ 因而上疏，力陈不可讨之，主要理由有七：一是认为帝王之驭蛮夷当以不治治之，更何况《祖训》已有规定，不征安南。二是认为明成祖时郡县安南，后兵连不解。明宣宗既弃而不守，则今当率循。三是认为外夷纷争，乃中国之利。自安南内难，两广遂少边警。四是认为先朝虽尝平安南，然屡服屡叛，明朝的人力和财力损失惨重，不必疲敝中国而为安南黎氏复仇。五是认为外邦入贡，对其有利：奉正朔以威其邻，通贸易以足其国。安南并非不欲入贡，而是守臣以姓名不符却之，不让其入贡。六是认为兴师则需饷，今四川、贵州、两广等地都有兴作，今若再兴师数十万，何以供给？七是认为唐宋之衰亡都与其征讨周边少数民族政权有关。今北顾方殷：蒙古等族日强，据我河套。边卒屡叛，毁我藩篱，故不宜更启南征之议。

此外，还认为不可讨者有二：一是遣锦衣官往安南问状不宜："锦衣

---

① 《唐公神道碑》。
② （明）黄训编《名臣经济录》卷24《户部》，文渊阁《四库全书》本、史部、诏令奏议类。奏议之属。
③ 《唐公神道碑》。
④ （明）谈迁：《国榷》卷56嘉靖十五年十一月甲子，第3536页；明王世贞《弇山堂别集》卷55《卿贰表·户部左右侍郎》；《明史·唐胄传》。
⑤ （明）谈迁：《国榷》卷56嘉靖十五年闰十二月壬子，第3538页；《御选明臣奏议》卷23唐胄《谏讨安南疏》、文渊阁《四库全书》本。
⑥ 《明史·唐胄传》。
⑦ 《唐公神道碑》。

武人，暗于大体。倘稍枉是非之实，致彼不服，反足损威。即令按问得情，伐之不可，不伐不可，进退无据，何以为谋？"一是扰民之害现已形成："今严兵待发之诏初下，而征求骚扰之害已形，是忧不在外夷，而在邦域中矣。请停遣勘官，罢一切征调，天下幸甚。"以上见《明史·唐胄传》、唐胄《传芳集·谏讨安南疏》、《御选明臣奏议》卷23唐胄《谏讨安南疏》、《嘉靖广东通志·唐胄》等。

其"论安南切于事理"，疏入，"章下兵部，请从其议。得旨，待勘官还更议。明年四月，帝决计征讨。侍郎潘珍、两广总督潘旦、巡按御史余光相继谏，皆不纳。后遣毛伯温往，卒抚降之"。见《明史·唐胄传》。

明世宗嘉靖十六年（1537）：唐公六十七岁。

唐公在户部左侍郎任上，上疏反对宠臣郭勋先祖配享太庙。

是年，武定侯武臣郭勋怙宠，奏请将其五世祖郭英配享太庙。廷臣持不可。唐公上《驳郭英配享庙祀疏》（亦称《昭典礼疏》《遵成宪以昭典礼疏》《请斥添祀疏》[①]），力请止之。其主要理由有五。

一是太祖高皇帝建南京功臣庙（明代祭祀开国功臣之祠庙），是开国之一大典礼，已有一百六十九年，天下至今无敢改者。二是洪武二年论功列祀功臣凡二十一人，塑死者之像，虚生者之位，而郭英无预其中。三是洪武十六年平云南，次年论功，郭英始封为武定侯。其所论功，只是平云南之功，而非开国之功。四是由明太祖亲定配享（合祭、祔祀）太庙（明代皇帝的宗庙，为祭祀祖先之所，南京、北京均建）的开国功臣共有十三人，也与郭英无关。郭英卒后连祀于功臣庙都没有资格，今有何理由要配享太庙？五是历代庙祀诸臣位次上下且不可易，况有无之额而敢辄增损乎？因而，"伏愿皇上于英之配享、庙祀，且寝其议，则勋知孝而不知学之误，亦可洗雪以终全臣节，而我国朝之一大典礼，足为史籍之光矣！"疏入，但帝不纳，郭英竟得配享。以上参见《明史·唐胄传》、《御选明臣奏议》卷23唐胄《昭典礼疏》、《嘉靖广东通志·唐胄》、清秦蕙田《五礼通考》卷122《吉礼一百二十二·功臣配享》、《唐公神道碑》、《明史》卷130《郭英传附郭勋传》等。

[①] 分别见《御选明臣奏议》卷23唐胄《昭典礼疏》、明黄训编《名臣经济录》卷28《礼部祠祭上·唐胄〈遵成宪以昭典礼疏〉》、明黄宗羲编《明文海》卷54《奏疏八·唐胄〈请斥添祀疏〉》、文渊阁《四库全书》本。

明世宗嘉靖十七年（1538）：唐公六十八岁。

唐公在户部左侍郎任上。是年，是唐公家悲喜交集之年。

（1）春，长子唐穆中进士，授礼部仪制司主事。见《唐公神道碑》、《嘉靖广东通志·琼州府》之《选举表·进士》、《粤大记》卷5《科第》、万历《琼州府志》卷10《人物志·进士》等。

按：海南及广东诸旧志在《唐胄传》里附记其子唐穆事迹，皆误记为"嘉靖己丑进士"（即嘉靖八年进士）。

（2）六月丙辰，世宗欲以其生父兴献王祀明堂配上帝，唐公上《明堂享礼疏》争之①，触怒皇帝被削籍回乡。②

唐公这次抗疏，使他卷入了著名的"大礼议"之争的旋涡之中。所谓"大礼议"之争，是明嘉靖年间为确定嘉靖皇帝之生父兴献王朱祐杬的尊号而在朝廷大臣中进行的一场规模巨大、旷日持久的争论。因系封建礼法之至大者，故名。这场争论的内容，表面上是关于嘉靖皇帝的父母、先皇孝宗及其皇后该如何称呼，以及相关的一系列礼仪称谓问题，其实质却是嘉靖皇帝想通过议礼之争，打击敢于违抗圣旨、坚持正义、以杨廷和等为首的先朝元老阁臣和言官势力，扶植一批唯命是从的官员，以达到确立和巩固自身皇权的目的。这一事件，从正德十六年（1521）四月开始，至嘉靖十七年以嘉靖皇帝一方的胜利宣告结束，前后延续长达十七年之久。其经过基本情况是这样的。

正德十六年三月，明武宗去世。因无子，由慈寿皇太后与大学士杨廷和定策，以遗诏名义决定由武宗的堂弟朱厚熜（即兴献王的长子）继位。四月，朱厚熜即帝位，史称明世宗，年号嘉靖。世宗即位后，诏命礼臣集议其生父兴献王朱祐杬的尊号。当时以大学士杨廷和、礼部尚书毛澄为首的朝廷大臣主张尊明孝宗朱祐樘（即明武宗父）为皇考（宋代以前一般尊称亡父为皇考，元代以后用为皇帝亡父的专称），尊兴献王朱祐杬为皇叔考。其主要理由是："继统"（即继承帝统）又要"继嗣"（即继承血统）。议上，世宗大怒，命再议。"大礼议"之争遂起。五月，大学士杨廷和、

---

① （明）唐胄：《明堂享礼疏》，见《传芳集》。按：现存该疏内容不完整，散见各书，皆为摘录，说法不一，以《明史》卷48《礼志二·大飨》摘录为多。

② 《明史》卷17《世宗纪一》、卷48《礼志二·吉礼二·大飨》；《国榷》卷56嘉靖十七年六月丙辰，第3558~3559页。

礼部尚书毛澄等复议如前，世宗仍不从，命再议。七月，新科状元张璁和南京刑部主事桂萼等为迎合嘉靖皇帝的意旨而上疏论争，认为"继嗣"不同于"继统"（意为继承血统与继承帝位不同），主张尊嘉靖皇帝的生父兴献王朱祐杬为皇考。双方不断争论，越来越激烈。嘉靖三年（1524）四月，分别追尊嘉靖皇帝的父母为"本生皇考恭穆献皇帝""本生圣母章圣皇太后"。后来，世宗又采纳张璁和桂萼的意见，去掉"本生"二字。七月，世宗命礼部照旨更改尊号，引起朝臣们的强烈不满。吏部侍郎何梦春、修撰杨慎（杨廷和之子）等人号召群臣伏阙请愿，朝臣共有二百三十人跪伏在左顺门下固争，并且一齐哭号，声震阙廷。世宗命令锦衣卫将参加请愿的官员姓名全部登记造册，然后按名册进行大逮捕。结果被廷杖而死的有十六人，下狱的有一百三十四人。这就是有名的"左顺门事件"。九月，尊明孝宗为皇伯考，世宗的生父兴献王朱祐杬为皇考。同年，内阁首辅杨廷和被革职归里，到嘉靖七年再削为民。而张璁、桂萼等因迎合世宗的意旨而深受信任重用，张璁于嘉靖六年官至礼部尚书兼文渊阁大学士，参与机务，为内阁首辅。以上参见《明史》卷17《世宗纪一》、卷190《杨廷和等传》、卷191《毛澄、何孟春等传》；《明史纪事本末》卷50《大礼议》。

此后，又围绕祭祀典礼及将兴献皇帝按昭穆序列祭入太庙，加庙号为睿宗等问题又进行了近十年的争论。据《明史》卷48《礼志二·大飨》载：嘉靖十七年六月，致仕扬州府同知丰坊上疏言："孝莫大于严父，严父莫大于配天。请复古礼，建明堂，加尊皇考献皇帝庙号称宗，以配上帝。"世宗命礼部集议。礼部尚书严嵩等议，其大略是：明堂秋享之礼，宜即大祀殿行之。至明堂之配，汉孝武以景帝配，孝章以光武配，唐中宗以高宗配，玄宗以睿宗配，宋真宗以太宗配，仁宗以真宗配，英宗以仁宗配，皆主于亲也。皇考献皇帝功德甚盛，当配天。至于称宗，须天位相承，未敢妄议。世宗降旨："明堂秋报大礼，于奉天殿行，其配帝务求画一之说。皇考称宗，何为不可？再会议以闻。"于是，户部侍郎唐胄上疏争之，力言不可。其主要理由有六。

一是认为汉代以来祀明堂皆配以父，不符合周代礼制。其原文："三代之礼，莫备于周。《孝经》曰：'郊祀后稷以配天，宗祀文王于明堂以配上帝。'又曰：'严父莫大于配天，则周公其人也。'说者谓周公有圣人之德制作礼乐，而文王适其父，故引以证圣人之孝，答曾子问而已。非谓有天下者皆必以父配天，然后为孝。不然，周公辅成王践阼，其礼盖为成王而制，于周公为严父，于成王则为严祖矣。然周公归政之后，未闻成王以严父之故，废文王配天之祭，而移于武王也。后世祀明堂者，皆配以父，此乃误《孝经》之义，而违先王之礼。"① 意谓夏商周三代的礼制，周代最为完备。未闻成王以尊父之故，以武王配天之祭。《孝经》对此都有详细记载，但后世祭祀明堂皆误其义，即皆以父配天。

这里所谓的《孝经》，系儒家的伦理学经典。传说是孔子自作，但南宋时有人怀疑是出于后人附会，成书于秦汉之际。它被看作"孔子述作，垂范将来"的经典，对传播和维护社会纲常、社会太平起了很大的作用。

所谓"郊祀"，指中国古代帝王在郊外祭祀天地的典礼。南郊祭天，北郊祭地。郊祀是中国古代国家宗教活动的重要内容，帝王通过"绝地天通"，获得沟通神圣世界与世俗国家的独占权，以之作为王权合法性的根据。

所谓"宗祀"，指对祖宗的祭祀。

所谓"后稷"，相传为周族之始祖。

所谓"文王"，即周文王，周武王之父。姓姬，名昌，西周王朝的奠基者。"文王"为死后追尊之号。

所谓"周公"，姓姬，名旦。周文王之子，周武王之同母弟。佐武王灭商，是西周各种制度的创立者，曾摄政七年辅佐成王。

所谓"严父"，有二义：一指尊敬父亲；一指父亲。所谓"严祖"，即祖父。

所谓"配天"，即"配上帝"，指祭天时以先祖配祭。

所谓"明堂"，指古代帝王宣明政教、举行大典的地方。

所谓"成王"，即周成王。西周王。周武王之子。继位时年幼，由武王弟周公旦摄政七年后还政。

所谓"践阼"，亦作"践胙""践祚"，意为即位、登基。如《史记·鲁周公世家》载："周公恐天下闻武王崩而畔，周公乃践阼，代成王摄行政当国。"

---

① 《明史》卷48《礼志二·大飨》。

二是认为朱熹也主张，明堂之配不专于父。其原文："昔有问于朱熹曰：'周公之后，当以文王配耶，当以时王之父配耶？'熹曰：'只当以文王为配。'又曰：'继周者如何？'熹曰：'只以有功之祖配，后来第为严父说所惑乱耳。'由此观之，明堂之配，不专于父明矣。今礼臣不能辨严父之非，不举文、武、成、康之盛，而乃滥引汉、唐、宋不足法之事为言，谓之何哉！"① 意谓以前有人向朱熹请教关于明堂配享之制，朱熹回答说：周公之后，"只当以文王为配"。周代之后，也"只以有功之祖配"。可见明堂之配，并非只专于生父。今礼部官员不能辨别严父之是非，不推荐西周之盛况，而胡乱援引汉代以来不值得效法之例证，说这些有什么用呢？

三是强调古代明堂之礼不可废，只应当奉大宗配享。其原文："臣谓明堂之礼，诚不可废。惟当奉大宗配，于礼为宜。"② 意谓臣下认为古代明堂之礼制，实在不可废除。只应当奉大宗（宗法社会以嫡系长房为"大宗"，馀子为"小宗"）配享，才符合礼制。

又说："虽然，丰坊明堂之议，虽未可从，而明堂之礼，则不可废。今南、北两郊皆主尊尊，必季秋一大享帝，而亲亲之义始备。"③ 意谓丰坊建议建造明堂，虽未可从，但古代明堂之礼，则不可废除。今南京、北京两地举行的郊祀之礼都主张敬重尊长，今暮秋必定祭祀上帝，而亲亲之礼仪才完备。

这里所谓"南、北两郊"，意为南京、北京两地举行的郊祀之礼。

所谓"季秋"，亦称暮秋、秋末，指秋季的最后一个月，即农历九月。

所谓"主尊尊"，意为主张敬重尊长（即地位或辈分比自己高的人）。所谓"亲亲"，指爱自己的亲属。

所谓"大享"，即大享礼，亦称"大飨礼"，为明朝祭祀上帝及配位之礼仪，属吉礼。嘉靖十七年，以致仕扬州府同知丰坊的建议，建明堂，加尊世宗之生父为睿宗献皇帝，以配上帝。明堂未建成时，即改钦安殿为玄极宝殿，于殿中大享上帝，并以睿宗献皇帝配享。见《明史》卷48《礼志二·大飨》。

四是认为嘉靖帝对其父庙号的态度前后不一致。其原文："皇上嗣统

---

① 《明史》卷48《礼志二·大飨》。
② 《明史纪事本末》卷50《大礼议》。
③ 《明史》卷48《礼志二·大飨》。

之初，廷臣执为人后之说，于是力正大伦者，惟张孚敬、席书诸臣。及何渊有建庙之议，陛下嘉答诸臣，亦云：'朕奉天法祖，岂敢有干太庙！'顾今日乃惑于丰坊耶？"①意谓皇上继位之初，廷臣坚持"继统"又要"继嗣"，当时极力纠正伦常大道者，惟张璁、席书诸人。及至监生何渊疏请建献皇帝庙，当时皇上答复诸臣曾表示赞许，并且说："我奉行天命，效法先祖，岂敢求取配享祖庙！"但今日竟迷惑于丰坊的建议了吗？

所谓"嗣统"，谓继承皇位。所谓"力正大伦"，谓极力纠正伦常大道（指古代统治阶级所规定的关于君臣、父子关系的行为准则）。

所谓"执为人后"，意谓坚持做大宗的继承人。中国古代宗法制度规定，庶子立为大宗的继承人，称"为人后"。如《仪礼·丧服》载："为人后者……何如而可以为人后？支子可也。"所谓"人后"，即后嗣。所谓"支子"，指古代宗法制度下嫡长子的同母弟和庶兄弟。

所谓"张孚敬"，即张璁。明浙江永嘉人。正德进士。世宗即位初议大礼，他力折廷臣，迎合帝意，受信任，官至礼部尚书兼文渊阁大学士，预机务。嘉靖十五年因病致仕，嘉靖十八年卒，谥文忠。著有《张文忠集》等。

所谓"席书"，明四川遂宁人。弘治进士。正德末，以右副金都御史巡抚湖广。世宗即位，大礼议之争起，他揣帝意，议尊皇父兴献王为皇考兴献帝，擢礼部尚书。嘉靖六年进武英殿大学士。卒赠太傅，谥文襄。编有《大礼集议》。

所谓"何渊有建庙之议"，即监生何渊上书建议建世宗生父献皇帝庙。据《明史》卷52《献皇帝庙》载："嘉靖二年四月，始命兴献帝家庙享祀，乐用八佾。初，礼官议庙制未决，监生何渊上书，请立世室于太庙东。礼部尚书汪俊等皆谓不可。帝谕奉先殿侧别立一室，以尽孝思。礼官集议言不可。四年四月，渊已授光禄寺署丞，复上书请立世室，崇祀皇考于太庙。时廷臣于称考称伯，异同相半，至议祔庙，无一人以为可者。帝亲定其名曰世庙。五年，乃建世庙于太庙之东北，以祀皇考。十五年，迁世庙，更号曰献皇帝庙，遂改旧世庙曰景神殿，寝殿曰永孝殿。十七年，以丰坊请，称宗以配明堂。礼官不敢违，集议者久之，遂奉献皇帝祔

---

① 《明史纪事本末》卷50《大礼议》、清《御定资治通鉴纲目三编》卷22《明世宗》。

太庙。"

所谓"奉天法祖",意谓奉行天命,效法先祖。

所谓"干太庙",意谓求取配享太庙。太庙本指帝王的祖庙,此特指明代皇帝祭祀祖先的宗庙。

五是认为比照周代礼制,今年大享之祭当配太宗(即明成祖)。其原文:"自三代以来,郊与明堂各立所配之帝。太祖、大宗功德并盛,比之于周,太祖则后稷也,太宗则文王也。今两郊及祈谷,皆奉配太祖,而太宗独未有配。甚为缺典。故今奉天殿大享之祭,必奉配太宗,而后我朝之典礼始备。"①意谓自夏商周以来,郊祀与明堂之礼各立所配享之帝。明太祖、明太宗(即明成祖)功德并盛,相当于周代的后稷和文王。今两京郊祀及祈谷之礼,皆奉配明太祖,而明太宗独未有配,此甚为欠缺。故今年在奉天殿举行大享之祭,一定要奉配明太宗,以后我大明王朝之典礼才完备。

所谓"祈谷",指明代祈求谷物丰熟的祭礼。所谓"缺典",指仪制、典礼等有所欠缺。或谓憾事。

所谓"奉天殿",宫殿名,明代北京紫禁城诸殿之一,即今太和殿。它是世界历史上曾经存在过的体量最大的单体木建筑。明永乐十八年(1420)建成,明代大朝会、大宴、大享多于此举行。嘉靖四十一年(1562)改称皇极殿。清顺治二年(1645)改名太和殿。自建成后屡遭焚毁,又多次重建,今天所见为康熙三十四年(1695)重建后的形制。

所谓"太宗",指明成祖朱棣。其庙号(皇帝死后,在太庙立室奉祀时特起的名号)初定为太宗,嘉靖十七年嘉靖皇帝为安抚廷臣,改为"成祖"。

六是认为如果嘉靖皇帝是圣人,则其父专庙之享,将百世不改变。其原文:"若献皇帝得圣人为子,不待称宗议配,而专庙之享,百世不迁矣。"② 意谓如果献皇帝之子为圣人,则用不着称宗和议论配享,只建专庙祭祀,将百代都不改变。

从上文可见,唐胄这次抗疏的中心思想是:以周代的礼制、《孝经》

---

① 《明史》卷48《礼志二·大飨》。
② (明)唐胄《传芳集》之《明堂享礼疏》、《明史纪事本末》卷50《大礼议》、清《御定资治通鉴纲目三编》卷22《明世宗》、清《御批历代通鉴辑览》卷109《明·世宗皇帝》。

的记载和朱熹的观点为根据，反对嘉靖皇帝以其父兴献王祀明堂配上帝，而主张要以明成祖祀明堂配上帝。

唐胄坚持真理和正义、正气凛然，敢与皇帝唱反调，充分表现其刚正不阿的高尚品格。但在君子专制统治的年代，此举必然遭遇厄运。因而，疏入，"帝大怒，下诏狱拷掠，削籍归"。①或谓"疏入，上大怒，下胄锦衣狱，出为民"。②

所谓"诏狱"，指明代军事特务机构——锦衣卫设立的监狱，全称为"锦衣卫镇抚司狱"，简称为"诏狱"或"锦衣狱""锦衣卫狱"。据《明史》卷95《刑法志三》载："锦衣卫狱者，世所称诏狱也。"锦衣卫诏狱是明代收押、拷讯犯人之所。因其直属于皇帝，并由宦官控制，故名。诏狱是皇家监狱，民间称"人间地狱"，可直接拷掠犯人，刑部、大理寺、都察院这些司法机关无权过问。诏狱的刑法极其残酷，有剥皮、断脊、堕指、刺心等十八种。诏狱始设于洪武年间，不久以狱事移交刑部。永乐间，复以锦衣卫掌管，由卫属镇抚司专理。锦衣卫不受于任何机构的统辖，直接对皇帝负责，可随意罗织罪名，制造冤狱，朝廷内外，人人自危。唐胄是明代因抗疏而入诏狱的第一位海南人。

所谓"削籍归"，即革职回家。所谓"出为民"，意为释放出狱，革职为民。

唐胄被皇权制伏后，朝臣不敢再持异议了。在礼部尚书严嵩的主持下，世宗对父亲的追尊终于如愿以偿。据《明史》卷48《礼志二·大飨》载：嘉靖十七年六月，礼部尚书严嵩乃再会廷臣，先议配帝之礼，言"……宜奉献皇帝配帝侑食"。因请奉文皇帝（明成祖）配祀于孟春祈谷。帝从献皇配帝之请，而却文皇议不行。已而，复以称宗之礼，集文武大臣于东阁议，俱言："宜加宗皇考，配帝明堂，永为有德不迁之庙。"帝以疏不言祔庙（祔祭后死者于先祖之庙），留中不下，乃设为臣下奏对之词，作《明堂或问》，以示辅臣。大略言："文皇远祖，不应严父之义，宜以父配……既称宗，则当祔庙，岂有太庙中四亲不具之礼？""帝既排正议，崇私亲，心念太宗永无配享，无以谢廷臣，乃定献皇配帝称宗，而改称太宗

---

① 《明史·唐胄传》。
② 《明史纪事本末》卷50《大礼议》。

号曰成祖。时未建明堂,迫季秋,遂大享上帝于玄极宝殿,奉睿宗献皇帝配。殿在宫右干隅,旧名钦安殿。礼成,礼部请帝升殿,百官表贺,如郊祀庆成仪。"

《明史》卷17《世宗纪一》也载:嘉靖十七年九月辛巳,"上太宗庙号成祖,献皇帝庙号睿宗,遂奉睿宗神主祔太庙,跻武宗上。辛卯,大享上帝于元极宝殿,奉睿宗配"。此又见《明史纪事本末》卷50《大礼议》。

所谓"神主",即供奉祖先或死者用的小木牌。所谓"跻",即上升。

(3) 是年冬,唐公遇赦,诏复冠带(恢复官职)。在野之身仍念念不忘君主——嘉靖皇帝。

《明史》卷17《世宗纪一》载:嘉靖十七年冬十一月,"辛卯,祀天于南郊。诏赦天下"。

《唐公神道碑》载:"公以嘉靖戊戌夏,议献皇帝明堂飨礼忤旨,诏狱廷杖为民而归。是冬,复冠带,愈年而卒。""初,公既罢归,寻有诏复冠带,人谓上意原公且召公,而公逝矣。""嘉靖戊戌",即嘉靖十七年。

《嘉靖广东通志·唐胄》、《粤大记·唐胄》、万历《琼州府志·唐胄》俱载:"是冬,诏复冠带。疾笃,闻圣驾奉章圣皇太后梓宫南幸承天,犹强力叩首,曰:'此神圣之见,万世永赖。'可谓畎亩不忘君矣!"

所谓"疾笃",即病势沉重。所谓"圣驾",这里代指嘉靖皇帝。所谓"章圣皇太后",系嘉靖帝朱厚熜的生母,嘉靖十七年十二月病逝。所谓"梓宫",皇帝、皇后的棺材。此指章圣皇太后的棺材。所谓"幸",指封建帝王到达某地,如巡幸。所谓"承天",明代行政区府名,嘉靖十年以安陆州改置,治所在钟祥县(今湖北省钟祥县)。安陆是嘉靖帝之父兴献王朱祐杬的封国,也是嘉靖帝的出生地。所谓"叩首",即跪下磕头。所谓"畎亩",本为田野、田间,引申指民间。

明世宗嘉靖十八年(1539):唐公六十九岁。

唐公在家养病。农历四月十三日,卒于家,享年六十九岁。[①]

唐公葬于琼山县陶山潭缉之原(即陶公山),仪制简单。[②]

[①] 《唐公神道碑》。

[②] 《唐公神道碑》、《南宋入琼始祖唐震家史集》之《唐胄》。

五　家庭成员

唐公家庭主要成员有：夫人钟氏、张氏。钟氏出文昌甲族，贞惠有闻，累封淑人。

子三：长曰穆（钟氏生），嘉靖十七年进士，官至礼部员外郎（从五品），为人古雅淳朴，有父风，未竟而卒于官，士论惜之。著有《余学录》；次曰秩、稼（皆张氏生）。①

秩信仰道教，为方士，号"海天孤鹤"，别号"水竹"。旧志称其"为诸生时，异人授以道书，尤精符箓（即符篆，道教所传秘密文书符和箓的统称），因置于法。会肃宗（即世宗）招徕方士，至京，遇旱祷雨立应。偶宫中有鼠妖，诸术莫效，秩用符水驱之，其妖遂除。于是官以博士，召入紫霄宫同宿。一夕赐宝钞，京师号为仙师。隆庆初放归，至淮安卒"②。嘉靖三十一年（壬子，1552）秋，他曾奉父遗像交给兵部右侍郎黄表衷，黄氏遂作《西洲先生像赞并引》。

女三：长适尚宝司丞丘郊（丘浚曾孙），次适周盘，次适冯畀。孙二：恪、惇。恪，以荫授都察院照磨（正八品），《唐公神道碑》即王氏应其来信请求而作。孙女一。③

六　穆宗恤录

明世宗嘉靖四十五年（1566）：唐公卒后二十七年。

（1）十二月壬子，穆宗遵照世宗遗诏，召用建言得罪诸臣，死者恤录。

---

① 参见《唐公神道碑》、万历《琼州府志》卷10《人物志·进士》等。
② 万历《琼州府志》卷12《杂志·仙释》、康熙《琼州府志》卷10《杂志·仙释》、道光《琼州府志》卷36《人物志十二·仙释》等。
　按：（明）谈迁《国榷》卷56载：嘉靖四十五年丙寅十二月，"庚子，世宗上宾"。"壬子，上即皇帝位。诏曰：……方士王金、陶仿、申世文、刘文彬、高守忠、陶世恩俱下锦衣狱，唐秩、章冕等为民……"所谓"上宾"，指世宗死。按此，则唐秩在嘉靖四十五年丙寅十二月已被勒令还俗为民。唐秩事迹又见《明史》307《佞幸传·顾可学传》、（明）俞汝楫《礼部志稿》卷99《诏条备考》。
③ 参见《唐公神道碑》、《南宋入琼始祖唐震家史集》之《唐胄》。

（2）同月，唐公精神的继承者——因上疏批评嘉靖皇帝而入诏狱的户部主事海瑞，也获释放。

明谈迁《国榷》卷 56《穆宗》载：嘉靖四十五年"十二月庚子，世宗上宾"。"壬子，上即皇帝位。诏曰：……正德十六年四月以后，终假旧年感，建言得罪诸臣，遵遗诏召用、恤录……释户部主事海瑞狱。"

《明史》卷 19《穆宗纪》载："（嘉靖）四十五年十二月庚子，世宗崩。壬子，即皇帝位。以明年为隆庆元年，大赦天下。先朝政令不便者，皆以遗诏改之。召用建言得罪诸臣，死者恤录……释户部主事海瑞于狱。"

所谓"恤录"，指抚恤并记其功。如《明史》卷 128《宋濂传》载："〔濂〕久死远戍，幽壤沉沦，乞加恤录。下礼部议复其官。"

明穆宗隆庆元年（1567）：唐公卒后二十八年。

（1）正月，追赠都察院右都御史（正二品），赐祭葬。

吏部请恤唐胄等诸臣。明谈迁《国榷》卷 56《穆宗》载：隆庆元年正月辛酉，"吏部请恤诸臣，第为三等：一僇死者，若兵部员外郎杨继盛……一杖死者，若太仆卿杨最……一遣死者，若左侍郎唐胄、都御史李璋……宜复秩赠官。吏部尚书熊浃谏止箕仙，御史杨爵弹击权幸，当于杖死同恤。从之。赠熊浃少保，谥恭肃"①。

行人司正（正七品）薛侃疏请给唐胄等五臣追补赠谥、祭葬、荫子等。明薛侃《辩明功罚疏》载："臣伏读陛下登极之诏，内一欵有曰：'一，近年病故大臣，有应得恤典而未得，亦有不应得而得者，科道官举奏定夺，钦此。'臣有以仰见皇上之新政，固将欲使朝廷恩宠之大典，昭大公于天下万世也。臣备员南垣，敢不祗承德意哉？臣谨谘之缙绅，参之闻见，查得：已故原任刑部尚书林俊……已故原任南京兵部尚书新建伯王守仁……已故原任南京兵部尚书湛若水……已故原任南京工部尚书吴廷举……已故原任户部侍郎唐胄，广东琼州府琼山县人，举弘治壬戌科进士。历官四十余年，始终正直，不少变易。迭任藩臬、巡抚，劳伐最多。在部建议陈言，忠谠更切。后以忤旨，被杖削籍，众皆怃之。昨吏部题请，虽以复职赠官，而祭葬并谥未议，犹为缺典。以上五臣，其任职先后

---

① （明）谈迁：《国榷》卷 56《穆宗》，中华书局，1958，第 4041 页。

虽稍不同，而负忠良重望则无二致。明诏所谓'应得恤典而未得者'，此其最也。""伏乞敕下该部查议，如果臣言不谬，即将林俊、王守仁、湛若水、吴廷举、唐胄五臣查照旧例，一体追补赠谥、祭葬、荫子等项。"①

《唐公神道碑》载："隆庆初，奉诏恤录，乃晋公官都察院右都御史，赐祭葬如例。"

《明史·唐胄传》也载："隆庆初，赠右都御史。"

所谓"荫子"，指古代朝廷庇荫大臣子孙为官、入国子监读书或免罪的优待。《明史》卷69《选举志一》载："荫子入监。明初因前代任子之制，文官一品至七品，皆得荫一子以世其禄。后乃渐为限制，在京三品以上方得请荫，谓之官生。出自特恩者不限官品，谓之恩生。或即与职事，或送监读书，官生必三品京官。"

所谓"如例"，意为依照有关规定、条例。

所谓"祭葬"，指对死者举行追悼、安葬的仪式和活动。"赐祭葬"，指大臣身故，皇帝遣使往祭奠。这是明代朝廷规定的凶礼之一，根据已故大臣的身份、品级而举行不同的祭礼。《明史》卷60《礼十四·凶礼三·赐祭葬》载："赐祭葬。洪武十四年九月衍圣公孔希学卒，遣官致祭。其后群臣祭葬，皆有定制……隆庆元年十二月，礼部议上《恤典条例》，凡官员祭葬，有无隆杀（尊卑）之等，悉遵《会典》。""《会典》：凡一品官，祭九坛……二品二坛……三品祭葬，在任、致仕俱一坛。"这里的"坛"，指祭坛、祭台，即供祭祀死者或宗教祈祷用的台。

（2）夏五月十八日，皇帝遣广东按察司左参议夏道南谕祭都察院右都御史、户部左侍郎唐胄。

其祭文有云："庙享力争，勋贵为之夺气。明堂礼议，宸衷谅厥孤忠。"② 大力表彰唐公的正直和忠诚。所谓"勋贵"，指功臣权贵。"夺气"，意谓挫伤其傲气、锐气。所谓"宸衷"，指皇帝的心意。所谓"孤忠"，意谓忠贞自持，不求人体察的节操。所谓"谕祭"，谓皇帝下旨遣使祭奠臣下。如明袁中道《东游日记》载："文庄知之，上闻于朝，遣使谕祭。"

---

① （明）薛侃：《辩明功罚疏》，见（明）王守仁《王文成全书》卷39《世德纪·附录下》，吴光等编校，上海古籍出版社，1992，第1491~1493页。
② （明）唐胄：《传芳集》之《附录·〈御祭文〉》。

(3) 荫孙子唐恪为官生，授都察院照磨。见《唐公神道碑》。

七　后人评价

历观载籍，史官对历史人物的评价，一般褒贬兼有，罕有唯褒不贬，而唐公就属于后者。后人对唐公的评价，较有代表性的有以下五位。

一是明代南京礼部尚书王弘诲，他在《唐公神道碑》里评价说："嗟夫！若西洲公者，岂不毅然大丈夫哉！尝观缙绅士夫平居矢口，言天下事即引裾折槛，见若无难为者。至当国家利害事变之冲，辄相率鼠首两端，甚则卷舌固位。嗟夫！此其人视公如何哉！"这是对唐公的总体评价。意谓像唐公这样的人，难道不是刚强而果断的大丈夫吗？尝看官员士大夫们平日信口开河，言天下事能据理直谏，看似很容易。及至当国家利害事变之关键时刻，辄相率在两者之间摇摆不定，甚至不敢直言，以保住自己的职位。这种人看唐公怎么样啊！

他又说："嗟夫！公于君臣之际，亦已遇矣。乃明堂之议，圣心有默契古礼者，在廷诸臣，未必能知，公亦坐此不合。然肃皇帝之明，与公之忠，皆可以流光千古。若公者，可谓终不遇乎哉？"这主要是针对唐公参与"明堂之议"的评价。意谓唐公在君臣关系方面也已得知遇。可是明堂之议，嘉靖帝的心意与古礼暗相契合，而朝廷诸臣未必能知晓，唐公亦因此与之不能切合。但嘉靖帝的英明与唐公的忠诚皆可以流传千古。像唐公其人，难道可以说是始终不得志的吗？王氏这段文字婉转、巧妙，对两者皆予表彰，盖因"明堂之议"属政治敏感问题，只能如此。

他又说："公平生以范文正自期，身任天下之重，乃不获竟所设施，惜哉！"意谓唐公平生以北宋政治家范仲淹自许，以先天下之忧而忧、后天下之乐而乐为己任，可是不能完成未竟事业，真可惜啊！

二是明代兵部右侍郎黄表衷（即黄衷），他评价说："西洲先生以德学擅名当时……受知图报，志在匡济，知无不言，言必国体。儒者之业，大臣之风，不可泯已……摭其大者赞焉：圣人厥中，帝德其同。既同乃崇，臣宜是庸。南夷干纪，兵议蜂起。内安外攘，才略亹亹。与享曲请，权奸斯逞。抗疏词严，邪气始屏。宗祀明堂，周礼有章。晦翁已矣，嘉谟孔扬。呜呼！形逝兮杳莫追，神变化兮孰能窥。立朝兮堂堂羽仪，千载如见兮憸夫怞怩。"① 意谓唐公以道德、学问享名当时。受皇帝知遇，有志于匡时济世。因而知无不言，言必有关国家的典章制度。儒学之业，大臣之风范，不可泯灭舍弃……谨摘取其大者而作赞辞于此：所有帝王，德性相同。既同就崇，臣下当然是庸仆。安南违犯法纪，兴兵之议蜂起。内安外除，才略美妙。郭英配享太庙之非法请求，奸臣之放肆破裂。严词抗疏，邪气始除。明堂之议，周代的礼制有法度、文采。朱熹已逝，而嘉谋大扬。呜呼！形体已逝啊遥莫能追，精神变化啊谁能观察？在朝为官啊仪表堂堂，千年如见到啊奸佞羞愧！黄氏在这里高度赞扬唐公的辉煌一生。

按：黄表衷即黄衷。见《粤大记》卷17《献征类·部院风猷·黄衷》。

三是明代行人司正薛侃，他评价说：唐胄"历官四十余年，始终正直，不少变易。迭任藩臬、巡抚，劳伐最多。在部建议陈言，忠说更切。后以忤旨，被杖削籍，众皆韪之"（明薛侃《辩明功罚疏》）。所谓"藩臬"，指藩司和臬司，明清两代各省布政使司和按察使司的并称。所谓"忠说更切"，意为忠诚正直，更加符合事理。所谓"众皆韪之"，意为大家都认为其观点正确。

四是明代广西提学佥事黄佐，他评价说："胄秉性耿介，素以器识自负，尤孝于事亲。家居服食澹泊，足振靡俗。为文有理致源委，不尚浮靡。"② 意谓唐公天性正直，不同于流俗，向以器量与见识自许，侍奉父母尤为孝敬。在家居住生活恬淡寡欲，足以镇除侈靡的习俗。作文言之有理、结构严谨、分析透彻、本末清楚，不崇尚浮艳绮靡。

五是清代《明史》总纂官张廷玉，他评价说："胄耿介孝友，好学多著述，立朝有执持，为岭南人士之冠。"③ 意谓唐公正直不阿，事父母孝顺，对兄弟友爱，爱好学习，著作丰富，在朝为官有操守，能坚持自己的观念见解，在岭南地区有身份和名望的人中，位居第一。

从上述可见，以上诸位对唐公的评价基本一致，都给予充分的肯定和高度赞扬。

---

① （明）唐胄：《传芳集》之《附录·黄表衷〈西洲先生像赞并引〉》。
② 《嘉靖广东通志·琼州府·唐胄》、《粤大记·唐胄》、万历《琼州府志·唐胄》。
③ 《明史·唐胄传》。

八　结语

纵观唐公一生的为人行事，值得称道者甚多，其要者可归纳为以下九点。

一是正直不阿，为人忠诚。这从以上诸位对其评价可以说明。

二是坚持正义，敢作敢为。这从其多次上疏、据理力争、不畏强权可证。

三是立志高远，脚踏实地。如上文所说："以范文正自期，身任天下之重""素以器识自负。""受知图报，志在匡济，知无不言，言必国体。儒者之业，大臣之风，不可泯已。"此可谓立志高远。至于其乡试、会试"皆占礼魁"，履任"所至著声"①（即所至政声大著）；"在部建议陈言，忠谠更切。后以忤旨，被杖削籍，众皆惜之"（明薛侃《辩明功罚疏》）；"治家严而有方""为文根本六经，不务绮丽"（见《唐公神道碑》）；"为文有理致源委，不尚浮靡"等，此皆可谓脚踏实地。

四是为政清廉，生活俭朴。如《唐公神道碑》载：在云南任职期间，"己丑（即嘉靖八年），表贺如京，诸郡邑例馈夫廪，皆却不受。既至，见京贵，一无所遗"。又说："素性俭，衣履不择敝好。处滇中数年，珍宝之物一无所携。所至解任之日，廨中衾帐器皿，悉署籍以俟来者。"所谓"表贺如京"，意谓到京师上表恭贺。所谓"例馈夫廪"，即按惯例馈赠的物品。所谓"见京贵，一无所遗"，意为参见京师权贵，皆无馈赠礼物。

五是关心民瘼，体恤民情。如《唐公神道碑》载：嘉靖十一年任广西左布政使时，禁绝地方官贪冒之弊、纠正靖江王府宗人受封之非法补禄，以减轻对老百姓的剥削。又严加管束驻守广西的"客兵"即非土著军队，使其不敢为暴扰害人民。嘉靖十二年任山东巡抚时，注意兴修水利、招民垦荒、祝天求雨和禳祭灭蝗，大力发展生产，以解决民生问题。因而，所到之处，都深受人民爱戴，人民舍不得让其离去："自提学、备兵全井府，东南士民无不遮道攀辕，送出境外，去之久而愈不能忘。"所谓"遮道攀辕"，意谓拦住车道，拉住车辕，予以挽留。

---

① 《嘉靖广东通志·琼州府·唐胄》、《粤大记·唐胄》、万历《琼州府志·唐胄》等。

六是重视地方教育，维护师道尊严。如归家守制和侍养期间，创建西洲书院，并为多所学校作记。(《唐公神道碑》)嘉靖三年至嘉靖四年任广西提学佥事期间，大力推行教化："遍鬻群书，启迪多士，文风丕变"（见《粤西文载·唐胄》《嘉靖广东通志·唐胄》、《粤大记·唐胄》）；"令土官及瑶、蛮悉遣子入学"（见《明史·唐胄传》、清《广西通志·唐胄》）；"以身范士，督诸生习冠射诸礼，即僻邑遐陬，巡历皆遍"（见《唐公神道碑》）；作《劝古田诸生归学诗》，规劝瑶、蛮子弟归学读书，以表其司教之诚（见清初汪森编《粤西诗载》、清《广西通志》卷120《艺文·五言古诗》）；嘉靖六年任云南提学副使期间，治教有方，并以身作则，维护师道尊严：迎接和参见总督长官皆不跪（见清《云南通志》卷19《名宦·唐胄》、《唐公神道碑》），充分表现其教官风范。

七是热心地方文化建设。如归家守制和侍养期间，致力于家乡文化建设：参与纂修《琼州府志》，并独纂正德《琼台志》；任广西提学佥事期间，纂修《广西通志》若干卷（见《唐公神道碑》）；嘉靖十二年任南赣巡抚期间，纂修《江闽湖广都台志》十三卷（见清黄虞稷《千顷堂书目》卷7《地理类中》、《唐公神道碑》）等。

八是孝敬父母。除了上文诸家的评价外，还有《唐公神道碑》详载："公天性至孝，事处士公敬养备至。疏归侍养时，会陈淑人有疾，公手调药，朝夕不解带。舍傍忽产麻菰，取以供母，人以为孝感。"又，正德七年唐公应召起用，在京师请友好同僚姑苏都穆、信阳何景明分别作《榕冈记》《像池记》（见正德《琼台志》卷24《楼阁上·琼山县》"榕冈""像池"条）。又请琼州府学教官庄文玄编辑其父文集为《榕冈集》四卷，并作序（见正德《琼台志》卷24《楼阁上·琼山县》"榕冈"条）。这些显然也是对其父的孝举。

九是爱好学习，勤于著述。这从唐公所撰著作可证。考其著作有：正德《琼台志》四十四卷、《江闽湖广都台志》（或作《江闽湖岭都台志》）十三卷、《广西通志》若干卷、《西洲存稿》[①]、《传芳集》（后人编集）。此

[①] （清）黄虞稷：《千顷堂书目》卷7《地理类中》、卷21《治壬戌科十五年》，文渊阁《四库全书》，史部，目录类，经籍之属。又见《唐公神道碑》、《嘉靖广东通志·琼州府·唐胄》、《粤大记·唐胄》、万历《琼州府志·唐胄》、雍正《广东通志》卷46《人物志三·唐胄》等。

外，还编有《崔清献公全录》《海琼摘稿》《王桐乡摘稿》（注见上文）等。

　　以上九点，既是唐公的精神和美德，也是他留给后人最宝贵的精神财富，值得继续发扬光大。后来著名清官海瑞的为人行事与唐公之所以如此相似，显然受其精神和美德的深刻影响，这成为海瑞精神的重要来源之一。

（责任编辑：胡亮）

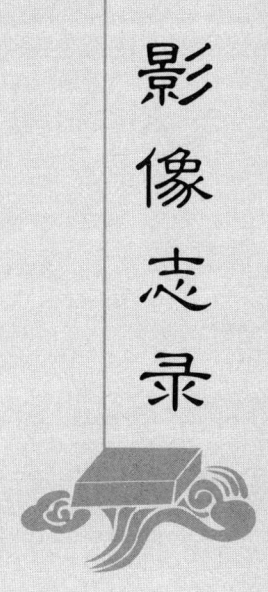

影像志录

编者按：

唐胄的时代距今有五百多年了，作为身处信息时代的今人，必然会尝试使用当代最普遍、最时尚的影像化手段，来表达我们对先人的景仰与尊崇。当代著名作家杜光辉先生为此编创了电视文献片《岭南之冠——唐胄》的拍摄脚本，这一过程漫长而艰辛，杜光辉先生几易其稿，形成了几部艺术风格不同的脚本。在此，我们特刊登其中两部，以飨读者。

岭南之冠——唐胄

杜光辉[*]

今天，人们说起刚直不阿、不畏生死、为民请命、犯颜直谏这些溢美的文字时，常常和海瑞联系在一起。其实，海瑞被投入监狱是嘉靖四十五年（1566），早在28年之前的嘉靖十七年，就有一个海南籍的大臣，因为冒死直谏，被皇帝严刑拷打，投入监狱，他就是唐胄。

仅嘉靖年间，就有三位从海南走出的大臣——廖纪、唐胄、海瑞，仗义直谏，批评皇帝。

在贪腐成风的大明王朝，从海南走向各级权力中心的官员，无一贪腐，个个清廉，他们用自己单薄的手臂，构成了一座清廉的孤岛，成为大明王朝及海南历史文化上一道亮丽的风景线。

---

[*] 杜光辉，海南热带海洋学院。

毕竟，古代的海南岛，被海峡天险阻隔，孤悬海外，经济、文化、政治远远落后于内地。

但是，海南官员的高风亮节、丰硕政绩，与海南地域的偏远，经济、文化相对内地的落后，形成了巨大的反差。这种反差，构建了海南甚至中国历史文化的一个神奇密码。

为了破解这个密码，我们走进了唐胄的人生历程。或许，能从唐胄身上，触摸到海南历史文化的根基和脉动。

海南虽然孤悬海外，却与大陆一衣带水，血脉相连，历代都有大陆移民迁居于此，在这里落地生根，繁衍生息，传播大陆文化，带来先进的生产技术。

唐胄就出生在现今的海口市攀丹村。

我们从唐氏族谱中可以看出，攀丹村的先祖是南宋时期的忠臣良将唐震，入琼后落籍在这里，取名攀丹，意指"手攀丹桂"，蕴含登科及第。

唐震，广西桂林兴安人，宋淳祐初自台阁出守琼，海南唐氏的入琼始祖，南宋正奏名科文举进士和绍定二年（1229）奏名科武举进士，历官司直、通判、知州、府帅。唐震带领唐氏家族入琼后，积极发展教育，置书数万卷，创建"攀丹义学堂"，世代兴学，世泽诗书，是岛内著名的书香望族，此后的每个朝代都有名臣出现。

明永乐年间的监察御史吴纳曾作有一副对联，形容明朝中期前唐氏家族的繁盛：上联是"文物彬彬入珂里，草木犹带书香，屈指名贤，若举若进若元魁，海外无双唐氏"；下联是"风徽奕奕登华祠，几筵尚留英气，历稽世宦，而公而卿而守牧，天南第一攀丹"。

明宪宗成化七年（1471），唐胄就出生于这个书香世家。

唐胄自幼就接受了唐氏家族的儒家教育，把"读书做官，效忠朝廷，造福百姓，万世留名"作为人生的最高目标，加之聪颖、勤奋，于书无所不读，博通经史百家，成才是非常自然的事情。

明孝宗弘治十五年（1502），唐胄赴京应试，中礼经魁，登康海榜进士，授户部广西司主事。十年寒窗苦读，一朝红榜题名，唐胄和儒家学子读书的最终目的，就是走进仕途，实现流芳万世的理想。

唐胄怀揣满腔雄心，踌躇满志，充满欢愉地走向大明朝的权力阶层。

从此，拉开了"治国、平天下"的帷幕。

然而，官场并非年轻的唐胄想象得那么清明、透彻，而是布满阴霾、陷阱。时值宦官刘瑾弄权，结党营私，贪腐权斗，排除异己。

深受唐氏"德馨"家风熏染，为官忠贞、嫉恶如丑、刚直不阿、品节高洁、性格耿介、特立独行、不愿与刘瑾之流同流合污的唐胄，必然受到刘瑾之流的排挤、同僚的嫉恨。

唐胄深感官场险恶，仕途缥茫，满腔报国心，无奈付东流，萌生隐退归家之意。

支撑读书人的精神有两个支点，得意时倾向儒家思想，"治国、平天下"，效忠朝廷，造福百姓，企图青史留名；失意时，又倾向道家思想，遁世隐居，淡泊名利，宁静致远，顺其自然。

恰在此时，唐胄父亲去世，按照明朝律法，唐胄归家守制服孝。

守制服孝期满，唐胄又以母亲年事已高，身体不佳，自己是独生儿子，理应服侍母亲为由，拒绝返京任职。理所当然地被刘瑾剥夺官职，继续赋闲在家。

唐胄疏离了官场的天空，踏入了民间的土地，远离了权力的倾轧争斗，贴近了家乡的温馨亲情。

从那时起，唐胄在家乡度过了20个春夏秋冬，奉行进者共济天下、退者独善其身的儒家思想。

唐胄接受了道家思想的影响，却剔抵了道家的无为，骨子里还是崇尚儒学，兴办了西洲书院，广收学子，讲经授儒，以启梓里，桃李芬芳，科甲蔚起。

他在《重修万州儒学记》中提出："惟守令六事之职，莫先于学校。"

唐胄的治学思想中，始终贯穿为德、为民、为忠、为良的以民为本的思想。

继唐胄之后的又一海南名臣海瑞，两岁丧父，初期受母教育，后其母将海瑞送到西洲书院，成为书院的学生。海瑞走上仕途，成为唐胄之后又一个因骂皇帝而入狱的海南籍官员。海瑞的所为，可谓是唐胄的翻版。

对此史料，史学家争议不休，多不认可。但海瑞曾在唐胄创办的西洲书院读过书，基本得到史家的认可，印证了西洲书院对大明王朝、对海南文化的贡献。

修志著述是中国古代文人的优秀传统。唐胄闲居海南20年，其实并不清闲，除了兴办西洲书院外，还传承前辈志向，补遗考异，执旧疑史，收集原始资料，以执着、严肃、认真的治学态度，编纂了正德《琼台志》。

正德《琼台志》包括郡州邑疆域图、郡州邑沿革表、沿革考、郡名、分野、疆域等44卷。

后人认为，唐胄的正德《琼台志》，体例完备，为海南诸志之典范；直书重教，以儒学为宗，厚善薄恶，为后人树立榜样，重视道德教化；考辨翔实，阙疑有度，体例独创，征引文献丰富，资料价值高，在方志编写、方志文献学及方志史上，都占有相当高的地位。

到目前为止，研究海南历史的人士，都以这部志书为最重要的依据之一。

唐胄在编撰正德《琼台志》时，与恩师王佐发生了学术观点的争执。王佐认为，自汉元帝放弃珠崖，直至梁大同年间，其间580年，海南并无郡县之设，只有招抚遥领，海南并非内属。唐胄认为，汉元帝放弃珠崖郡后，仅仅过了86年，马援又在海南设立珠崖县，这在史书上有明确记载。此后历朝历代，海南或顺或逆，不可因有一时之叛逆，而一概否认郡县之设置。

唐胄当时可能没有想到，他坚持的观点，在后人捍卫国家领土主权上所起到的重大作用。到了20世纪80年代，某些邻国觊觎我国领海的一些岛屿和海疆，我国外交部就引用正德《琼台志》中的资料，伸张这些海疆和岛屿历史上就属于中国。

有学者称，仅一部正德《琼台志》，就足以使唐胄光耀海南历史文化的天空。

孝悌是中华民族优秀的道德传统，百德孝为先。孝，为尊敬长辈，伺候长辈；悌，为亲情兄弟姐妹，和睦团结。中华民族流传着众多赞颂孝悌的民间故事。在以家族为社会单元的封建社会，家庭的稳固和谐，在某种程度上决定了社会的稳固和谐。

自幼深受中华民族优秀道德品质熏陶的唐胄，奉养母亲，竭尽孝道。

唐胄母亲生病，唐胄"亲手调药，朝夕不解带"。

母亲去世后，唐胄看到祖坟将近三百年的风吹雨打，日渐荒凉破败，许多族人也失去联络，遂聚集族人，在墓园内种栽了五百余株松树。唐胄认为"君子之道，始于亲亲"。如果一个人对自己的亲人都没有感情，又怎么能去关心天下人呢？

唐胄同僚吕柟特意撰写了《唐氏种松记》，认为唐胄为祖坟补松，无论是对唐氏族人，还是对世人，都很有教育意义，并总结出七点。

第一，敦本。唐胄补松之前，族人只知道拜祭父母，不知道还有祖宗墓园。补松之后，族人首先拜祭祖坟，这是教育族人不要忘本。

第二，哀死。唐胄把墓园修整一新，墓园不再荒颓。这是教育族人尊重死者。

第三，训生。唐氏墓园中有七十多座石碑，记载了祖先的生平事迹，岁久月长，石碑倒地，文字残缺。唐胄将其重新竖立，描刻文字，让子孙后代了解先人事迹，从中受到教育和激励。

第四，尊祖。唐氏族人附葬于祖坟，没有规划，杂乱无章，去世的人不得安宁，活着的人骨肉相争。经过修整，井然有序，体现了对祖先的尊重。

第五，敬宗。唐胄和族人议定，族人中凡有成为秀才者，交出第一个月官府下发的米粮；凡考中举人者，交出其收入的三十分之一；凡考取进士者，交出收入的二十分之一；凡官者，交出收入的十分之一。将这笔钱借给族中最需要的人，用利息供祭祀祖先之用，通过这种方式，增强了家族的凝聚力。

第六，述事。唐氏墓园随着时间的推移，无人管理，日渐荒芜。唐胄在补松之后，对墓园的管理做了妥善安排，这是教育族人学习管理事务。

第七，继志。唐胄为祖坟补松，也是继承先世遗志，谓之继志。

唐胄种松还有一个意思，希望唐氏家族像松柏那样茂盛，世世代代传承。

正德初年，海南万州官府为给朝廷进贡，逼迫民女编制藤器，使民女连年不得歇息，人人惶惶不可终日。有一王姓女儿朝暮辛苦也完成不了所派，连累父亲常常遭受笞责。她走投无路，悲愤至极，只好自缢身亡，以此反抗官府的奴役，解脱家庭的苦难。

唐胄闻知此事，义愤填膺，敢怒敢骂，把万州被迫进贡藤器与汉唐时交州进贡荔枝、福州进贡名茶，皆视为官府使民不聊生的灾难，写下了七言诗作《藤作》：

剑门藤丝如发细，纤巧争先出新意。万安土瘠民多贫，家家藉业为生计。

纤纤闺指称绝奇，牝丹荏染凤交嬉。官工家派多精致，细迟过限爹遭答。

十八嫁裙无一幅，朝朝暮暮劳官役。岂知生业反为魔，遂甘自尽家难息。

满城感泣增悲恸，祸州尤物何时穷。英灵胡不上诉帝，条蔓枯尽山为童。

九州厥贡古来有，筐荐随方那敢后。交州荔支建州茶，惊尘溅血民始咎。

珠崖地在大海中，汉因玳瑁始开通。未几祸起广幅布，东都复县伏波功。

永平滥觞儋耳贡，后启缤纷非土任。瑁官珠殿尤苦刘，紫贝鼍皮聊缓宋。

惟我祖宗怜远土，两朝优诏特矜楚。公使蹈法许具闻，气焰权奸犹敛阻。

后至先皇弘治初，大禁贡献民熙和。振儋金香罢唐例，南宁银姜无宋科。

民赖优游三十载，肇此厉阶谁复再。公贿私贡恐已迟，谁体圣心存海外。

妻号儿哭无朝夕，催吏那知更下石。谁能临武叫天阍，守有徐方留郡迹。

君不见女苦吉贝男苦薯，停车请免崖相公。前朝旧事数百载，至今青史扬清风。

福星监司贤太守，民瘝至是公知否。

此诗诉说了人们对自杀姑娘的哀悼，呼求上苍让万洲的藤蔓枯死，群山尽秃，结束官府的横暴，表达了唐胄对百姓苦难的同情，对官府恶行的憎恨，是极为罕见的为百姓申诉的佳篇杰作。

明世宗嘉靖元年，宦官刘瑾被处死，嘉靖皇帝起用唐胄，授户部河南司之职。唐胄欣喜万分，当时就斌诗一首《新春咏》：

    太平触处麦连歧，吹鬓东风又此期。
    深喜轮台丹诏早，不妨渭水钓竿迟。
    漏梅泄柳窥天意，问舍求田敢自遗。
    把镜朝来还独笑，一春花鸟瘦添诗。

诗中洋溢着春天的欢快气息。他不想再像田舍翁一样，过只图自己安乐的生活，要抓紧生命中剩余的时光，为朝廷效力。

此时的唐胄已经51岁，刚入暮年，真乃枯树逢春，阴霾拨去，终见天日，深埋在心底的"治国、平天下，名垂青史"的儒家理想，再次萌发。他再次赴京任职，走进仕途。

唐胄的仕途生活，在闭幕了20年之后，又重新拉开了帷幕。唐胄又能在大明朝的政治舞台上，做出什么样的表演呢？

唐胄复职后，体恤民情，为民伸张。他发现监管苏杭织造的宦官，贪腐愚恶，专横跋扈，假公济私，中饱私囊。如能得到"苏杭织造太监"的职位，无疑是一步登天，终身富贵，这个职位成了众多宦官垂涎欲滴的肥缺，不惜重金打点。一旦得到这个职位，宦官们就变本加厉地压榨、盘剥、祸害织造业的商贾织民。商贾织民怨声载道，苦不堪言，直接影响了国计民生，成为明代经济的一大祸害。

唐胄立即上疏《疏请停遣宦官监督织造扰民》，疏请朝廷停派宦官监督织造，言辞恳直，措辞尖锐，理由充分，充满忧国忧民之情。

但是，皇帝没有采纳他的疏谏，积弊日益严重，到了万历年间，竟然激起民变，加重了明政权的统治危机。

南宋咸淳年间，元军大举进攻海南，琼管安抚史赵與珞率领义军死守海口白沙门，被内奸捉俘，宁死不降，对元军大骂，被五马分尸。

唐胄感慨赵與珞明知事不可为，而矢志为之的大丈夫气节，更感慨与赵与珞共同抗敌、至死不屈的海南百姓。他们不食官禄，甘心赴死抵抗，至遭酷杀，何等壮烈，何等忠烈。

唐胄从普通百姓的角度，深深感受到人民的道德思想基础、民族感情和民族意识，应当从广泛深厚的民众基础上寻找。上书奏疏《疏请为宋死节臣赵与珞追谥立祠》，并写下了歌颂海南百姓的诗：

> 忠魂几许随波浪，孤旅三千特地投。那道深仁炎赵录，无端气脉向兹收。

唐胄的奏疏得到皇帝恩准。

明世宗嘉靖二年，唐胄升广西提学佥事。当地万山丛莽，交通闭塞，满目疮痍，缺少学堂，民不教化，心智不开，混沌愚昧，举止不端，野蛮好斗，经济落后。

唐胄上任之后，大力推行教化，苦心经营，广建学堂，深入瑶寨，劝说土著官员和瑶蛮子弟入学，并以身示范，督教学生习冠射诸礼，作《劝古田诸生归学诗》，规劝少数民族子弟入学读书，深受当地百姓拥戴。

嘉靖六年，唐胄改任云南提学副使。总督巡察时，三司官员迎接参见总督大人，皆行跪拜之礼，唯独唐胄依然傲立，维护师道尊严。

明世宗嘉靖十一年，唐胄迁任广西左布政使。广西古田土著骚乱，官府多次派兵征剿，均无效果。

唐胄赴任后，不再派兵征剿，委派县令前往招抚。叛匪首领听说新任长官就是深入瑶寨苦心劝学的唐胄，十分感激，当下就表态，约束部下，不再与官府为恶，广西境内趋向平安。

唐胄体恤民情、为民造福、以民为本的思想还体现在数年后任山东巡抚时期。黄河泛滥成灾，唐胄不辞劳苦，千里跋涉，寻觅黄河故道，疏通水利，引灌旱田，变患为利。

唐胄又鼓励百姓垦荒，发送耕牛、种子给困难百姓，发展农业生产，使百姓安居乐业。

唐胄所到之处，深受百姓爱戴。唐胄离去时，百姓阻拦车道，牵拉车辕，试图挽留，送至境外，久久不能忘怀。

唐胄在云南任职，从不讨好藩王，"疏请不随王府庆贺，不在王府叩头朝礼"。

唐胄在安抚强贼的同时，对地方王室及军队将领弄虚作假、贪污腐败、冒领军饷、舞弊贪占的行为，绝不含糊，认真调查，奏报朝廷。

唐胄的奏报，引起朝廷关注，形成律令约束各地藩王，藩王遂不敢再冒领国家钱粮。唐胄除了先天下之忧而忧，后天下之乐而乐，还洁身自爱、廉洁自律，追求为德为良的品德行为。

宗室的王公大臣、军队将领却因此对唐胄群起而攻。

唐胄赴京表贺，众官员按惯例恭送礼物，唐胄概不接收。唐胄参见朝中权贵，也概无礼物奉送。

唐胄生活俭朴，不爱珍宝。《唐公神道碑》载："素性俭，衣履不择敝好。处滇中数年，珍宝之物一无所携。"

唐胄在外为官，所到之处，均寒苦自守。他曾在门上贴有对联，表白自己的心迹："雪霜半染中年鬓，天地应知暮夜心。"

这也是众多政敌难以参倒他的缘由之一。

嘉靖十六年，安南已20年没有朝贡，客观上构成了对大明王朝宗主权威的极大蔑视，使大明王朝的尊严受到挑战，朝廷对此耿耿于怀，不满已久。恰逢安南内乱，嘉靖皇帝决定征讨安南，严嵩、夏言、张瓒等大臣，逢迎上意，主张讨伐。

唐胄以政治家的远见卓识，意识到讨伐一旦开始，战死的是将士，亏空的是国库，负担的是百姓，于国于民，百害而无一益，第一个提出反对征伐安南的政治主张，奏上了《奏讨安南疏》，以怀柔政策出发，从七个方面阐述了不可征伐安南的意见。

第一，"安南不征，著在祖训"，祖训中把安南列为不征之国。

第二，"太宗既灭黎季犛，求陈氏后不得，始郡县之。后兵连不解，仁庙每以为恨，章皇帝成先志，弃而不守，今日当率循。"永乐年间征安南后，兵祸不断，宣德年间，明军被迫放弃安南，撤退回国，现在征讨安南可能重蹈覆辙。

第三,"外夷分争,中国之福……"朝廷只需坐收渔翁之利。

第四,"……先朝虽尝平之,然屡服屡叛,中国士马物故者以数十万计,竭二十余年之财力,仅得数十郡县之虚名,况又有征之不克……此可为殷鉴。"征服安南,把安南设为郡县,安南也会经常反叛,为此耗费大量钱财得不偿失。

第五,莫登庸政权和被推翻的黎氏政权都曾遣使入贡,只是被明朝边官拒绝。以其"不贡"征讨,名不正,言不顺。

第六,财政难以支持大规模对外用兵。南方盗贼蜂起,仅两广备乱的军费,为进剿田州岑猛等贼,已耗费大半,所剩无几,"盐厂连年所积军饷银两四十余万,今亦尽皆解用",财力不济,不足以支撑征伐的战事。

第七,国内的危机和北方的蒙古才是最大的威胁,而不是安南。

此次出兵征讨,理由不充分,师出无名。安南国不是不想进贡,因为每次进贡,皇朝赐给他们的财物都是他们进贡物品价值的数倍,进贡对于安南是赚钱的事情,他们是想进贡而没有进贡的机会,以"安南久不上贡"为由出兵讨伐,十分勉强;从历史上看,自东汉马援征伐安南起,直至明朝永乐、宣德年间的征伐,都没有达到征服的目的,大军一走,反叛随起;出兵讨伐,必须有财力支持,此时历代的对外征伐,都会引起严重的后遗症,造成内忧外患,导致国家衰亡。

从唐胄《奏讨安南疏》,我们不难看出,唐胄看到了大明王朝内忧外患,为国为民担忧,从江山社稷出发,指出对外征伐,必定损失国力,要想长治久安,在出兵安南的事件上,还需谨慎。

鉴于以唐胄为首的反对派的意见,皇帝暂时搁置了征讨安南的准备工作。经过长期争论,皇帝对安南的政策终于有了转变,从用兵改为安抚,避免了一场战争的爆发。

唐胄维护正义,刚直不阿,不畏权贵,认理不认人,还表现在竭力阻止宠臣郭勋把自己的先祖郭英入祀皇室宗庙,与徐达等开国元勋一起享受太祖庙堂一事上。

郭勋倚仗自己是皇亲国戚,逢迎拍马,讨好皇帝,深得嘉靖皇帝信任宠幸,封太师,升任京城禁军总管。"挟恩宠,揽朝权,擅作威福,网利虐民,京师店舍多至千余区,为廷臣所恶"。

早年以《礼经》夺魁的唐胄，精于礼仪，深知郭勋的要求不合礼仪，写了奏章上呈嘉靖皇帝，揭露郭勋粉饰夸张及给祖宗脸面涂脂抹粉的丑行，认为郭勋是"不学少知"，把先祖郭英的云南之功当成开国之功，利用自己家庭的"皇妃、王妃、驸马"之贵提出非分要求，嘲讽、批评、鄙视郭勋"不学妄为"。但是，郭勋深得嘉靖皇帝宠信，唐胄的奏折显得不合时宜，没有得到皇帝的同意。

正德十六年，明武宗去世，无子继承皇位，皇太后和大学士扬廷和定策，决定由武宗的堂弟朱厚熜即位，史称明世宗，年号嘉靖。世宗即位后，就诏命礼臣集议其生父兴献王朱祐杬的尊号。朝廷分为两派，一派认为尊明孝宗为皇考，朱祐杬为皇叔考，另一派迎合嘉靖皇帝的意旨，主张尊朱祐杬为皇考。双方争论愈演愈烈，揭开了著名的"大礼仪"之争。殊不知，这是嘉靖皇帝的一个政治手腕，他通过"大礼仪"之争，清除异己，巩固自己的政权。

朱厚熜即位第四年，尊亲生父母"皇考恭穆献皇帝""圣母章圣皇太后"，使得朝臣大为不满，230余名朝廷大臣，跪伏在左顺门前，齐声号哭，声震阙廷。

嘉靖皇帝命令锦衣卫将参加请愿的官员全部造册登记，按名册进行大搜捕。结果被廷杖而死16人，下狱134人。这就是有名的"左顺门事件"。此后，再无人敢在皇帝面前提"统嗣之争"，这场荒唐的闹剧才算落下帷幕。

但是，嘉靖皇帝并不知足，到了嘉靖十七年，还想让其生父如明堂飨礼配上帝，享受已故皇帝的待遇，掀起了"明堂"之争。

一些朝臣畏威保位，阿谀奉承，竭力拥护嘉靖皇帝的主张，给皇帝献白兔、白鹿，诈称祥瑞，以讨皇帝欢心。

嘉靖皇帝登基之初，就起用唐胄。唐胄在外地多处任职13年，升迁11次。其原因除了唐胄勤勉自律、廉洁奉公、才智超众、政绩显赫之外，嘉靖皇帝对其的欣赏、提携，也是很重要的因素，可谓圣恩不薄。

唐胄如此际遇，应诚惶诚恐，结草衔环，知恩图报。但是，唐胄却坚定地站在维护国家律典的立场上，忠心耿耿，冒死上奏《明堂享礼疏》，讽刺皇帝言而无信，出尔反尔，得寸进尺，直面批评皇帝。权贵们趁机攻击唐胄。皇帝看完奏疏，怒不可遏，下令锦衣卫将唐胄逮捕入狱，严刑拷打，削职为民。

此时，正是春季盎然、百花盛开的季节，也是寒流返潮、冰冽逆袭的季节。唐胄在这个多变的季节里，一步一步走向人生的终点，一场痛彻人心的悲剧，终于落下了帷幕。

唐胄是嘉靖年代，唯一的以悲剧谢幕的一代名臣。

唐胄返回海南家乡，皇上又特加赦免，恢复他的官职待遇。但唐胄身心遭受双重打击，不堪折磨，卧床不起，病死于家中，时年69岁。

唐胄以他的悲剧人生，张扬了为德、为民、为忠、为良，先天下之忧而忧，后天下之乐而乐的传统士大夫的精神旗帜，也书写了儒家"读书做官，报效朝廷，造福百姓，流芳万世"的人生理想。

笔者认为，儒家的"读书做官，报效朝廷，造福百姓"只是手段，目的是流芳万世。他们把名声看得高于生命，才有不畏生死、敢言直谏的胆气。

《明史》对唐胄有着极高的评价："胄耿介孝友，好学多著述，立朝有执持，为岭南人士之冠。"

明朝，是海南群星灿烂的时代，出现了丘濬、唐胄、海瑞等廉吏谏臣和大批的文化名人。大明朝嘉靖年代，三个骂皇帝的名臣，丘濬、唐胄、海瑞，家居不过十里，同享一方水土，同受海南文化的熏陶，这是不争的事实。海南文化受到内地文化的影响，又反哺内地，影响内地文化的发展。

我们从唐胄和大明朝海南籍官宦生涯中，寻找到了他们一脉相承的思想脉络——"民为天，社稷次之，君为轻"的民本主义思想，关心民瘼，体恤民情，为政清廉，生活俭朴，不惧权贵，刚正不阿，这也是海南文化名人的集体品质和思想追求，表现了浩荡的琼州正气，照亮了海南历史文化的天空，留下了宝贵的文化遗产。

（责任编辑：佟英磊）

唐 胄

杜光辉 李长青[*]

嘉靖十七年,公元1538年,大明天子朱厚熜与一位大臣发生了激烈而尖锐的矛盾冲突。

冲突的结局不言而喻,这位大臣被革职并下狱治罪。

这位大臣就是海南走出去的三品大员,户部左侍郎唐胄。

唐胄遭到皇帝的严厉惩处,比海瑞海刚峰,要早28年。

那么,唐胄为什么敢于冒犯嘉靖皇帝?究竟是如何激怒了嘉靖皇帝而给他自己带来这场塌天大祸呢?

让我们从头说起。

据记载,唐氏家族来到海南岛,是在南宋后期,当时广西的一位地方官唐震,由于遭贬而来到海南岛,任琼州刺史,遂即落籍在今天的海口市琼山区攀丹村。到了明朝,唐胄这一代已经是唐氏家族在海南岛的第九代了。

唐氏家族有一个很好的家风,把诗礼传家的古训发展到了极高的程度。

唐震带着一家老少来到海南,生活刚一安定,就开办了"义学堂",

---

[*] 杜光辉,海南热带海洋学院;李长青,海南大学人文传播学院。

建起了藏书楼。经过一代又一代的不懈努力，到唐胄那一代，已办成了当时颇有名望和影响的"养优书院"，后来改名为"西洲书院"。

西洲书院是当时非常有名的学校，名师荟萃，教养有方，为唐氏家族，为四里八乡，为海南全岛，乃至于为当时的大明王朝，培养了大批的杰出人物。

大明朝以著名谏吏海瑞海刚峰为代表的一批杰出人才，都在西洲学院读过书。

明代有人情不自禁地赞叹："天下无双唐氏，琼州第一攀丹。"

明朝成化七年，公元1471年，唐胄就出生在这个古村，这个书香世家。

必须承认遗传的力量和传统的影响，幼年的唐胄，不仅聪颖过人，而且好学好问，再加上身边名师林立，族人教养有方，很快就出类拔萃了。

明朝弘治十一年（1498），唐胄27岁，这一年他考中了举人。

四年之后，弘治十五年，他31岁，又考中了进士，顺理成章地"学而优则仕"，走向了社会，步入了仕途，开始了他人生的第一个阶段。

唐胄的第一个官职是明户部山西司主事，但这个官，他没能当长，几乎与此同时，他的父亲去世了，他不得不请假归家，服制守孝。

家事有变，国事也有变。当唐胄守孝期满，要回朝复任的时候，弘治皇帝突然驾崩，大明王朝的天子换人了，继位的是年仅15岁的太子朱厚照，改元正德。太监刘瑾专权。

刘瑾，明朝历史上与九千岁魏忠贤齐名的大太监，他一方面引诱年少的正德皇帝沉溺于享乐、酒色、荒淫，另一方面擅权揽政、跋扈飞扬、权倾朝野。

当时的民间传说，称大明王朝有两个皇帝，"一个坐皇帝、一个站皇帝，一个朱皇帝、一个刘皇帝"。

刘瑾专权，给初入仕途的唐胄出了一道难题，是回朝复职呢，还是就此隐于乡野呢？回朝复职，就要与刘瑾同流合污，更意味着认可了刘瑾的擅权揽政，这不仅有违于一般的道德判断，而且有悖于唐胄从小就学习和遵守并视之为天理的人伦礼制观念。

再三思虑之后，唐胄决定遵从天理，以人伦礼制对抗奸佞，他以家有高堂老母，必须善尽孝道为由，拒绝回朝复职。

出于对刘瑾专权的愤怒与抗争，当时拒绝回朝复职的还有其他一大批官员。刘瑾一怒之下，剥夺了所有这些人的官职，唐胄自然也在其中。

这是唐胄第一次为自己所坚持秉奉的理念付出代价，是他人生历程中第一次遭遇挫折、坎坷。

当时的唐胄，写过一首《红鸡冠花》，其中有两句很能反映他这一时期的心情："甘陪菊淡阶梅瘦，不惹蜂狂与蝶颠。"

正德五年，刘瑾事发，正德皇帝亲自去刘瑾家中抄家，不仅查出金银数百万两，而且非常意外地发现了刘瑾私刻的皇帝玉玺、自制的玉带等，更令正德皇帝怒火中烧的是，在刘瑾日常使用的扇子中，竟然藏有两把匕首。

于是，刘瑾被凌迟处死。

刘瑾伏诛之后，一批遭受刘瑾迫害的人被平反昭雪。正德七年，唐胄被起复召用。

此时的唐胄，又面临一大抉择：是回朝做官，追求读书人治国、平天下的人生理想，还是继续回乡奉养寡母，修身齐家，以尽人伦天道？

在读书人传统的理想价值追求与人伦天道的对立冲突中，唐胄义无反顾地选择了人伦天道。

他上疏"乞终养"，请求归家侍奉老母。他当时应该意识到了，这一选择意味着从此诀别于仕途，诀别于富贵荣华。

从遭受刘瑾迫害，被剥夺官职算起，到嘉靖初年被嘉靖皇帝召复起用为止，大约是20年的时间，尽管这20年他成了白衣进士，但这20年，应该是唐胄一生中最美好、最幸福、最有成就的时光。

在这20年里，他首先奉养老母。

母亲生病，唐胄衣不解带，日夜守护，亲自给母亲熬药，药放在自己唇边尝了温度之后，才喂入母亲嘴里。冬天寒冷，唐胄担心母亲受冻，把母亲的双脚捂在自己怀里，感动四乡。

万般皆下品，唯有读书高，和中国古代的圣贤一样，唐胄这位白衣进士，在奉养老母之外，接管了唐氏家族的"唐子藏书楼"，执掌了"义学堂"，随后更名为"养优书院"，到正德十五年又更名为"西洲学院"。他广收学子，讲经授儒，以启乡梓。一时间，桃李芬芳，科甲蔚起，大有苏东坡所说的"沧海何曾断地脉,白袍端合破天荒"的气象。

滔滔沧海,冲不断人气地脉;书生白丁,有志气可破天荒。

在现在翻修的书院大门上,有一副对联,上联是"广文宫冷未为贫",下联是"木铎声高道自尊",恰到好处地反映了唐胄当时执掌养优书院的理念追求。

相对于奉养老母和执掌书院,唐胄在那20年里还做了一件对海南历史和文化有巨大贡献和价值的事,这件事的影响一直延续到当代,甚至影响到当代中国的对外交往。

他编纂完成了正德《琼台志》。

中国有上下五千年的文明史,从传说中的三坟五典、八索九丘,到后来的《尚书》《春秋》,再到司马迁的《史记》、班固的《汉书》,既形成了修史志的传统,也造就了修史志的规范。

明代海南,地方官员修志之风大兴,陆续编纂了《琼台志》《琼州府志》等20多种地方志书。其中《琼台志》就出自唐胄之手,在留存至今关于海南岛的志书中,它是内容最全面、最完整,也是最早的一部。

在编修正德《琼台志》的过程中,唐胄和另一位海南名士王佐发生了争论。

王佐是海南明代四大才子之一,与唐胄有师生之谊;而在海南民间,百姓们更是给王佐修了庙,供奉他为神仙。

供奉王佐的西天庙,位于现在的海口市盐灶路。

那么,在这一对师生之间,究竟因为什么发生了争议呢?

海南早期的历史中,始终有一个问题,那就是从汉元帝"诏罢珠崖郡"开始,到冼夫人招抚千余峒俚人归附王朝,其间长达580年,中华王朝是否放弃了对海南岛的权利和治理。

如何看待这580年?如何讲述这580年?这引起了明代本岛士人之间的争论,也引起了唐胄与他的老师王佐之间的严重分歧。

最后,唐胄坚决不同意王佐的"裔土"论观点,认为这580年间中华王朝的秩序和统治始终存在于海南岛上。

据记载,王佐此后不再参与正德《琼台志》的编修。

唐胄的这一坚持,使正德《琼台志》在几百年后产生了连他自己也意想不到的重要历史价值。

从 20 世纪 70 年代中期开始，南海周边某些国家在国际社会上高调声索我国南海岛礁，其理由荒谬，意图贪婪，对此，我国外交部门援引大量史料，有力地反驳了对方荒谬而贪婪的观点，这些史料中，最主要的就有唐胄编修的正德《琼台志》。

也许是因为正德《琼台志》的编修和刊刻，在归家奉养，进士白衣 20 年后，唐胄引起了大明天子的注意。

这一年是正德十六年，正德皇帝驾崩，他没有子嗣，由他的堂弟朱厚熜继承了皇位，这就是嘉靖皇帝，同时年号亦改为嘉靖，所以这一年也是嘉靖元年。

嘉靖皇帝朱厚熜一即位，就召唐胄赴京，官任原职而有所调整，从 20 年前的户部山西司改到河南司任主事。

这一年，唐胄 51 岁。

20 年了，大明天子竟然还知道唐胄。

唐胄在等待了 20 年之后，在完成了奉养老母的孝道之后，在执掌西洲书院和编修正德《琼台志》之后，在立德和立言之后，终于可以立功了，可以践行"治国、平天下"的传统读书人的价值追求了。

唐胄当时的心情，我们今天也是可以想象的，欣喜而自得。

有诗为证：太平触处麦连歧，吹鬓东风又此期。深喜轮台丹诏早，不妨渭水钓竿迟。

这是唐胄接获召复敕谕时所作的《新春咏》，意外、欣喜而又志得意满，真可谓是"人逢喜事精神爽，月到中秋分外明"。

这一次，嘉靖皇帝的召复，开启了唐胄后半生的悲欢大幕。

唐胄复职，首任户部河南司主事后不久，发现监管苏杭织造的宦官，贪腐愚恶，假公济私，中饱私囊。"苏杭织造太监"的职位，成了众多宦官不惜重金打点的肥缺。整个苏杭地区的织民商贾怨声载道。

唐胄立即上疏朝廷，请罢苏杭织造，"织造之害，莫大于遣中管之提督"，言辞恳直，措辞尖锐，理由充分，充满忧国为民之情。

唐胄复职之初的另一举措，据《明史·唐胄传》记载，是"请为宋死节臣赵與珞追谥立祠"。赵與珞是宋宗室,南宋咸淳初为琼管安抚使。末帝赵昺祥兴元年秋,元军将领阿里海涯遣人招降赵與珞,與珞不听,率义勇谢明、谢富、冉安国、黄之杰等在白沙口与元军水师力战,元兵不得登岸。至冬,元人买通内应,抓捕赵與珞等降元。與珞等骂贼不屈,皆被裂杀。

唐胄在其所著《琼台志》中关于此事有一大段议论:

> 是时西来迎刃之大军隔海矣,同心之应科已死矣,宋之土宇垂尽矣,岂不知大势之去,螳臂之不可御?然所以必谩骂以泄其愤,坚守以固其节者,心焉而已。宋室守臣死节虽多,岂有后于與珞者哉?以远土孤臣,史氏不为立传,续《纲目》者不为大书,可惜也……若谢明、谢富、冉安国、黄之杰辈,郡士尔,服死已难,而又甘招陪磔,犹何烈也,然或知义也。至于琼民,当海中之再称制,则首起以应之,厓波忠魂不知几许……噫,琼去中原万里,朝廷政泽之沾独迟,及国之亡也,人心结固独后于天下,岂三百年惠养之所致欤?抑张赵二使君当日之义气所激欤?或人情土俗之美而不能已欤?故论宋三百年天下其先人心之降也,始于陈桥;其后人心之不忘也,终于琼海。所谓后死之睢将、不帝秦之齐士、闭城之鲁民,皆兼而有之矣。孰谓南荒之外而有此地也哉!

在这里唐胄不仅高度颂扬了南宋末年死节守臣赵與珞,更是高度褒扬了谢明、谢富、冉安国、黄之杰等一批海南义士。

嘉靖三年,唐胄升广西提学佥事,这是个主管一省教育的长官。而后又调任云南。八年之后的嘉靖十一年,唐胄又从云南调任到广西任广西左布政使。当时,广西境内骚乱四起,盗贼杀人越货,骚扰百姓,人民苦不堪言。官府多次派兵围剿,损失无数,骚乱却始终未能平息。

唐胄赴任后,一改前任做法,不再动用武力,和平解决,委派县令前往招抚。骚乱人群首领听说新任长官就是当年深入瑶寨苦心劝学,为百姓做善事的唐胄,十分感动,当下就表态,不再与官府为恶,不再祸害百姓,广西境内趋向平安。

嘉靖十五年春,政绩卓著的唐胄,升任南京户部右侍郎,随即调北京,转为北京户部左侍郎,此为正三品衔的京官,唐胄从此开始参与朝廷的中央决策事务。

嘉靖十六年，唐胄上疏反对洪武朝功臣郭英入祀功臣庙并配享太庙。郭英是朱元璋的早期追随者，在明朝立国之前就跟随朱元璋四方征战，功绩显赫，洪武十七年封武定侯，永乐元年卒，赠营国公。郭英生前虽功绩显赫，但功勋、资历、影响都远远不及同时期的其他开国元勋，所以身后既没有入祀功臣庙，更没有配享太庙。到嘉靖十六年，郭英之后郭勋凭借嘉靖皇帝对他的宠信，提出要将先祖郭英补入功臣庙并配享太庙。唐胄对此据理力争，认为此事事关国家礼制，尊祖事小，乱礼事大，从维护国家礼法的严肃性入手，提出了坚决反对的意见。

唐胄之前在任山东巡抚时，引领百姓疏通水利，变患为利，给贫穷百姓发放耕牛、种子。唐胄离去时，百姓阻拦车道，试图挽留。

当时的大明王朝，可谓是贪腐成风，但唐胄生活俭朴，衣着朴素，饭食简单，所到之处，均寒苦自守。赴京表贺，他概不接收恭送礼物；参见朝中权贵，也概无礼物奉送。他洁身自爱、廉洁自律，为大明官场保住了最后一点儿颜面。

大约在唐胄进士白衣、居家归隐的后期，大明朝的南方藩属国安南，发生了内部混乱与动荡，出了个权臣莫登庸。

权臣很快变成了奸臣，莫登庸用尽各种手段，随心废立，不仅逼迫安南黎朝皇帝退位禅让，而且诛杀了若干皇族及跟随自己鞍前马后的亲信，成功地登上了小朝廷的皇位。

这一切看上去都很成功，但还不完美，因为至关重要的一步，莫登庸还没完成：获得大明王朝的同意。

莫登庸的整出戏码，就差最后一幕了，作为宗主国的大明朝会同意吗？

而另一方面，安南黎朝皇帝虽然禅让退位了，皇亲国戚也被诛杀了，但在安南国的穷乡僻壤，还是有几个皇亲贵胄躲过了追杀，为了报仇，为了恢复祖宗家传的小小皇位，他们无时无刻不在谋划着，等待着，行动着，但要成功，也有一个至关重要的因素：求得大明王朝的支持。

黎朝皇亲贵胄的救命稻草，就在大明王朝了，作为宗主国的大明王朝会支持吗？

这两个疑问归结为一点，大明朝遇到了一个不大不小的问题：要不要干预藩属国安南的内乱？由此引申出另一个问题：如何干预？

到唐胄升任户部左侍郎的第二年，朝廷决定干预安南内乱，出兵征讨莫登庸。

文官主和，武将要战，是我国传统政治生态中，在面临外部危机时最常见的一个场景，这一回轮到唐胄了。

唐胄曾长期在广西、云南任职，时间长达十余年，十分熟悉当地和安南的情况，相较于久在北京任职的朝廷官员，包括强烈主战的兵部、锦衣卫重臣在内，显然更有发言权。

于是，唐胄上《奏讨安南疏》，提出了七条理由，反对武力征讨安南。《明史》卷三二一《外国二·安南》记载：

> 言及本兵张瓒等力言，逆臣篡主夺国，朝贡不修，决宜致讨。乞先遣锦衣官二人往核其实，敕两广、云南守臣整兵积饷，以俟师期，制可。乃命千户陶凤仪、郑玺等，分往广西、云南，诘罪人主名，敕四川、贵州、湖广、福建、江西守臣，预备兵食，候征调。户部侍郎唐胄上疏，力陈用兵七不可，语详其传中，末言："安南虽乱，犹频奉表笺，具方物，款关求入。守臣以其姓名不符，拒之。是彼欲贡不得，非负固不贡也。"章下兵部，亦以为然，命俟勘官还更议。

在这里，唐胄强调的是安南国内对立双方都在极力奉表求贡，并没有因为内治纷争混乱而背离宗藩礼制，在此前提下，安南内乱对明朝不仅无害，而且有益，所以反对武力征讨。

嘉靖皇帝因此暂时搁置了对安南的武力征讨。

一年后，嘉靖皇帝还是决定武力干预安南内乱。最终，大明王朝不战而屈人之兵，取消了安南国号，把安南朝廷改成了安南统治司，任命莫登庸为统治司统治使，和平化解了安南乱局。

到这时为止，嘉靖皇帝和唐胄之间的君臣之谊，可以说达到了古代君臣关系最理想的状态，皇帝赏识、放心、重用，大臣结草衔环、披肝沥胆、图报皇恩，堪称历朝历代君臣关系的楷模。

但后来发生的事就太出人意料了。

这后来的事就是嘉靖皇帝一登基就发生的赫赫有名的"大礼议"事件，这是一直持续到唐胄入朝时期的明朝最著名的政治事件。

正德皇帝驾崩，身后乏嗣，由堂弟朱厚熜继承了大位，这就是嘉靖皇帝。由于这个原因，嘉靖皇帝一开始就面临一个问题：如何尊奉自己的生父兴献王朱祐杬？

嘉靖皇帝即位第四年，就诏命礼臣集议他亲生父亲的皇帝尊号。朝廷大臣分为两派：一派投嘉靖皇帝所好，极力拥护将嘉靖皇帝的父亲封为皇帝的尊号，这一派称为议礼派；另一派认为此举不合王朝礼法，坚决不能把嘉靖皇帝的亲生父亲、一个藩王尊为皇帝，这一派称为护礼派。

双方争论愈演愈烈，揭开了明朝历史上最著名的"大礼议"之争，进而引发了"血溅左顺门"事件。

当年的左顺门就是今天的协和门，我们看到的是一派平和瑞祥的繁荣景象。

但是在500多年前，这里发生了一件大事。护礼派朝臣决定向皇帝进谏，于是234名大臣，团团跪在左顺门外，哭声、喊声震天。

这是一场骚动，本质上是逼宫。

最后，嘉靖皇帝派出锦衣卫，逮捕了130多人，86人录名待罪，廷杖而死16人，还有几个被充军。一时间，左顺门前血迹斑斑。

嘉靖皇帝用暴力手段镇压了护礼派，"大礼议"事件终于告一段落。

但是，这事儿还没完。

到了嘉靖十七年，嘉靖皇帝还想让亲生父亲的牌位进入明堂，享受已故皇帝的待遇，掀起了"大礼议"的续集——"明堂"之争。

有了左顺门的教训，一些朝臣为了自己的富贵荣华，看准机会开始竭力拥护嘉靖皇帝的主张，给皇帝献玉兔、白鹿，诈称祥瑞，以讨皇帝欢心，丑态百出。

这时候，唐胄站出来了。

作为嘉靖皇帝登基后起用的官员，而且就任后屡得擢升，13年擢升11次，由六品官升至正三品，离明代七卿之一的户部尚书，仅有一步之遥。唐胄如此际遇，本该诚惶诚恐，结草衔环，知恩图报，或者该考虑一下自己的未来。

另一方面，他不可能不知道左顺门的血腥，不可能不知道伴君如伴虎的信条，不可能不知道嘉靖皇帝把亲生父亲的牌位搬入明堂的决心，更不可能不知道，他甚至会付出生命的代价。

但是，他还是站出来了。

这就是唐胄，20多年前对奸佞刘瑾，十几年前对恩师王佐，现在，对的是万岁嘉靖皇帝。

性格必须以思想做支撑，是什么思想支撑唐胄的性格呢？

那就是：奉道事君，从道奉国。

于是，他冒死上疏，就发生了本文开头的那一幕。

唐胄被锦衣卫在"诏狱"关押，拷问了约大半年。

嘉靖十七年，皇帝朱厚熜终于如愿以偿，更定大礼，称孝宗为皇伯父，追尊生父兴献王为皇父，恭穆献皇帝，庙号睿宗，其牌位入主太庙，放在了明武宗之上，自己的生母也被封为皇太后。

但是，"大礼议"事件和后来的"明堂"之争，使许多正直的大臣或死或退，一些佞臣乘机窃取了朝政大权，弊政重兴，其中最有名的就是奸相严嵩。

大明王朝和嘉靖皇帝一起，慢慢走向了衰败和沉沦。

嘉靖皇帝很快就后悔了，他体会到了唐胄的忠直，意识到不该如此严厉地处罚，于是下诏赦免了唐胄，并且恢复了他的官职待遇。

返回海南家乡的罪臣唐胄，老泪纵横，强撑病体，望天叩首，发自内心地感谢皇恩浩荡。

半年后，唐胄去世。

唐胄的一生，是奉道讲理的一生：

初入仕途，逢刘瑾专权擅政，他讲的是正义天道之理；

进士白衣20年，奉养老母，他讲的是人伦孝道之理；

修正德《琼台志》，与恩师王佐的争执，他讲的是学养真理；

任职地方，惩治贪劣，平息骚乱，他讲的是民心法理；

谏讨安南，反对武力征讨，他讲的是国家尊严与诚信之理；

最后一头扎进"大礼议"事件的"明堂"之争，激烈反对嘉靖皇帝，他讲的是社稷道统之理。

为奉道，为讲理，为了学理、伦理、法理、道理，为了他心中的这些信念追求，唐胄奋斗了一生，坚持了一生，付出了心血乃至生命。

清代所修的《明史》中有《唐胄传》，对唐胄的一生做出了非常精当的评价："胄耿介孝友，好学多著述，立朝有执持，为岭南人士之冠。"

"耿介""执持"，言简意赅，这就是唐胄的性格。

不仅是唐胄，唐胄之前有廖纪，唐胄之后有海瑞，他们都曾激烈地反对过嘉靖皇帝。

不仅是廖纪、唐胄、海瑞，整个大明王朝，在他们之外，还有很多其他从海南走出去的名士贤臣，无论尊卑贤愚，当他们面临抉择的时候，选择的一般都是道理。

他们崇尚的信条是奉道事君，从道事国；必要的时候，从道不从君，认理不认人。

奉道秉理，道理，大于天，是他们共同的价值理念。

或许，这就是唐胄精神，就是海南精神。

（责任编辑：佟英磊）

图书在版编目（CIP）数据

海南历史文化. 第六卷 / 闫广林主编. -- 北京：
社会科学文献出版社，2016.11
ISBN 978 - 7 - 5097 - 9659 - 7

Ⅰ.①海… Ⅱ.①闫… Ⅲ.①文化史－海南省 Ⅳ.
①K296.6
中国版本图书馆 CIP 数据核字（2016）第 212889 号

海南历史文化（第六卷）

主　　编／闫广林
副 主 编／刘复生　李长青

出 版 人／谢寿光
项目统筹／谢蕊芬　佟英磊
责任编辑／佟英磊 等

出　　版／社会科学文献出版社·社会学编辑部（010）59367159
　　　　　　地址：北京市北三环中路甲29号院华龙大厦　邮编：100029
　　　　　　网址：www.ssap.com.cn
发　　行／市场营销中心（010）59367081　59367018
印　　装／三河市尚艺印装有限公司

规　　格／开 本：787mm×1092mm　1/16
　　　　　　印 张：14.25　字 数：222千字
版　　次／2016年11月第1版　2016年11月第1次印刷
书　　号／ISBN 978 - 7 - 5097 - 9659 - 7
定　　价／59.00元

本书如有印装质量问题，请与读者服务中心（010 - 59367028）联系

版权所有 翻印必究